U0143390

习近平谈治国理政

第一卷

习近平谈治国理政

第一卷

外文出版社

习近平

再 版 说 明

中共十九大把习近平新时代中国特色社会主义思想确立为中国共产党必须长期坚持的指导思想，实现了中国共产党指导思想又一次与时俱进，为决胜全面建成小康社会、开启全面建设社会主义现代化国家新征程、实现中华民族伟大复兴提供了行动指南。习近平是新时代中国特色社会主义思想的主要创立者。

《习近平谈治国理政》2014年9月出版以来，以中、英、法、俄、阿、西、葡、德、日等多语种版面向海内外发行，受到广泛关注和好评，为广大干部群众学习领会习近平新时代中国特色社会主义思想发挥了重要作用，为国际社会了解当代中国和中国共产党提供了重要文献。中共十九大后，为帮助国内外读者系统了解掌握习近平新时代中国特色社会主义思想的精神实质和丰富内涵，2017年11月《习近平谈治国理政》第二卷出版发行。

《习近平谈治国理政》第一卷、第二卷是有机统一的整体，集中反映了习近平新时代中国特色社会主义思想的发展脉络和主要内容，生动记录了以习近平同志为核心的中共中央团结带领全党全国各族人民在新时代坚持和发展中国特色社会主义的伟大实践，充分体现了中国共产党为推动构建人类命运共同体、促进人类和平与发展崇高事业贡献的中国智慧和中国方案，是国内外读者学习掌握习近平新时代中国特色社会主义思想和中共十九大精神的权威读本。

应广大读者需要，对本卷进行再版。

本书编辑组

2018 年 1 月

出　版　说　明

　　中共十八大以来，以习近平为总书记的新一届中央领导集体，带领全党全国各族人民积极应对前进道路上的困难和挑战，坚定不移深化改革开放，大力推进国家治理体系和治理能力现代化建设，凝聚起实现中华民族伟大复兴中国梦的强大力量，开启了中国改革开放和现代化建设的新征程。在中国共产党领导下，中国人民正在奋力开拓中国特色社会主义更为广阔的发展前景。国际社会越来越多地把目光投向中国、聚焦中国。当代中国将发生什么变化，发展的中国将给世界带来什么影响，越来越成为国际社会广泛关注的问题。

　　习近平作为中国党和国家的最高领导人，围绕治国理政发表了大量讲话，提出了许多新思想、新观点、新论断，深刻回答了新的历史条件下党和国家发展的重大理论和现实问题，集中展示了中共新一届中央领导集体的治国理念和执政方略。为回应国际社会关切，增进国际社会对中国发展理念、发展道路、内外政策的认识和理解，中国国务院新闻办公室会同中共中央文献研究室、中国外文出版发行事业局编辑了《习近平谈治国理政》一书。

　　本书收入的是习近平在 2012 年 11 月 15 日至 2014 年 6 月 13 日这段时间内的重要著作，共有讲话、谈话、演讲、答问、批示、贺信等 79 篇。

针对国际社会对当代中国问题的主要关注点，本书将所选篇目分为 18 个专题，每个专题内容按时间顺序编排。为便于读者阅读，进一步增进对中国社会制度和历史文化的了解，本书编辑时作了必要的注释，附在篇末。

本书还收入习近平各个时期特别是中共十八大以来的图片 45 幅，以帮助读者了解他的工作和生活。

本书编辑组

2014 年 6 月

目　录

三、全面深化改革

四、促进经济持续健康发展

五、建设法治中国

六、建设社会主义文化强国

七、推进社会事业和社会管理改革发展

八、建设生态文明

九、推进国防和军队现代化

十、丰富"一国两制"实践和推进祖国统一

十一、走和平发展道路

十二、推动构建新型大国关系

十六、密切党同人民群众联系

十七、推进反腐倡廉建设

1972 年，插队回京探亲时的习近平。

1977 年，读大学时的习近平。

1979 年，在中央军委办公厅工作时的习近平。

1983 年，时任河北省正定县委书记的习近平临时在大街上摆桌子听取老百姓意见。

时任福建省厦门市副市长的习近平到国外考察。

1989 年，时任福建省宁德地委书记的习近平在农村参加劳动。

1993 年 8 月，时任福建省福州市委书记的习近平在福州市、台江区领导联合接待群众日接待群众。

1995 年 12 月，时任福建省委副书记、福州市委书记的习近平在闽侯县参加闽江下游防洪堤加固工程劳动。

2007年1月，时任浙江省委书记的习近平在浙江省庆元县屏都镇敬老院为老人们炒菜。

2007 年 9 月，时任上海市委书记的习近平在上海市闵行区启音学校与听障学生亲切交谈。

2008年1月贵州雨雪冰冻灾害时，时任中共中央政治局常委、中央书记处书记的习近平到铜仁地区万山特区高楼坪乡老山口村受灾的侗族村民唐召维家看望慰问。

2012 年 2 月，时任中华人民共和国副主席的习近平访美时到艾奥瓦州老朋友家里与 27 年前结交的美国老朋友茶叙。

习近平和夫人彭丽媛合影。

习近平在福州带女儿玩耍。

习近平与父亲习仲勋、夫人彭丽媛、女儿的家庭照。

习近平陪母亲齐心散步。

一、坚持和发展中国特色社会主义

人民对美好生活的向往，
就是我们的奋斗目标*

（2012 年 11 月 15 日）

记者朋友们对十八大作了大量报道，向世界传递了许多"中国声音"。我代表大会秘书处向大家表示衷心的感谢。

刚才，我们召开了中国共产党第十八届中央委员会第一次全体会议，选举产生了新一届中央领导机构，选举我为中央委员会总书记。我代表新一届中央领导机构成员感谢全党同志的信任，定当不负重托，不辱使命。

全党同志的重托，全国各族人民的期望，是对我们做好工作的巨大鼓舞，也是我们肩上的重大责任。

这个重大责任，就是对民族的责任。我们的民族是伟大的民族。在五千多年的文明发展历程中，中华民族为人类文明进步作出了不可磨灭的贡献。近代以后，我们的民族历经磨难，中华民族到了最危险的时候。自那时以来，为了实现中华民族伟大复兴，无数仁人志士奋起抗争，但一次又一次地失败了。中国共产党成立后，团结带领人民前仆后继、顽强奋斗，把贫

---

* 这是习近平在十八届中央政治局常委同中外记者见面时讲话的主要部分。

穷落后的旧中国变成日益走向繁荣富强的新中国，中华民族伟大复兴展现出前所未有的光明前景。我们的责任，就是要团结带领全党全国各族人民，接过历史的接力棒，继续为实现中华民族伟大复兴而努力奋斗，使中华民族更加坚强有力地自立于世界民族之林，为人类作出新的更大的贡献。

这个重大责任，就是对人民的责任。我们的人民是伟大的人民。在漫长的历史进程中，中国人民依靠自己的勤劳、勇敢、智慧，开创了各民族和睦共处的美好家园，培育了历久弥新的优秀文化。我们的人民热爱生活，期盼有更好的教育、更稳定的工作、更满意的收入、更可靠的社会保障、更高水平的医疗卫生服务、更舒适的居住条件、更优美的环境，期盼孩子们能成长得更好、工作得更好、生活得更好。人民对美好生活的向往，就是我们的奋斗目标。人世间的一切幸福都需要靠辛勤的劳动来创造。我们的责任，就是要团结带领全党全国各族人民，继续解放思想，坚持改革开放，不断解放和发展社会生产力，努力解决群众的生产生活困难，坚定不移走共同富裕的道路。

这个重大责任，就是对党的责任。我们的党是全心全意为人民服务的政党。党领导人民已经取得举世瞩目的成就，我们完全有理由因此而自豪，但我们自豪而不自满，决不会躺在过去的功劳簿上。新形势下，我们党面临着许多严峻挑战，党内存在着许多亟待解决的问题。尤其是一些党员干部中发生的贪污腐败、脱离群众、形式主义、官僚主义等问题，必须下大气力解决。全党必须警醒起来。打铁还需自身硬。我们的责任，就是同全党同志一道，坚持党要管党、从严治党，切实解决自身存在的突出问题，切实改进工作作风，密切联系群众，使我们党始终成为中国特色社会主义事业的坚强领导核心。

人民是历史的创造者，群众是真正的英雄。人民群众是我们力量的源泉。我们深深知道，每个人的力量是有限的，但只要我们万众一心、众志成城，就没有克服不了的困难；每个人的工作时间是有限的，但全心全意为人民服务是无限的。责任重于泰山，事业任重道远。我们一定要始终与人民心心相印、与人民同甘共苦、与人民团结奋斗，夙夜在公，勤勉工作，努力向历史、向人民交出一份合格的答卷。

中国需要更多地了解世界，世界也需要更多地了解中国。希望记者朋友们今后继续为增进中国与世界各国的相互了解作出更多的努力和贡献。

紧紧围绕坚持和发展
中国特色社会主义
学习宣传贯彻党的十八大精神 *

（2012 年 11 月 17 日）

党的十八大报告勾画了在新的历史条件下全面建成小康社会[2]、加快推进社会主义现代化、夺取中国特色社会主义新胜利的宏伟蓝图，是我们党团结带领全国各族人民沿着中国特色社会主义道路继续前进、为全面建成小康社会而奋斗的政治宣言和行动纲领，为我们这一届中央领导集体的工作指明了方向。中央已经发出关于认真学习宣传贯彻党的十八大精神的通知，各级党委要按照通知要求，把学习宣传贯彻党的十八大精神引向深入。

党的十八大强调要高举中国特色社会主义伟大旗帜，强调中国特色社会主义是党和人民 90 多年奋斗、创造、积累的根本成就，必须倍加珍惜、始终坚持、不断发展，号召全党不懈探索和把握中国特色社会主义规律，永葆党的生机活力，永葆国家发展动力，奋力开拓中国特色社会主义更为广阔的发展前

---

* 这是习近平在主持十八届中央政治局第一次集体学习[1]时的讲话。

景。可以说，坚持和发展中国特色社会主义是贯穿党的十八大报告的一条主线。我们要紧紧抓住这条主线，把坚持和发展中国特色社会主义作为学习贯彻党的十八大精神的聚焦点、着力点、落脚点，只有这样，才能把党的十八大精神学得更加深入、领会得更加透彻、贯彻得更加自觉。

为什么我要强调这一点？这是因为，党和国家的长期实践充分证明，只有社会主义才能救中国，只有中国特色社会主义才能发展中国。只有高举中国特色社会主义伟大旗帜，我们才能团结带领全党全国各族人民，在中国共产党成立 100 年时全面建成小康社会，在新中国成立 100 年时建成富强民主文明和谐的社会主义现代化国家，赢得中国人民和中华民族更加幸福美好的未来。

紧紧围绕坚持和发展中国特色社会主义学习宣传贯彻党的十八大精神，我体会，应该从理论和实践的结合上把握好以下几个方面。

第一，深刻领会中国特色社会主义是党和人民长期实践取得的根本成就。中国特色社会主义是改革开放新时期开创的，也是建立在我们党长期奋斗基础上的，是由我们党的几代中央领导集体团结带领全党全国人民历经千辛万苦、付出各种代价、接力探索取得的。我们党紧紧依靠人民，从根本上改变了中国人民和中华民族的前途命运，不可逆转地结束了近代以后中国内忧外患、积贫积弱的悲惨命运，不可逆转地开启了中华民族不断发展壮大、走向伟大复兴的历史进军，使具有 5000 多年文明历史的中华民族以崭新的姿态屹立于世界民族之林。

我们要永远铭记党的三代中央领导集体和以胡锦涛[3]同志

为总书记的党中央为中国特色社会主义作出的历史性贡献。以毛泽东[4]同志为核心的党的第一代中央领导集体，为新时期开创中国特色社会主义提供了宝贵经验、理论准备、物质基础。以邓小平[5]同志为核心的党的第二代中央领导集体，成功开创了中国特色社会主义。以江泽民[6]同志为核心的党的第三代中央领导集体，成功把中国特色社会主义推向二十一世纪。新世纪新阶段，以胡锦涛同志为总书记的党中央，成功在新的历史起点上坚持和发展了中国特色社会主义。可以看出，中国特色社会主义，承载着几代中国共产党人的理想和探索，寄托着无数仁人志士的夙愿和期盼，凝聚着亿万人民的奋斗和牺牲，是近代以来中国社会发展的必然选择，是发展中国、稳定中国的必由之路。

实践充分证明，中国特色社会主义是中国共产党和中国人民团结的旗帜、奋进的旗帜、胜利的旗帜。我们要全面建成小康社会、加快推进社会主义现代化、实现中华民族伟大复兴，必须始终高举中国特色社会主义伟大旗帜，坚定不移坚持和发展中国特色社会主义。党的十八大要求全党坚定对中国特色社会主义的道路自信、理论自信、制度自信，其根本原因就在这里。

第二，深刻领会中国特色社会主义是由道路、理论体系、制度三位一体构成的。党的十八大阐明了中国特色社会主义道路、中国特色社会主义理论体系、中国特色社会主义制度的科学内涵及其相互联系，强调：中国特色社会主义道路是实现途径，中国特色社会主义理论体系是行动指南，中国特色社会主义制度是根本保障，三者统一于中国特色社会主义伟大实践。这是中国特色社会主义的最鲜明特色。

　　这个概括告诉我们：中国特色社会主义是实践、理论、制度紧密结合的，既把成功的实践上升为理论，又以正确的理论指导新的实践，还把实践中已见成效的方针政策及时上升为党和国家的制度。所以，中国特色社会主义特就特在其道路、理论体系、制度上，特就特在其实现途径、行动指南、根本保障的内在联系上，特就特在这三者统一于中国特色社会主义伟大实践上。在当代中国，坚持和发展中国特色社会主义，就是真正坚持社会主义。

　　中国特色社会主义道路，是实现我国社会主义现代化的必由之路，是创造人民美好生活的必由之路。中国特色社会主义道路，既坚持以经济建设为中心，又全面推进经济建设、政治建设、文化建设、社会建设、生态文明建设以及其他各方面建设；既坚持四项基本原则[7]，又坚持改革开放；既不断解放和发展社会生产力，又逐步实现全体人民共同富裕、促进人的全面发展。

　　中国特色社会主义理论体系，是马克思主义[8]中国化最新成果，包括邓小平理论[9]、"三个代表"重要思想[10]、科学发展观[11]，同马克思列宁主义[12]、毛泽东思想[13]是坚持、发展和继承、创新的关系。马克思列宁主义、毛泽东思想一定不能丢，丢了就丧失根本。同时，我们一定要以我国改革开放和现代化建设的实际问题、以我们正在做的事情为中心，着眼于马克思主义理论的运用，着眼于对实际问题的理论思考，着眼于新的实践和新的发展。在当代中国，坚持中国特色社会主义理论体系，就是真正坚持马克思主义。

　　中国特色社会主义制度，坚持把根本政治制度[14]、基本政治制度[15]同基本经济制度[16]以及各方面体制机制等具体制度有机结合起来，坚持把国家层面民主制度同基层民主制度有机结合起来，坚持把党的领导、人民当家作主、依法治国有机结合起来，符合我国国情，集中体现了中国特色社会主义的特点和优势，是中国发展进步的根本制度保障。

应该看到，中国特色社会主义制度是特色鲜明、富有效率的，但还不是尽善尽美、成熟定型的。中国特色社会主义事业不断发展，中国特色社会主义制度也需要不断完善。邓小平同志 1992 年在视察南方重要谈话中指出："恐怕再有三十年的时间，我们才会在各方面形成一整套更加成熟、更加定型的制度。"〔17〕党的十八大强调，要把制度建设摆在突出位置，充分发挥我国社会主义政治制度优越性。我们要坚持以实践基础上的理论创新推动制度创新，坚持和完善现有制度，从实际出发，及时制定一些新的制度，构建系统完备、科学规范、运行有效的制度体系，使各方面制度更加成熟更加定型，为夺取中国特色社会主义新胜利提供更加有效的制度保障。

第三，深刻领会建设中国特色社会主义的总依据、总布局、总任务。党的十八大强调，建设中国特色社会主义，总依据是社会主义初级阶段〔18〕，总布局是五位一体〔19〕，总任务是实现社会主义现代化和中华民族伟大复兴。这"三个总"的概括，高屋建瓴，提纲挈领，言简意赅。深刻领会和把握这个新概括，有助于我们深刻领会和把握中国特色社会主义的真谛和要义。

强调总依据，是因为社会主义初级阶段是当代中国的最大国情、最大实际。我们在任何情况下都要牢牢把握这个最大国情，推进任何方面的改革发展都要牢牢立足这个最大实际。不仅在经济建设中要始终立足初级阶段，而且在政治建设、文化建设、社会建设、生态文明建设中也要始终牢记初级阶段；不仅在经济总量低时要立足初级阶段，而且在经济总量提高后仍然要牢记初级阶段；不仅在谋划长远发展时要立足初级阶段，而且在日常工作中也要牢记初级阶段。党在社会主义初级阶段的基本路线是党和国家的生命线。我们在实践中要始终坚持"一个中心、两个基本点"[20]不动摇，既不偏离"一个中心"，也不偏废"两个基本点"，把践行中国特色社会主义共同理想和坚定共产主义远大理想统一起来，坚决抵制抛弃社会主义的各种错误主张，自觉纠正超越阶段的错误观念和政策措施。只有这样，才能真正做到既不妄自菲薄、也不妄自尊大，扎扎实实夺取中国特色社会主义新胜利。

强调总布局，是因为中国特色社会主义是全面发展的社会主义。我们要牢牢抓好党执政兴国的第一要务，始终代表中国先进生产力的发展要求，坚持以经济建设为中心，在经济不断发展的基础上，协调推进政治建设、文化建设、社会建设、生态文明建设以及其他各方面建设。随着我国经济社会发展不断深入，生态文明建设地位和作用日益凸显。党的十八大把生态文明建设纳入中国特色社会主义事业总体布局，使生态文明建设的战略地位更加明确，有利于把生态文明建设融入经济建设、政治建设、文化建设、社会建设各方面和全过程。这是我们党对社会主义建设规律在实践和认识上不断深化的重要成果。我们要按照这个总布局，促进现代化建设各方面相协调，促进生产关系与生产力、上层建筑与经济基础相协调。

强调总任务，是因为我们党从成立那天起，就肩负着实现中华民族伟大复兴的历史使命。我们党领导人民进行革命建设改革，就是要让中国人民富裕起来，国家强盛起来，振兴伟大的中华民族。按照现代化建设"三步走"的战略部署[21]，建设富强民主文明和谐的社会主义现代化国家，是我们党和国家在整个社会主义初级阶段的奋斗目标。我们党的庄严使命、改革开放的根本目的、我们国家的奋斗目标，都聚焦于这个总任务、归结于这个总任务。我们要紧紧扭住这个总任务，一代一代锲而不舍干下去。

我们党在不同历史时期，总是根据人民意愿和事业发展需要，提出富有感召力的奋斗目标，团结带领人民为之奋斗。党的十八大根据国内外形势新变化，顺应我国经济社会新发展和广大人民群众新期待，对全面建设小康社会目标进行了充实和完善，提出了更具明确政策导向、更加针对发展难题、更好顺应人民意愿的新要求。这些目标要求，与党的十六大提出的全面建设小康社会奋斗目标和党的十七大提出的实现全面建设小康社会奋斗目标新要求相衔接，也与中国特色社会主义事业总体布局相一致。全党全国要同心同德、埋头苦干，锐意创新、开拓进取，共同为实现党的十八大提出的全面建成小康社会和全面深化改革开放的目标而奋斗。

第四，深刻领会夺取中国特色社会主义新胜利的基本要求。党的十八大提出了在新的历史条件下夺取中国特色社会主义新胜利必须牢牢把握的基本要求。这些基本要求是根据党的基本理论、基本路线、基本纲领、基本经验，深刻总结60多年来我国社会主义建设特别是中国特色社会主义建设实践提出的，是最本质的东西，是体现共产党执政规律、社会主义建设规律、人类社会发展规律的东西，表明我们党对中国特色社会主义规律的认识达到了新水平。

党的十八大提出的基本要求，进一步回答了在新的历史征程上怎样才能夺取中国特色社会主义新胜利的基本问题。中国特色社会主义是亿万人民自己的事业，所以必须发挥人民主人翁精神，更好保证人民当家作主。解放和发展社会生产力是中国特色社会主义的根本任务，所以必须坚持以经济建设为中心，以科学发展为主题，实现以人为本、全面协调可持续的科学发展。改革开放是坚持和发展中国特色社会主义的必由之路，所以必须始终把改革创新精神贯彻到治国理政各个环节，不断推进我国社会主义制度自我完善和发展。公平正义是中国特色社会主义的内在要求，所以必须在全体人民共同奋斗、经济社会发展的基础上，加紧建设对保障社会公平正义具有重大作用的制度，逐步建立社会公平保障体系。共同富裕是中国特色社会主义的根本原则，所以必须使发展成果更多更公平惠及全体人民，朝着共同富裕方向稳步前进。社会和谐是中国特色社会主义的本质属性，所以必须团结一切可以团结的力量，最大限度增加和谐因素，增强社会创造活力，确保人民安居乐业、社会安定有序、国家长治久安。和平发展是中国特色社会主义的必然选择，所以必须坚持开放的发展、合作的发展、共赢的发展，扩大同各方利益汇合点，推动建设持久和平、共同繁荣的和谐世界。中国共产党是中国特色社会主义事业的领导核心，所以必须加强和改善党的领导，充分发挥党总揽全局、协调各方的领导核心作用。

党的十八大提出的基本要求，是对当前我国经济社会发展中存在的突出问题、改革攻坚和加快转变经济发展方式面临的难点问题、干部群众普遍关注的热点问题的积极回应，是对我国进入全面建成小康社会决定性阶段改革发展稳定、内政外交国防、治党治国治军的正确指引。这些基本要求，既涉及生产力和生产关系、又涉及经济基础和上层建筑，既涉及中国特色社会主义伟大事业、又涉及党的建设新的伟大工程，同时还涉及统筹国内国际两个大局。党的十八大对各项工作的谋划和部署都是遵循和体现这些基本要求的。抓住了这些基本要求，就能更好凝聚力量、攻坚克难，继续推动科学发展、促进社会和谐，继续改善人民生活、增进人民福祉，完成时代赋予的光荣而艰巨的任务。

第五，深刻领会确保党始终成为中国特色社会主义事业的坚强领导核心。党的十八大强调，我们党担负着团结带领人民全面建成小康社会、推进社会主义现代化、实现中华民族伟大复兴的重任。党坚强有力，党同人民保持血肉联系，国家就繁荣稳定，人民就幸福安康。形势的发展、事业的开拓、人民的期待，都要求我们以改革创新精神全面推进党的建设新的伟大工程，全面提高党的建设科学化水平。治国必先治党，治党务必从严。为此，党的十八大提出了新形势下全面提高党的建设科学化水平的总要求和各项任务。全党要深刻学习领会、逐条贯彻落实。

党的十八大提出的党的建设总要求，既是着眼于继承和弘扬我们党 90 多年来保持和发展马克思主义政党先进性的根本点提出来的，又是着眼于顺应和应对新形势下世情、国情、党情的新变化提出来的。这些年来，我们全面推进党的建设新的伟大工程，党的执政能力得到新的提高，党的先进性和纯洁性得到保持和发展，党的领导得到加强和改善。同时，与国内外形势发展变化相比，与党所承担的历史任务相比，党的领导水平和执政水平，党组织建设状况和党员干部素质、能力、作风都还有不小差距。特别是新形势下加强和改进党的建设面临"四大考验"[22]、"四种危险"[23]，落实党要管党、从严治党的任务比以往任何时候都更为繁重更为紧迫。全党要增强紧迫感和责任感，牢牢把握党的建设总要求，不断提高党的领导水平和执政水平、提高拒腐防变和抵御风险能力，使我们党在世界形势深刻变化的历史进程中始终走在时代前列，在应对国内外各种风险和考验的历史进程中始终成为全国人民的主心骨，在坚持和发展中国特色社会主义的历史进程中始终成为坚强领导核心。

坚定理想信念，坚守共产党人精神追求，始终是共产党人安身立命的根本。对马克思主义的信仰，对社会主义和共产主义的信念，是共产党人的政治灵魂，是共产党人经受住任何考验的精神支柱。形象地说，理想信念就是共产党人精神上的"钙"，没有理想信念，理想信念不坚定，精神上就会"缺钙"，就会得"软骨病"。现实生活中，一些党员、干部出这样那样的问题，说到底是信仰迷茫、精神迷失。全党要按照党的十八大部署，深入学习实践中国特色社会主义理论体系特别是科学发展观，讲党性、重品行、作表率，矢志不渝为实现中国特色社会主义共同理想而奋斗。

密切党群、干群关系，保持同人民群众的血肉联系，始终是我们党立于不败之地的根基。一个政党，一个政权，其前途和命运最终取决于人心向背。如果我们脱离群众、失去人民拥护和支持，最终也会走向失败。我们要适应新形势下群众工作的新特点新要求，深入做好组织群众、宣传群众、教育群众、服务群众工作，虚心向群众学习，诚心接受群众监督，始终植根人民、造福人民，始终保持党同人民群众的血肉联系，始终与人民心连心、同呼吸、共命运。要从人民伟大实践中汲取智慧和力量，办好顺民意、解民忧、惠民生的实事，纠正损害群众利益的行为。党的十八大提出，要在全党深入开展以为民务实清廉为主要内容的党的群众路线教育实践活动〔24〕。中央将对这项活动进行部署，各级党委要切实抓好落实，着力解决人民群众反映强烈的突出问题，保证活动取得实效。

反对腐败、建设廉洁政治，保持党的肌体健康，始终是我们党一贯坚持的鲜明政治立场。党风廉政建设，是广大干部群众始终关注的重大政治问题。"物必先腐，而后虫生。"〔25〕近年来，一些国家因长期积累的矛盾导致民怨载道、社会动荡、政权垮台，其中贪污腐败就是一个很重要的原因。大量事实告诉我们，腐败问题越演越烈，最终必然会亡党亡国！我们要警醒啊！近年来我们党内发生的严重违纪违法案件，性质非常恶劣，政治影响极坏，令人触目惊心。各级党委要旗帜鲜明地反对腐败，更加科学有效地防治腐败，做到干部清正、政府清廉、政治清明，永葆共产党人清正廉洁的政治本色。各级领导干部特别是高级干部要自觉遵守廉政准则，既严于律己，又加强对亲属和身边工作人员的教育和约束，决不允许以权谋私，决不允许搞特权。对一切违反党纪国法的行为，都必须严惩不贷，决不能手软。

党的十八大强调指出，发展中国特色社会主义是一项长期的艰巨的历史任务，必须准备进行具有许多新的历史特点的伟大斗争。全党同志一定要以更加坚定的信念、更加顽强的努力，毫不动摇坚持、与时俱进发展中国特色社会主义，不断丰富中国特色社会主义的实践特色、理论特色、民族特色、时代特色，团结带领全国各族人民，努力实现全面建成小康社会各项目标任务，继续实现推进现代化建设、完成祖国统一、维护世界和平与促进共同发展这三大历史任务。这是我们这一代共产党人的历史重任，我们要为之付出全部智慧和力量。

注　释

〔1〕中央政治局集体学习，指中共中央政治局定期学习制度。由中共中央总书记主持并发表讲话，中央政治局全体成员参加，邀请有关部门负责人、专家学者，就经济、政治、历史、文化、社会、科技、军事、外交等问题进行专题讲解。

〔2〕中共十八大提出，到 2020 年实现全面建成小康社会宏伟目标。主要内容是：经济持续健康发展、实现国内生产总值和城乡居民人均收入比 2010 年翻一番，人民民主不断扩大，文化软实力显著增强，人民生活水平全面提高，资源节约型、环境友好型社会建设取得重大进展。

〔3〕胡锦涛，1942 年生，安徽绩溪人。曾任中国共产党中央委员会总书记，中华人民共和国主席，中国共产党中央军事委员会主席，中华人民共和国中央军事委员会主席。科学发展观的主要创立者。

〔4〕毛泽东（1893—1976），湖南湘潭人。马克思主义者，中国无产阶级革命家、战略家、理论家，中国共产党、中国人民解放军、中华人民共和国的主要缔造者，中国各族人民的领袖。毛泽东思想的主要创立者。

〔5〕邓小平（1904—1997），四川广安人。马克思主义者，中国无产阶级革命家、政治家、军事家、外交家，中国共产党、中国人民解放军、中华人民共和国的卓越领导人，中国社会主义改革开放和现代化建设的总设计师。

邓小平理论的主要创立者。

〔6〕江泽民，1926 年生，江苏扬州人。曾任中国共产党中央委员会总书记，中华人民共和国主席，中国共产党中央军事委员会主席，中华人民共和国中央军事委员会主席。"三个代表"重要思想的主要创立者。

〔7〕四项基本原则，指坚持社会主义道路，坚持人民民主专政，坚持中国共产党的领导，坚持马克思列宁主义和毛泽东思想。四项基本原则是中国的立国之本，是党和国家生存发展的政治基石。

〔8〕马克思主义，是马克思和恩格斯创立的包括科学世界观、社会历史发展学说、无产阶级革命理论以及社会主义和共产主义建设理论在内的科学理论体系，是工人阶级及其政党的理论基础和指导思想。它产生于 19 世纪 40 年代，是资本主义矛盾激化和工人运动发展的产物。包括三个组成部分：马克思主义哲学、政治经济学和科学社会主义。19 世纪末 20 世纪初，资本主义进入垄断阶段即帝国主义阶段，列宁在总结俄国无产阶级革命和社会主义建设经验的基础上，创造性地发展了马克思主义，把马克思主义推进到一个新阶段——列宁主义阶段。中国共产党从成立时起就郑重地把马克思列宁主义写在自己的旗帜上，创造性地把马克思列宁主义的基本原理运用于中国革命斗争实践、社会主义建设和改革实践，丰富和发展了马克思列宁主义，形成了马克思主义中国化的理论成果：毛泽东思想和中国特色社会主义理论体系。毛泽东思想和中国特色社会主义理论体系是同马克思列宁主义既一脉相承又与时俱进的科学理论体系。

〔9〕邓小平理论，是中国特色社会主义理论体系的重要组成部分，是中国共产党的指导思想。邓小平理论第一次比较系统地初步回答了在中国这样经济文化比较落后的国家如何建设社会主义、如何巩固和发展社会主义的一系列基本问题。主要创立者是邓小平。

〔10〕"三个代表"重要思想，是中国特色社会主义理论体系的重要组成部分，是中国共产党的指导思想。"三个代表"重要思想突出强调，中国共产党要始终代表中国先进生产力的发展要求、代表中国先进文化的前进方向、代表中国最广大人民的根本利益。主要创立者是江泽民。

〔11〕科学发展观，是中国特色社会主义理论体系的重要组成部分，是

中国共产党的指导思想。科学发展观,第一要义是发展,核心是以人为本,基本要求是全面协调可持续,根本方法是统筹兼顾。主要创立者是胡锦涛。

〔12〕马克思列宁主义,是马克思主义和列宁主义的合称。参见本文注〔8〕。

〔13〕毛泽东思想,是中国共产党长期坚持的根本指导思想。毛泽东思想是以毛泽东为主要代表的中国共产党人,根据马克思主义基本原理,对中国革命和建设实践中一系列独创性经验所作的理论概括和总结,是被实践证明了的关于中国革命和建设的正确理论原则和科学思想体系,是中国共产党集体智慧的结晶。主要创立者是毛泽东。

〔14〕根本政治制度,指人民代表大会制度。人民代表大会是中华人民共和国的政权组织形式。人民选举代表,组成全国人民代表大会和地方各级人民代表大会,作为人民行使国家权力的机关。全国人民代表大会是最高国家权力机关,有权修改宪法,制定法律,决定国家重大问题。地方各级人民代表大会是地方国家权力机关,依照宪法和法律规定的权限,决定地方的各种重大事项。

〔15〕基本政治制度,包括中国共产党领导的多党合作和政治协商制度、民族区域自治制度以及基层群众自治制度等。中国共产党领导的多党合作和政治协商制度,指中国共产党和各民主党派以及无党派人士在政治问题上协商的制度。民族区域自治制度,指在国家统一领导下,各少数民族聚居的地方实行区域自治,设立自治机关,行使自治权。基层群众自治制度,是人民参与管理国家事务和社会事务的一种形式,城市和农村按居民居住地区设立的居民委员会或者村民委员会是基层群众性自治组织。

〔16〕基本经济制度,指公有制为主体、多种所有制经济共同发展的经济制度。

〔17〕见邓小平《在武昌、深圳、珠海、上海等地的谈话要点》(《邓小平文选》第3卷,人民出版社1993年版,第372页)。

〔18〕社会主义初级阶段,是中国社会主义社会的一个特定历史阶段。特指中国逐步摆脱不发达状态,基本实现社会主义现代化的历史阶段。这个阶段从20世纪50年代生产资料私有制的社会主义改造基本完成,到社会主

义现代化基本实现，至少需要上百年时间。

〔19〕五位一体，指建设中国特色社会主义的总布局，包括经济建设、政治建设、文化建设、社会建设、生态文明建设。

〔20〕"一个中心、两个基本点"，是中国共产党在社会主义初级阶段的基本路线的主要内容。一个中心，指以经济建设为中心；两个基本点，指坚持四项基本原则，坚持改革开放。

〔21〕"三步走"的战略部署，指中国分"三步走"基本实现现代化的发展战略。1987 年中共十三大提出：第一步到 20 世纪 80 年代末，实现国民生产总值比 1980 年翻一番，解决人民的温饱问题；第二步到 20 世纪末，使国民生产总值再增长一倍，人民生活达到小康水平；第三步到 21 世纪中叶，人均国民生产总值达到中等发达国家水平，人民生活比较富裕，基本实现现代化。

〔22〕"四大考验"，指执政考验、改革开放考验、市场经济考验、外部环境考验。

〔23〕"四种危险"，指精神懈怠危险、能力不足危险、脱离群众危险、消极腐败危险。

〔24〕党的群众路线教育实践活动，指中共十八大以来，围绕保持党的先进性和纯洁性，在全党开展的以为民务实清廉为主要内容的教育实践活动。以县处级以上领导机关、领导班子和领导干部为重点，加强全体党员马克思主义群众观点和党的群众路线教育，着力解决人民群众反映强烈的形式主义、官僚主义、享乐主义和奢靡之风等问题。活动从 2013 年下半年开始，自上而下分两批开展。

〔25〕参见苏轼《论项羽范增》。原文是："物必先腐也，而后虫生之；人必先疑也，而后谗入之。"苏轼（1036—1101），即苏东坡，眉州眉山（今属四川）人。北宋文学家、书画家。

毫不动摇坚持和
发展中国特色社会主义 *

（2013 年 1 月 5 日）

道路问题是关系党的事业兴衰成败第一位的问题，道路就是党的生命。中国特色社会主义，是科学社会主义[1]理论逻辑和中国社会发展历史逻辑的辩证统一，是根植于中国大地、反映中国人民意愿、适应中国和时代发展进步要求的科学社会主义，是全面建成小康社会、加快推进社会主义现代化、实现中华民族伟大复兴的必由之路。

全党同志必须坚持以邓小平理论、"三个代表"重要思想、科学发展观为指导，毫不动摇坚持和发展中国特色社会主义，坚持马克思主义的发展观点，坚持实践是检验真理的唯一标准，发挥历史的主动性和创造性，清醒认识世情、国情、党情的变和不变，永远要有逢山开路、遇河架桥的精神，锐意进取，大胆探索，敢于和善于分析回答现实生活中和群众思想上迫切需要解决的问题，不断深化改革开放，不断有所发现、有所创造、有所前进，不断推进理论创新、实践创新、制度创新。

---

* 这是习近平在新进中央委员会的委员、候补委员学习贯彻党的十八大精神研讨班上的讲话要点。

　　党的十八大精神，说一千道一万，归结为一点，就是坚持和发展中国特色社会主义。今年是邓小平同志提出建设中国特色社会主义进入 31 个年头了。邓小平同志开创了中国特色社会主义，第一次比较系统地初步回答了在中国这样经济文化比较落后的国家如何建设社会主义、如何巩固和发展社会主义的一系列基本问题，用新的思想观点，继承和发展了马克思主义，开拓了马克思主义新境界，把对社会主义的认识提高到新的科学水平。

　　中国特色社会主义是社会主义而不是其他什么主义，科学社会主义基本原则不能丢，丢了就不是社会主义。一个国家实行什么样的主义，关键要看这个主义能否解决这个国家面临的历史性课题。历史和现实都告诉我们，只有社会主义才能救中国，只有中国特色社会主义才能发展中国，这是历史的结论、人民的选择。随着中国特色社会主义不断发展，我们的制度必将越来越成熟，我国社会主义制度的优越性必将进一步显现，我们的道路必将越走越宽广。我们就是要有这样的道路自信、理论自信、制度自信，真正做到"千磨万击还坚劲，任尔东西南北风"[2]。

　　我们党领导人民进行社会主义建设，有改革开放前和改革开放后两个历史时期，这是两个相互联系又有重大区别的时期，但本质上都是我们党领导人民进行社会主义建设的实践探索。中国特色社会主义是在改革开放历史新时期开创的，但也是在新中国已经建立起社会主义基本制度、并进行了 20 多年建设的基础上开创的。虽然这两个历史时期在进行社会主义建设的思想指导、方针政策、实际工作上有很大差别，但两者决不是彼此割裂的，更不是根本对立的。不能用改革开放后的历史时期否定改革开放前的历史时期，也不能用改革开放前的历史时期否定改革开放后的历史时期。要坚持实事求是的思想路线，分清主流和支流，坚持真理，修正错误，发扬经验，吸取教训，在这个基础上把党和人民事业继续推向前进。

马克思主义必定随着时代、实践和科学的发展而不断发展，不可能一成不变，社会主义从来都是在开拓中前进的。坚持和发展中国特色社会主义是一篇大文章，邓小平同志为它确定了基本思路和基本原则，以江泽民同志为核心的党的第三代中央领导集体、以胡锦涛同志为总书记的党中央在这篇大文章上都写下了精彩的篇章。现在，我们这一代共产党人的任务，就是继续把这篇大文章写下去。坚持马克思主义，坚持社会主义，一定要有发展的观点。我们的事业越前进、越发展，新情况新问题就会越多，面临的风险和挑战就会越多，面对的不可预料的事情就会越多。我们必须增强忧患意识，做到居安思危，懂就是懂，不懂就是不懂；懂了的就努力创造条件去做，不懂的就要抓紧学习研究弄懂，来不得半点含糊。

共产党员特别是党员领导干部要做共产主义远大理想和中国特色社会主义共同理想的坚定信仰者和忠实践行者。我们既要坚定走中国特色社会主义道路的信念，也要胸怀共产主义的崇高理想，矢志不移贯彻执行党在社会主义初级阶段的基本路线和基本纲领，做好当前每一项工作。革命理想高于天。没有远大理想，不是合格的共产党员；离开现实工作而空谈远大理想，也不是合格的共产党员。衡量一名共产党员、一名领导干部是否具有共产主义远大理想，是有客观标准的，那就要看他能否坚持全心全意为人民服务的根本宗旨，能否吃苦在前、享受在后，能否勤奋工作、廉洁奉公，能否为理想而奋不顾身去拼搏、去奋斗、去献出自己的全部精力乃至生命。一切迷惘迟疑的观点，一切及时行乐的思想，一切贪图私利的行为，一切无所作为的作风，都是与此格格不入的。

注　　释

〔1〕科学社会主义，广义上指马克思主义的整个思想体系；狭义上的科学社会主义是马克思主义三个组成部分之一，是研究无产阶级解放运动的性质、条件和一般目的的科学。又称科学共产主义。人们通常讲的科学社会主义是指后者。创始人是马克思和恩格斯。产生于19世纪40年代。科学社会主义是一个完整的理论体系，其基本特征是：消灭私有制，实行公有制；大力发展生产力，创造极为丰富的社会物质财富；实行计划经济，消除商品生产和货币交换；实行按劳分配的原则；消灭阶级和阶级差别，国家将逐步自行消亡，变成一个自由人联合体。

〔2〕见郑燮《竹石》。郑燮（1693—1765），即郑板桥，江苏兴化人。清代书画家、文学家。

坚持和运用好
毛泽东思想活的灵魂 *

（2013 年 12 月 26 日）

毛泽东思想活的灵魂是贯穿其中的立场、观点、方法，它们有三个基本方面，这就是实事求是、群众路线、独立自主。新形势下，我们要坚持和运用好毛泽东思想活的灵魂，把我们党建设好，把中国特色社会主义伟大事业继续推向前进。

实事求是，是马克思主义的根本观点，是中国共产党人认识世界、改造世界的根本要求，是我们党的基本思想方法、工作方法、领导方法。不论过去、现在和将来，我们都要坚持一切从实际出发，理论联系实际，在实践中检验真理和发展真理。

毛泽东同志说："'实事'就是客观存在着的一切事物，'是'就是客观事物的内部联系，即规律性，'求'就是我们去研究。"[1]毛泽东同志还把实事求是形象地比喻为"有的放矢"。我们要坚持用马克思主义的"矢"去射中国革命、建设、改革的"的"。

坚持实事求是，就要深入实际了解事物的本来面貌。要透过现象看本质，从零乱的现象中发现事物内部存在的必然联系，

＊ 这是习近平在纪念毛泽东同志诞辰 120 周年座谈会上讲话的一部分。

从客观事物存在和发展的规律出发，在实践中按照客观规律办事。坚持实事求是不是一劳永逸的，在一个时间一个地点做到了实事求是，并不等于在另外的时间另外的地点也能做到实事求是，在一个时间一个地点坚持实事求是得出的结论、取得的经验，并不等于在变化了的另外的时间另外的地点也能够适用。我们要自觉坚定实事求是的信念、增强实事求是的本领，时时处处把实事求是牢记于心、付诸于行。

坚持实事求是，就要清醒认识和正确把握我国仍处于并将长期处于社会主义初级阶段这个基本国情。我们推进改革发展、制定方针政策，都要牢牢立足社会主义初级阶段这个最大实际，都要充分体现这个基本国情的必然要求，坚持一切从这个基本国情出发。任何超越现实、超越阶段而急于求成的倾向都要努力避免，任何落后于实际、无视深刻变化着的客观事实而因循守旧、固步自封的观念和做法都要坚决纠正。

坚持实事求是，就要坚持为了人民利益坚持真理、修正错误。要有光明磊落、无私无畏、以事实为依据、敢于说出事实真相的勇气和正气，及时发现和纠正思想认识上的偏差、决策中的失误、工作中的缺点，及时发现和解决存在的各种矛盾和问题，使我们的思想和行动更加符合客观规律、符合时代要求、符合人民愿望。

坚持实事求是，就要不断推进实践基础上的理论创新。马克思主义基本原理是普遍真理，具有永恒的思想价值，但马克思主义经典作家并没有穷尽真理，而是不断为寻求真理和发展真理开辟道路。今天，坚持和发展中国特色社会主义，全面深化改革，有效应对前进道路上可以预见和难以预见的各种困难与风险，都会提出新的课题，迫切需要我们从理论上作出新的科学回答。我们要及时总结党领导人民创造的新鲜经验，不断开辟马克思主义中国化新境界，让当代中国马克思主义放射出更加灿烂的真理光芒。

群众路线是我们党的生命线和根本工作路线，是我们党永葆青春活力和战斗力的重要传家宝。不论过去、现在和将来，我们都要坚持一切为了群众，一切依靠群众，从群众中来，到群众中去，把党的正确主张变为群众的自觉行动，把群众路线贯彻到治国理政全部活动之中。

群众路线本质上体现的是马克思主义关于人民群众是历史的创造者这一基本原理。只有坚持这一基本原理，我们才能把握历史前进的基本规律。只有按历史规律办事，我们才能无往而不胜。历史反复证明，人民群众是历史发展和社会进步的主体力量。正如毛泽东同志所说："中国的命运一经操在人民自己的手里，中国就将如太阳升起在东方那样，以自己的辉煌的光焰普照大地"[2]。

坚持群众路线，就要坚持人民是决定我们前途命运的根本力量。坚持人民主体地位，充分调动人民积极性，始终是我们党立于不败之地的强大根基。在人民面前，我们永远是小学生，必须自觉拜人民为师，向能者求教，向智者问策；必须充分尊重人民所表达的意愿、所创造的经验、所拥有的权利、所发挥的作用。我们要珍惜人民给予的权力，用好人民给予的权力，自觉让人民监督权力，紧紧依靠人民创造历史伟业，使我们党的根基永远坚如磐石。

坚持群众路线，就要坚持全心全意为人民服务的根本宗旨。

"政之所兴在顺民心，政之所废在逆民心。"[3]全心全意为人民服务，是我们党一切行动的根本出发点和落脚点，是我们党区别于其他一切政党的根本标志。党的一切工作，必须以最广大人民根本利益为最高标准。检验我们一切工作的成效，最终都要看人民是否真正得到了实惠，人民生活是否真正得到了改善，人民权益是否真正得到了保障。面对人民过上更好生活的新期待，我们不能有丝毫自满和懈怠，必须再接再厉，使发展成果更多更公平惠及全体人民，朝着共同富裕方向稳步前进。

坚持群众路线，就要保持党同人民群众的血肉联系。我们党的最大政治优势是密切联系群众，党执政后的最大危险是脱离群众。毛泽东同志说："我们共产党人好比种子，人民好比土地。我们到了一个地方，就要同那里的人民结合起来，在人民中间生根、开花。"[4]要把群众观点、群众路线深深植根于全党同志思想中，真正落实到每个党员行动上，下最大气力解决党内存在的问题特别是人民群众不满意的问题，使我们党永远赢得人民群众信任和拥护。

坚持群众路线，就要真正让人民来评判我们的工作。"知政失者在草野。"[5]任何政党的前途和命运最终都取决于人心向背。"人心就是力量。"我们党的党员人数，放在人民中间还是少数。我们党的宏伟奋斗目标，离开了人民支持就绝对无法实现。我们党的执政水平和执政成效都不是由自己说了算，必须而且只能由人民来评判。人民是我们党的工作的最高裁决者和最终评判者。如果自诩高明、脱离了人民，或者凌驾于人民之上，就必将被人民所抛弃。任何政党都是如此，这是历史发展的铁律，古今中外概莫能外。

独立自主是我们党从中国实际出发、依靠党和人民力量进行革命、建设、改革的必然结论。不论过去、现在和将来，我们都要把国家和民族发展放在自己力量的基点上，坚持民族自尊心和自信心，坚定不移走自己的路。

独立自主是中华民族的优良传统，是中国共产党、中华人民共和国立党立国的重要原则。在中国这样一个人口众多和经济文化落后的东方大国进行革命和建设的国情与使命，决定了我们只能走自己的路。

站立在960万平方公里的广袤土地上，吸吮着中华民族漫长奋斗积累的文化养分，拥有13亿中国人民聚合的磅礴之力，我们走自己的路，具有无比广阔的舞台，具有无比深厚的历史底蕴，具有无比强大的前进定力。中国人民应该有这个信心，每一个中国人都应该有这个信心。

坚持独立自主，就要坚持中国的事情必须由中国人民自己作主张、自己来处理。世界上没有放之四海而皆准的具体发展模式，也没有一成不变的发展道路。历史条件的多样性，决定了各国选择发展道路的多样性。人类历史上，没有一个民族、没有一个国家可以通过依赖外部力量、跟在他人后面亦步亦趋实现强大和振兴。那样做的结果，不是必然遭遇失败，就是必然成为他人的附庸。

我们党在领导革命、建设、改革长期实践中，历来坚持独立自主开拓前进道路，这种独立自主的探索和实践精神，这种坚持走自己的路的坚定信心和决心，是我们党全部理论和实践的立足点，也是党和人民事业不断从胜利走向胜利的根本保证。

　　坚持独立自主，就要坚定不移走中国特色社会主义道路，既不走封闭僵化的老路，也不走改旗易帜的邪路。我们要增强政治定力，增强道路自信、理论自信、制度自信。我们要根据形势任务发展变化，通过全面深化改革，不断拓展中国特色社会主义道路，不断丰富中国特色社会主义理论体系，不断完善中国特色社会主义制度。我们要虚心学习借鉴人类社会创造的一切文明成果，但我们不能数典忘祖，不能照抄照搬别国的发展模式，也绝不会接受任何外国颐指气使的说教。

　　坚持独立自主，就要坚持独立自主的和平外交政策，坚定不移走和平发展道路。我们要高举和平、发展、合作、共赢的旗帜，坚持在和平共处五项原则[6]基础上同各国友好相处，在平等互利基础上积极开展同各国的交流合作，坚定不移维护世界和平、促进共同发展。我们要根据事情本身的是非曲直决定自己的立场和政策，秉持公道，伸张正义，尊重各国人民自主选择发展道路的权利，绝不把自己的意志强加于人，也绝不允许任何人把他们的意志强加于中国人民。我们主张以和平方式解决国际争端，反对各种形式的霸权主义和强权政治，永远不称霸，永远不搞扩张。我们要坚决维护国家主权、安全、发展利益，任何外国不要指望我们会拿自己的核心利益做交易，不要指望我们会吞下损害我国主权、安全、发展利益的苦果。

　　　　注　　释

　〔1〕见毛泽东《改造我们的学习》（《毛泽东选集》第3卷，人民出版社1991年版，第801页）。

〔2〕见毛泽东《在新政治协商会议筹备会上的讲话》(《毛泽东选集》第4卷，人民出版社1991年版，第1467页)。

〔3〕见《管子·牧民》。《管子》一书为西汉刘向编定，其中一些内容为战国时期稷下学者托名管仲所作。刘向（约前77—前6），沛（今江苏沛县）人。西汉经学家、目录学家、文学家。管仲（？—前645），颍上（颍水之滨）人。春秋初期齐国政治家。

〔4〕见毛泽东《关于重庆谈判》(《毛泽东选集》第4卷，人民出版社1991年版，第1162页)。

〔5〕见王充《论衡·书解》。王充（27—约97），会稽上虞（今属浙江）人。东汉哲学家、思想家、文学批评家。《论衡》广泛吸收先秦以来儒、道、墨等家学派的思想和汉代的自然科学成就，对神学目的论和谶纬之学进行了批判。

〔6〕和平共处五项原则，指互相尊重主权和领土完整、互不侵犯、互不干涉内政、平等互利、和平共处。1953年12月至1954年4月，中国政府代表团和印度政府代表团在北京就两国在中国西藏地方的关系问题举行谈判。1953年12月31日，即谈判的第一天，中国总理周恩来接见印度政府代表团，提出了和平共处五项原则。后这五项原则正式写入双方达成的《中印关于中国西藏地方和印度之间的通商和交通协定》的序言中。1954年6月，周恩来在访问印度、缅甸期间，先后于6月28日和29日同印度总理尼赫鲁、缅甸总理吴努发表联合声明，正式倡议将和平共处五项原则作为处理国与国关系的基本准则。

二、实现中华民族伟大复兴的中国梦

实现中华民族伟大复兴
是中华民族近代以来
最伟大的梦想 *

（2012 年 11 月 29 日）

　　《复兴之路》这个展览，回顾了中华民族的昨天，展示了中华民族的今天，宣示了中华民族的明天，给人以深刻教育和启示。中华民族的昨天，可以说是"雄关漫道真如铁"[1]。近代以后，中华民族遭受的苦难之重、付出的牺牲之大，在世界历史上都是罕见的。但是，中国人民从不屈服，不断奋起抗争，终于掌握了自己的命运，开始了建设自己国家的伟大进程，充分展示了以爱国主义为核心的伟大民族精神。中华民族的今天，正可谓"人间正道是沧桑"[2]。改革开放以来，我们总结历史经验，不断艰辛探索，终于找到了实现中华民族伟大复兴的正确道路，取得了举世瞩目的成果。这条道路就是中国特色社会主义。中华民族的明天，可以说是"长风破浪会有时"[3]。经过鸦片战争[4]以来 170 多年的持续奋斗，中华民族伟大复兴展现出光明的前景。现在，我们比历史上任何时期都更接近中华民族

＊　这是习近平在参观《复兴之路》展览时的讲话。

伟大复兴的目标，比历史上任何时期都更有信心、有能力实现这个目标。

回首过去，全党同志必须牢记，落后就要挨打，发展才能自强。审视现在，全党同志必须牢记，道路决定命运，找到一条正确的道路多么不容易，我们必须坚定不移走下去。展望未来，全党同志必须牢记，要把蓝图变为现实，还有很长的路要走，需要我们付出长期艰苦的努力。

每个人都有理想和追求，都有自己的梦想。现在，大家都在讨论中国梦，我以为，实现中华民族伟大复兴，就是中华民族近代以来最伟大的梦想。这个梦想，凝聚了几代中国人的夙愿，体现了中华民族和中国人民的整体利益，是每一个中华儿女的共同期盼。历史告诉我们，每个人的前途命运都与国家和民族的前途命运紧密相连。国家好、民族好，大家才会好。实现中华民族伟大复兴是一项光荣而艰巨的事业，需要一代又一代中国人共同为之努力。空谈误国，实干兴邦。我们这一代共产党人一定要承前启后、继往开来，把我们的党建设好，团结全体中华儿女把我们国家建设好，把我们民族发展好，继续朝着中华民族伟大复兴的目标奋勇前进。

我坚信，到中国共产党成立 100 年时全面建成小康社会的目标一定能实现，到新中国成立 100 年时建成富强民主文明和谐的社会主义现代化国家的目标一定能实现，中华民族伟大复兴的梦想一定能实现。

注　释

〔1〕见毛泽东《忆秦娥·娄山关》(《毛泽东诗词集》，中央文献出版社2003年版，第45页)。

〔2〕见毛泽东《七律·人民解放军占领南京》(《毛泽东诗词集》，中央文献出版社2003年版，第64页)。

〔3〕见李白《行路难三首（其一）》。李白（701—762），祖籍陇西成纪（今甘肃静宁西南），生于绵州昌隆（今四川江油南），一说生于碎叶（唐属安西都护府，今吉尔吉斯斯坦北部托克马克附近）。唐代诗人。

〔4〕鸦片战争，指1840年至1842年英国对中国发动的侵略战争。1840年，英国政府因中国反对输入鸦片，借口保护通商，派兵侵略中国。中国军队在两广总督林则徐领导下进行了抵抗。广州人民自发地组织武装抗英团体，打击英国侵略军。福建、浙江等地人民也自发地掀起了抗英斗争。1842年英国军队侵入长江，迫使清政府同英国侵略者签订了中国近代史上第一个不平等条约《南京条约》。

在第十二届全国人民代表大会
第一次会议上的讲话

（2013 年 3 月 17 日）

各位代表：

这次大会选举我担任中华人民共和国主席，我对各位代表和全国各族人民的信任，表示衷心的感谢！

我深知，担任国家主席这一崇高职务，使命光荣，责任重大。我将忠实履行宪法赋予的职责，忠于祖国，忠于人民，恪尽职守，夙夜在公，为民服务，为国尽力，自觉接受人民监督，决不辜负各位代表和全国各族人民的信任和重托。

各位代表！

中华人民共和国走过了光辉的历程。在以毛泽东同志为核心的党的第一代中央领导集体、以邓小平同志为核心的党的第二代中央领导集体、以江泽民同志为核心的党的第三代中央领导集体、以胡锦涛同志为总书记的党中央领导下，全国各族人民勠力同心、接力奋斗，战胜前进道路上的各种艰难险阻，取得了举世瞩目的辉煌成就。

今天，我们的人民共和国正以昂扬的姿态屹立在世界东方。

胡锦涛同志担任国家主席 10 年间，以丰富的政治智慧、高超的领导才能、勤勉的工作精神，为坚持和发展中国特色社会主义建立了卓越的功勋，赢得了全国各族人民衷心爱戴和国际社会普遍赞誉。我们向胡锦涛同志，表示衷心的感谢和崇高的敬意！

各位代表！

中华民族具有5000多年连绵不断的文明历史，创造了博大精深的中华文化，为人类文明进步作出了不可磨灭的贡献。经过几千年的沧桑岁月，把我国56个民族、13亿多人紧紧凝聚在一起的，是我们共同经历的非凡奋斗，是我们共同创造的美好家园，是我们共同培育的民族精神，而贯穿其中的、更重要的是我们共同坚守的理想信念。

实现全面建成小康社会、建成富强民主文明和谐的社会主义现代化国家的奋斗目标，实现中华民族伟大复兴的中国梦，就是要实现国家富强、民族振兴、人民幸福，既深深体现了今天中国人的理想，也深深反映了我们先人们不懈追求进步的光荣传统。

面对浩浩荡荡的时代潮流，面对人民群众过上更好生活的殷切期待，我们不能有丝毫自满，不能有丝毫懈怠，必须再接再厉、一往无前，继续把中国特色社会主义事业推向前进，继续为实现中华民族伟大复兴的中国梦而努力奋斗。

——实现中国梦必须走中国道路。这就是中国特色社会主义道路。这条道路来之不易，它是在改革开放30多年的伟大实践中走出来的，是在中华人民共和国成立60多年的持续探索中走出来的，是在对近代以来170多年中华民族发展历程的深刻总结中走出来的，是在对中华民族5000多年悠久文明的传承中走出来的，具有深厚的历史渊源和广泛的现实基础。中华民族是具有非凡创造力的民族，我们创造了伟大的中华文明，我们也能够继续拓展和走好适合中国国情的发展道路。全国各族人民一定要增强对中国特色社会主义的道路自信、理论自信、制度自信，坚定不移沿着正确的中国道路奋勇前进。

——实现中国梦必须弘扬中国精神。这就是以爱国主义为核心的民族精神，以改革创新为核心的时代精神。这种精神是凝心聚力的兴国之魂、强国之魂。爱国主义始终是把中华民族坚强团结在一起的精神力量，改革创新始终是鞭策我们在改革开放中与时俱进的精神力量。全国各族人民一定要弘扬伟大的民族精神和时代精神，不断增强团结一心的精神纽带、自强不息的精神动力，永远朝气蓬勃迈向未来。

——实现中国梦必须凝聚中国力量。这就是中国各族人民大团结的力量。中国梦是民族的梦，也是每个中国人的梦。只要我们紧密团结，万众一心，为实现共同梦想而奋斗，实现梦想的力量就无比强大，我们每个人为实现自己梦想的努力就拥有广阔的空间。生活在我们伟大祖国和伟大时代的中国人民，共同享有人生出彩的机会，共同享有梦想成真的机会，共同享有同祖国和时代一起成长与进步的机会。有梦想，有机会，有奋斗，一切美好的东西都能够创造出来。全国各族人民一定要牢记使命，心往一处想，劲往一处使，用13亿人的智慧和力量汇集起不可战胜的磅礴力量。

中国梦归根到底是人民的梦，必须紧紧依靠人民来实现，必须不断为人民造福。

我们要坚持党的领导、人民当家作主、依法治国有机统一，坚持人民主体地位，扩大人民民主，推进依法治国，坚持和完善人民代表大会制度的根本政治制度，中国共产党领导的多党合作和政治协商制度、民族区域自治制度以及基层群众自治制度等基本政治制度，建设服务政府、责任政府、法治政府、廉洁政府，充分调动人民积极性。

我们要坚持发展是硬道理的战略思想，坚持以经济建设为中心，全面推进社会主义经济建设、政治建设、文化建设、社会建设、生态文明建设，深化改革开放，推动科学发展，不断夯实实现中国梦的物质文化基础。

我们要随时随刻倾听人民呼声、回应人民期待，保证人民平等参与、平等发展权利，维护社会公平正义，在学有所教、劳有所得、病有所医、老有所养、住有所居上持续取得新进展，不断实现好、维护好、发展好最广大人民根本利益，使发展成果更多更公平惠及全体人民，在经济社会不断发展的基础上，朝着共同富裕方向稳步前进。

我们要巩固和发展最广泛的爱国统一战线，加强中国共产党同民主党派和无党派人士团结合作，巩固和发展平等团结互助和谐的社会主义民族关系，发挥宗教界人士和信教群众在促进经济社会发展中的积极作用，最大限度团结一切可以团结的力量。

各位代表！

"功崇惟志，业广惟勤。"〔1〕我国仍处于并将长期处于社会主义初级阶段，实现中国梦，创造全体人民更加美好的生活，任重而道远，需要我们每一个人继续付出辛勤劳动和艰苦努力。

全国广大工人、农民、知识分子，要发挥聪明才智，勤奋工作，积极在经济社会发展中发挥主力军和生力军作用。一切国家机关工作人员，要克己奉公，廉政勤政，关心人民疾苦，为人民办实事。中国人民解放军全体指战员，中国人民武装警察部队全体官兵，要按照听党指挥、能打胜仗、作风优良的强军目标，提高履行使命能力，坚决捍卫国家主权、安全、发展利益，坚决保卫人民生命财产安全。一切非公有制经济人士和其他新的社会阶层人士，要发扬劳动创造精神和创业精神，回馈社会，造福人民，做合格的中国特色社会主义事业的建设者。全国广大青少年，要志存高远，增长知识，锤炼意志，让青春在时代进步中焕发出绚丽的光彩。

香港特别行政区同胞、澳门特别行政区同胞，要以国家和香港、澳门整体利益为重，共同维护和促进香港、澳门长期繁荣稳定。广大台湾同胞和大陆同胞要携起手来，支持、维护、推动两岸关系和平发展，增进两岸同胞福祉，共同开创中华民族新的前程。广大海外侨胞，要弘扬中华民族勤劳善良的优良传统，努力为促进祖国发展、促进中国人民同当地人民的友谊作出贡献。

中国人民爱好和平。我们将高举和平、发展、合作、共赢的旗帜，始终不渝走和平发展道路，始终不渝奉行互利共赢的开放战略，致力于同世界各国发展友好合作，履行应尽的国际责任和义务，继续同各国人民一道推进人类和平与发展的崇高事业。

各位代表！

中国共产党是领导和团结全国各族人民建设中国特色社会主义伟大事业的核心力量，肩负着历史重任，经受着时代考验，必须坚持立党为公、执政为民，坚持党要管党、从严治党，全面加强党的建设，不断提高党的领导水平和执政水平、提高拒腐防变和抵御风险能力。全体共产党员特别是党的领导干部，要坚定理想信念，始终把人民放在心中最高的位置，弘扬党的光荣传统和优良作风，坚决反对形式主义、官僚主义，坚决反对享乐主义、奢靡之风，坚决同一切消极腐败现象作斗争，永葆共产党人政治本色，矢志不移为党和人民事业而奋斗。

各位代表！

实现伟大目标需要坚忍不拔的努力。全国各党派、各团体、各民族、各阶层、各界人士要更加紧密地团结在中共中央周围，全面贯彻落实中共十八大精神，以邓小平理论、"三个代表"重要思想、科学发展观为指导，始终谦虚谨慎、艰苦奋斗，始终埋头苦干、锐意进取，不断夺取全面建成小康社会、加快推进社会主义现代化新的更大的胜利，不断为人类作出新的更大的贡献！

注　释

〔1〕见《尚书·周官》。《尚书》是中国古代的一部历史文献汇编，主要编入商、周两代统治者的一些讲话记录。又称《书》。

实干才能梦想成真[*]

（2013 年 4 月 28 日）

我们已经确定了今后的奋斗目标，这就是到中国共产党成立 100 年时全面建成小康社会，到新中国成立 100 年时建成富强民主文明和谐的社会主义现代化国家，努力实现中华民族伟大复兴的中国梦。

尽管前进道路并不平坦，改革发展稳定任务仍很艰巨而繁重，但面对未来，我们充满必胜信心。我国工人阶级一定要在坚持中国道路、弘扬中国精神、凝聚中国力量上发挥模范带头作用，万众一心、众志成城，为实现中华民族伟大复兴的中国梦而不懈奋斗。

人民创造历史，劳动开创未来。劳动是推动人类社会进步的根本力量。幸福不会从天而降，梦想不会自动成真。实现我们的奋斗目标，开创我们的美好未来，必须紧紧依靠人民、始终为了人民，必须依靠辛勤劳动、诚实劳动、创造性劳动。我们说"空谈误国，实干兴邦"，实干首先就要脚踏实地劳动。

在迈向未来的征程上，我们必须充分发挥我国工人阶级的重要作用，焕发他们的历史主动精神，调动劳动和创造的积极性。

---

　* 这是习近平在同全国劳动模范代表座谈时讲话的一部分。

第一，必须充分发挥工人阶级的主力军作用。工人阶级是我国的领导阶级，是我国先进生产力和生产关系的代表，是我们党最坚实最可靠的阶级基础，是全面建成小康社会、坚持和发展中国特色社会主义的主力军。

改革开放以来，我国工人阶级队伍不断壮大，素质全面提高，结构更加优化，面貌焕然一新，先进性不断增强。展望未来，坚持和发展中国特色社会主义，必须全心全意依靠工人阶级、巩固工人阶级的领导阶级地位，充分发挥工人阶级的主力军作用。全心全意依靠工人阶级不能只当口号喊、标签贴，而要贯彻到党和国家政策制定、工作推进全过程，落实到企业生产经营各方面。

第二，必须紧紧依靠工人阶级发展中国特色社会主义。中国特色社会主义是当代中国发展进步的根本方向，是实现中国梦的必由之路，也是引领我国工人阶级走向更加光明未来的必由之路。我国工人阶级要增强历史使命感和责任感，立足本职、胸怀全局，自觉把人生理想、家庭幸福融入国家富强、民族复兴的伟业之中，把个人梦与中国梦紧密联系在一起，始终以国家主人翁姿态为坚持和发展中国特色社会主义作出贡献。

我国工人阶级要牢固树立中国特色社会主义理想信念，坚定永远跟党走的信念，坚决拥护社会主义制度，坚决拥护改革开放，始终做坚持中国道路的柱石；要自觉践行社会主义核心价值观[1]，发扬我国工人阶级的伟大品格，用先进思想、模范行动影响和带动全社会，不断为中国精神注入新能量，始终做弘扬中国精神的楷模；要坚持以振兴中华为己任，充分发挥伟大创造力量，发扬工人阶级识大体、顾大局的光荣传统，自觉维护安定团结的政治局面，始终做凝聚中国力量的中坚。

第三，必须坚持崇尚劳动、造福劳动者。劳动是财富的源泉，也是幸福的源泉。人世间的美好梦想，只有通过诚实劳动才能实现；发展中的各种难题，只有通过诚实劳动才能破解；生命里的一切辉煌，只有通过诚实劳动才能铸就。劳动创造了中华民族，造就了中华民族的辉煌历史，也必将创造出中华民族的光明未来。"一勤天下无难事。"必须牢固树立劳动最光荣、劳动最崇高、劳动最伟大、劳动最美丽的观念，让全体人民进一步焕发劳动热情、释放创造潜能，通过劳动创造更加美好的生活。

全社会都要贯彻尊重劳动、尊重知识、尊重人才、尊重创造的重大方针，维护和发展劳动者的利益，保障劳动者的权利。要坚持社会公平正义，排除阻碍劳动者参与发展、分享发展成果的障碍，努力让劳动者实现体面劳动、全面发展。全社会都要热爱劳动，以辛勤劳动为荣，以好逸恶劳为耻。

第四，必须大力弘扬劳模精神、发挥劳模作用。榜样的力量是无穷的。劳动模范是民族的精英、人民的楷模。长期以来，广大劳模以平凡的劳动创造了不平凡的业绩，铸就了"爱岗敬业、争创一流，艰苦奋斗、勇于创新，淡泊名利、甘于奉献"的劳模精神，丰富了民族精神和时代精神的内涵，是我们极为宝贵的精神财富。

实现我们的发展目标，不仅要在物质上强大起来，而且要在精神上强大起来。全国各族人民都要向劳模学习，以劳模为榜样，发挥只争朝夕的奋斗精神，共同投身实现中华民族伟大复兴的宏伟事业。广大劳动模范和先进人物要珍惜荣誉、再接再厉，爱岗敬业、无私奉献，做坚定理想信念的模范、勤奋劳动的模范、增进团结的模范。当代工人不仅要有力量，还要有智慧、有技术，能发明、会创新，以实际行动奏响时代主旋律。各级党委、政府和工会组织要高度重视劳模、关心爱护劳模，支持劳模发挥骨干带头作用，帮助劳模解决生产生活中的问题，广泛宣传劳模先进事迹，使劳模精神不断发扬光大。

党对工会寄予厚望，职工群众对工会充满期待。中国工会是中国共产党领导的工人阶级群众组织，是党联系职工群众的桥梁和纽带，是社会主义国家政权的重要社会支柱。中国特色社会主义工会发展道路是中国特色社会主义道路的重要组成部分，深刻反映了中国工会的性质和特点，是工会组织和工会工作始终沿着正确方向前进的重要保证。要始终坚持这条道路，不断拓展这条道路，努力使这条道路越走越宽广。

时代在发展，事业在创新，工会工作也要发展、也要创新。要顺应时代要求、适应社会变化，善于创造科学有效的工作方法，让职工群众真正感受到工会是"职工之家"，工会干部是最可信赖的"娘家人"。要把竭诚为职工群众服务作为工会一切工作的出发点和落脚点，全心全意为广大职工群众服务，认真倾听职工群众呼声，维护好广大职工群众包括农民工合法权益，扎扎实实为职工群众做好事、办实事、解难事，不断促进社会主义和谐劳动关系。要高度重视广大职工的多样化需求，不断拓展职工成长成才空间，着力培养造就一大批知识型、技术型、创新型的高素质职工。各级党委和政府要加强和改善对工会的领导，支持工会开展工作，为工会工作提供更多资源和手段，为工会履职创造更好条件。

千里之行，始于足下。我们国家的发展前景十分光明，但道路不可能一帆风顺，蓝图不可能一蹴而就，梦想不可能一夜成真。人间万事出艰辛。越是美好的未来，越需要我们付出艰辛努力。

真抓才能攻坚克难，实干才能梦想成真。我们要在全社会大力弘扬真抓实干、埋头苦干的良好风尚。各级领导干部要带头发扬劳模精神，出实策、鼓实劲、办实事，不图虚名，不务虚功，坚决反对干部群众反映强烈的形式主义、官僚主义、享乐主义和奢靡之风"四风"，以身作则带领群众把各项工作落到实处。

我深信，有党中央的坚强领导，有我国工人阶级和全体劳动群众的团结奋进，有全国各族人民的共同奋斗，我们一定能开创更加美好的未来，中华民族伟大复兴的中国梦一定能够实现！

注　释

〔1〕中国共产党第十八次全国代表大会报告《坚定不移沿着中国特色社会主义道路前进，为全面建成小康社会而奋斗》提出：倡导富强、民主、文明、和谐，倡导自由、平等、公正、法治，倡导爱国、敬业、诚信、友善，积极培育和践行社会主义核心价值观。

在实现中国梦的生动实践中
放飞青春梦想*

（2013 年 5 月 4 日）

党的十八大描绘了全面建成小康社会、加快推进社会主义现代化的宏伟蓝图，发出了向实现"两个一百年"奋斗目标[1]进军的时代号召。根据党的十八大精神，我们明确提出要实现中华民族伟大复兴的中国梦。现在，大家都在谈论中国梦，都在思考中国梦与自己的关系、自己为实现中国梦应尽的责任。

——中国梦是历史的、现实的，也是未来的。中国梦凝结着无数仁人志士的不懈努力，承载着全体中华儿女的共同向往，昭示着国家富强、民族振兴、人民幸福的美好前景。

——中国梦是国家的、民族的，也是每一个中国人的。国家好、民族好，大家才会好。只有每个人都为美好梦想而奋斗，才能汇聚起实现中国梦的磅礴力量。

——中国梦是我们的，更是你们青年一代的。中华民族伟大复兴终将在广大青年的接力奋斗中变为现实。

在革命、建设、改革各个历史时期，中国共产党始终高度

＊ 这是习近平在同各界优秀青年代表座谈时讲话的一部分。

49

重视青年、关怀青年、信任青年，对青年一代寄予殷切期望。中国共产党从来都把青年看作是祖国的未来、民族的希望，从来都把青年作为党和人民事业发展的生力军，从来都支持青年在人民的伟大奋斗中实现自己的人生理想。

现在，我们比历史上任何时期都更接近实现中华民族伟大复兴的目标，比历史上任何时期都更有信心、更有能力实现这个目标。行百里者半九十[2]。距离实现中华民族伟大复兴的目标越近，我们越不能懈怠，越要加倍努力，越要动员广大青年为之奋斗。

展望未来，我国青年一代必将大有可为，也必将大有作为。这是"长江后浪推前浪"的历史规律，也是"一代更比一代强"的青春责任。广大青年要勇敢肩负起时代赋予的重任，志存高远，脚踏实地，努力在实现中华民族伟大复兴的中国梦的生动实践中放飞青春梦想。

第一，广大青年一定要坚定理想信念。"功崇惟志，业广惟勤。"[3]理想指引人生方向，信念决定事业成败。没有理想信念，就会导致精神上"缺钙"。中国梦是全国各族人民的共同理想，也是青年一代应该牢固树立的远大理想。中国特色社会主义是我们党带领人民历经千辛万苦找到的实现中国梦的正确道路，也是广大青年应该牢固确立的人生信念。

广大青年要坚持用邓小平理论、"三个代表"重要思想、科学发展观武装头脑，把理想信念建立在对科学理论的理性认同上，建立在对历史规律的正确认识上，建立在对基本国情的准确把握上，不断增强道路自信、理论自信、制度自信，增强对坚持党的领导的信念，永远紧跟党高高举起中国特色社会主义伟大旗帜。

第二，广大青年一定要练就过硬本领。学习是成长进步的阶梯，实践是提高本领的途径。青年的素质和本领直接影响着实现中国梦的进程。古人说："学如弓弩，才如箭镞。"[4]说的是学问的根基好比弓弩，才能好比箭头，只要依靠厚实的见识来引导，就可以让才能很好发挥作用。青年人正处于学习的黄金时期，应该把学习作为首要任务，作为一种责任、一种精神追求、一种生活方式，树立梦想从学习开始、事业靠本领成就的观念，让勤奋学习成为青春远航的动力，让增长本领成为青春搏击的能量。

广大青年要坚持面向现代化、面向世界、面向未来，增强知识更新的紧迫感，如饥似渴学习，既扎实打牢基础知识又及时更新知识，既刻苦钻研理论又积极掌握技能，不断提高与时代发展和事业要求相适应的素质和能力。要坚持学以致用，深入基层、深入群众，在改革开放和社会主义现代化建设的大熔炉中，在社会的大学校里，掌握真才实学，增益其所不能，努力成为可堪大用、能担重任的栋梁之材。

第三，广大青年一定要勇于创新创造。创新是民族进步的灵魂，是一个国家兴旺发达的不竭源泉，也是中华民族最深沉的民族禀赋，正所谓"苟日新，日日新，又日新"[5]。生活从不眷顾因循守旧、满足现状者，从不等待不思进取、坐享其成者，而是将更多机遇留给善于和勇于创新的人们。青年是社会上最富活力、最具创造性的群体，理应走在创新创造前列。

广大青年要有敢为人先的锐气，勇于解放思想、与时俱进，敢于上下求索、开拓进取，树立在继承前人的基础上超越前人的雄心壮志，以青春之我，创建青春之国家，青春之民族。要有逢山开路、遇河架桥的意志，为了创新创造而百折不挠、勇往直前。要有探索真知、求真务实的态度，在立足本职的创新创造中不断积累经验、取得成果。

第四，广大青年一定要矢志艰苦奋斗。"宝剑锋从磨砺出，梅花香自苦寒来。"人类的美好理想，都不可能唾手可得，都离不开筚路蓝缕、手胼足胝的艰苦奋斗。我们的国家，我们的民族，从积贫积弱一步一步走到今天的发展繁荣，靠的就是一代又一代人的顽强拼搏，靠的就是中华民族自强不息的奋斗精神。当前，我们既面临着重要发展机遇，也面临着前所未有的困难和挑战。梦在前方，路在脚下。自胜者强，自强者胜。实现我们的发展目标，需要广大青年锲而不舍、驰而不息的奋斗。

广大青年要牢记"空谈误国、实干兴邦"，立足本职、埋头苦干，从自身做起，从点滴做起，用勤劳的双手、一流的业绩成就属于自己的人生精彩。要不怕困难、攻坚克难，勇于到条件艰苦的基层、国家建设的一线、项目攻关的前沿，经受锻炼，增长才干。要勇于创业、敢闯敢干，努力在改革开放中闯新路、创新业，不断开辟事业发展新天地。

第五，广大青年一定要锤炼高尚品格。中国特色社会主义是物质文明和精神文明全面发展的社会主义。一个没有精神力量的民族难以自立自强，一项没有文化支撑的事业难以持续长久。青年是引风气之先的社会力量。一个民族的文明素养很大程度上体现在青年一代的道德水准和精神风貌上。

广大青年要把正确的道德认知、自觉的道德养成、积极的道德实践紧密结合起来，自觉树立和践行社会主义核心价值观，带头倡导良好社会风气。要加强思想道德修养，自觉弘扬爱国主义、集体主义、社会主义思想，积极倡导社会公德、职业道德、家庭美德。要牢记"从善如登，从恶如崩"[6]的道理，始终保持积极的人生态度、良好的道德品质、健康的生活情趣。要倡导社会文明新风，带头学雷锋[7]，积极参加志愿服务，主动承担社会责任，热诚关爱他人，多做扶贫济困、扶弱助残的实事好事，以实际行动促进社会进步。

为实现中华民族伟大复兴的中国梦而奋斗，是中国青年运动的时代主题。共青团要在广大青少年中深入开展"我的中国梦"主题教育实践活动，为每个青少年播种梦想、点燃梦想，让更多青少年敢于有梦、勇于追梦、勤于圆梦，让每个青少年都为实现中国梦增添强大青春能量。要用中国梦打牢广大青少年的共同思想基础，教育和帮助青少年树立正确的世界观、人生观、价值观，永远热爱我们伟大的祖国，永远热爱我们伟大的人民，永远热爱我们伟大的中华民族，坚定跟着党走中国道路。要用中国梦激发广大青少年的历史责任感，发扬"党有号召、团有行动"的光荣传统，在党和国家工作大局中找准自身工作的切入点和结合点，组织动员广大青少年支持改革、促进发展、维护稳定。要积极为广大青少年实现梦想提供服务，切实改进作风，深入基层、走进青年，想青年之所想，急青年之所急，代表和维护青少年普遍性利益诉求，努力为广大青少年成长成才创造良好环境。

青年模范人物是广大青少年学习的榜样，肩负着更多社会责任和公众期望，在青少年中乃至全社会都有着很强的示范带动作用。希望青年模范们再接再厉、严于律己、锐意进取，用自身的成长历程、精神追求、模范行动为广大青少年作好表率。

青年兴则国家兴，青年强则国家强。我们党自成立之日起，就始终代表广大青年、赢得广大青年、依靠广大青年。各级党委和政府要充分信任青年、热情关心青年、严格要求青年，为青年驰骋思想打开更浩瀚的天空，为青年实践创新搭建更广阔的舞台，为青年塑造人生提供更丰富的机会，为青年建功立业创造更有利的条件。各级领导干部要关注青年愿望、帮助青年发展、支持青年创业，做青年朋友的知心人，做青年工作的热心人。

青年朋友们，人的一生只有一次青春。现在，青春是用来奋斗的；将来，青春是用来回忆的。人生之路，有坦途也有陡坡，有平川也有险滩，有直道也有弯路。青年面临的选择很多，关键是要以正确的世界观、人生观、价值观来指导自己的选择。无数人生成功的事实表明，青年时代，选择吃苦也就选择了收获，选择奉献也就选择了高尚。青年时期多经历一点摔打、挫折、考验，有利于走好一生的路。要历练宠辱不惊的心理素质，坚定百折不挠的进取意志，保持乐观向上的精神状态，变挫折为动力，用从挫折中吸取的教训启迪人生，使人生获得升华和超越。总之，只有进行了激情奋斗的青春，只有进行了顽强拼搏的青春，只有为人民作出了奉献的青春，才会留下充实、温暖、持久、无悔的青春回忆。

青年朋友们，我坚信，在党的领导下，只要全国各族人民紧密团结，脚踏实地、开拓进取，到本世纪中叶，我们必将建成富强民主文明和谐的社会主义现代化国家，我国广大青年必将同全国各族人民一道共同见证、共同享有中国梦的实现！

注　释

〔1〕"两个一百年"奋斗目标，是中共十八大提出的建设中国特色社会主义的奋斗目标，指在中国共产党成立100年时全面建成小康社会，在新中国成立100年时建成富强民主文明和谐的社会主义现代化国家。

〔2〕参见《战国策·秦策五》。原文是："行百里者，半于九十。"《战国策》是战国时期游说之士策谋和言论的汇编。

〔3〕见本卷《在第十二届全国人民代表大会第一次会议上的讲话》注〔1〕。

〔4〕见袁枚《续诗品·尚识》。袁枚（1716—1797），钱塘（今浙江杭州）人。清代诗人、诗论家。《续诗品》是袁枚诗论的主要著作之一。

〔5〕见《礼记·大学》。《大学》是中国儒家经典之一，着重论述个人道德修养与社会治乱的关系。原是《礼记》的一篇，宋代把它从《礼记》中独立出来，同《中庸》、《论语》、《孟子》合称为"四书"。

〔6〕见《国语·周语下》。《国语》相传为左丘明作，记录了西周、春秋时期的一些重要史事。

〔7〕雷锋（1940—1962），湖南望城人。中国人民解放军战士，英雄模范。他坚持全心全意为人民服务，乐于助人，干一行爱一行。在意外事故中不幸因公殉职。1963年，毛泽东题词"向雷锋同志学习"，中国掀起了学习雷锋的热潮。此后，每年3月5日成为中国学习雷锋的纪念日。

实现中国梦不仅造福中国人民，
而且造福世界人民 *

（2013 年 5 月）

中华民族历经磨难，自强不息，从未放弃对美好梦想的向往和追求。实现中华民族伟大复兴的中国梦是近代以来中华民族的夙愿。

在新的历史时期，中国梦的本质是国家富强、民族振兴、人民幸福。我们的奋斗目标是，到 2020 年国内生产总值和城乡居民人均收入在 2010 年基础上翻一番，全面建成小康社会；到本世纪中叶，建成富强民主文明和谐的社会主义现代化国家，实现中华民族伟大复兴的中国梦。

实现中国梦，必须坚持中国特色社会主义道路。我们已经在这条道路上走了 30 多年，历史证明，这是一条符合中国国情、富民强国的正确道路，我们将坚定不移地沿着这条道路走下去。

实现中国梦，必须弘扬中国精神。用以爱国主义为核心的民族精神和以改革创新为核心的时代精神振奋起全民族的"精气神"。

---

* 这是习近平在接受特立尼达和多巴哥、哥斯达黎加、墨西哥等拉美三国媒体联合书面采访时答问的一部分。

实现中国梦，必须凝聚中国力量。空谈误国，实干兴邦。我们要用 13 亿中国人的智慧和力量，一代又一代中国人不懈努力，把我们的国家建设好，把我们的民族发展好。

实现中国梦，必须坚持和平发展。我们将始终不渝走和平发展道路，始终不渝奉行互利共赢的开放战略，不仅致力于中国自身发展，也强调对世界的责任和贡献；不仅造福中国人民，而且造福世界人民。实现中国梦给世界带来的是和平，不是动荡；是机遇，不是威胁。

中国和拉美虽然远隔重洋，但我们的心是相通的。联结我们的不仅是深厚传统友谊、密切利益纽带，还有我们对美好梦想的共同追求。

近年来，拉美和加勒比国家联合自强不断迈出新步伐。拉美和加勒比国家共同体的成立，充分表明拉美正在积极推进拉美独立运动先驱们倡导的团结协作、共同发展的梦想。

中国愿同拉美和加勒比各国紧密团结、相互支持、真诚合作，在通往发展繁荣的美好梦想的道路上携手共进。

创新正当其时，
圆梦适得其势 *

（2013 年 10 月 21 日）

全面建成小康社会，推进社会主义现代化，实现中华民族伟大复兴，是光荣而伟大的事业，是光明和灿烂的前景。一切有志于这项伟大事业的人们都可以大有作为。在亿万中国人民前行的伟大征程上，广大留学人员创新正当其时、圆梦适得其势。广大留学人员要把爱国之情、强国之志、报国之行统一起来，把自己的梦想融入人民实现中国梦的壮阔奋斗之中，把自己的名字写在中华民族伟大复兴的光辉史册之上。

这里，我对广大留学人员提 4 点希望。

第一，希望大家坚守爱国主义精神。在中华民族几千年绵延发展的历史长河中，爱国主义始终是激昂的主旋律，始终是激励我国各族人民自强不息的强大力量。不论树的影子有多长，根永远扎在土里；不论留学人员身在何处，都要始终把祖国和人民放在心里。钱学森[2]同志曾经说过："我作为一名中国的科技工作者，活着的目的就是为人民服务。如果人民最后对我

---

* 这是习近平在欧美同学会[1]成立 100 周年庆祝大会上讲话的一部分。

的一生所做的工作表示满意的话，那才是最高的奖赏。"

希望广大留学人员继承和发扬留学报国的光荣传统，做爱国主义的坚守者和传播者，秉持"先天下之忧而忧，后天下之乐而乐"[3]的人生理想，始终把国家富强、民族振兴、人民幸福作为努力志向，自觉使个人成功的果实结在爱国主义这棵常青树上。党和国家尊重广大留学人员的选择，回国工作，我们张开双臂热烈欢迎；留在海外，我们支持通过多种形式为国服务。大家都要牢记，无论身在何处，你们都是中华儿女的一分子，祖国和人民始终惦记着你们，祖国永远是你们温暖的精神家园。

第二，希望大家矢志刻苦学习。学习是立身做人的永恒主题，也是报国为民的重要基础。梦想从学习开始，事业从实践起步。当今世界，知识信息快速更新，学习稍有懈怠，就会落伍。有人说，每个人的世界都是一个圆，学习是半径，半径越大，拥有的世界就越广阔。

希望广大留学人员坚持面向现代化、面向世界、面向未来，瞄准国际先进知识、技术、管理经验，以韦编三绝[4]、悬梁刺股[5]的毅力，以凿壁借光[6]、囊萤映雪[7]的劲头，努力扩大知识半径，既读有字之书，也读无字之书，砥砺道德品质，掌握真才实学，练就过硬本领。已经完成学业的留学人员也要拓宽眼界和视野，加快知识更新，优化知识结构，努力成为堪当大任、能做大事的优秀人才。

第三，希望大家奋力创新创造。创新是一个民族进步的灵魂，是一个国家兴旺发达的不竭动力，也是中华民族最深沉的民族禀赋。在激烈的国际竞争中，惟创新者进，惟创新者强，惟创新者胜。留学人员视野开阔，理应走在创新前列。祖国改革开放和社会主义现代化建设的火热进程，为一切有志于创新创造、干一番事业的人们提供了广阔舞台。

希望广大留学人员积极投身创新创造实践，有敢为人先的锐气，有上下求索的执著，得风气之先、开风气之先，力争有所突破、有所发展、有所建树。在中国的大地上，要想有建树、有成就，关键是要脚踏着祖国大地，胸怀着人民期盼，找准专业优势和社会发展的结合点，找准先进知识和我国实际的结合点，真正使创新创造落地生根、开花结果。

第四，希望大家积极促进对外交流。中国的发展离不开世界，世界的繁荣也需要中国。我们要以更加开放的姿态，加强同世界的联系和互动，加深同各国人民的了解和友谊。广大留学人员既有国内成长经历又有海外生活体验，既有广泛的国内外人际关系又有丰富的不同文化交流经验，许多外国人通过你们了解中国、认识中国，许多中国人通过你们了解世界、认识世界。

希望广大留学人员充分发挥自身优势，加强内引外联、牵线搭桥，当好促进中外友好交流的民间大使，多用外国民众听得到、听得懂、听得进的途径和方式，讲述好中国故事，传播好中国声音，让世界对中国多一分理解、多一分支持。

欧美同学会成立于100年前的民族危难之时，成立伊始就积极践行爱国思想，组织会员参与爱国民主运动、投身民族救亡和人民解放事业，成为那个时代追求民主、崇尚科学的爱国社团。新中国成立后，欧美同学会积极动员海外学人回国，成为党和政府领导下的进步社团。改革开放以来，欧美同学会大力实施"报国计划"，成为致力于中国特色社会主义事业的群众团体。2003年，经中央批准，欧美同学会增冠了"中国留学人员联谊会"会名，工作领域拓宽到全国，工作对象扩展到全球，成为影响更加广泛的人民团体。

面对新形势新任务，欧美同学会·中国留学人员联谊会要发挥群众性、高知性、统战性的特点和优势，立足国内、开拓海外，努力成为留学报国的人才库、建言献策的智囊团、开展民间外交的生力军，成为党联系广大留学人员的桥梁纽带、党和政府做好留学人员工作的助手、广大留学人员之家，把广大留学人员紧密团结在党的周围。要关心留学人员工作、学习、生活，反映愿望诉求，维护合法权益，不断增强吸引力和凝聚力。

"尚贤者，政之本也。"[8] 各级党委和政府要认真贯彻党和国家关于留学人员工作的方针政策，更大规模、更有成效地培养我国改革开放和社会主义现代化建设急需的各级各类人才。环境好，则人才聚、事业兴；环境不好，则人才散、事业衰。要健全工作机制，增强服务意识，加强教育引导，搭建创新平台，善于发现人才、团结人才、使用人才，为留学人员回国工作、为国服务创造良好环境，促使优秀人才脱颖而出。要关心支持欧美同学会·中国留学人员联谊会工作，加强组织建设，健全工作机构，配强工作力量，为他们开展工作创造条件。

发展的中国需要更多海外人才，开放的中国欢迎来自世界各地的英才。我们相信，只要广大留学人员牢记"空谈误国、实干兴邦"，同人民站立在一起、同人民奋斗在一起，就一定能为实现中华民族伟大复兴的中国梦书写出无愧于时代、无愧于人民、无愧于历史的绚丽篇章！

注 释

〔1〕欧美同学会，成立于 1913 年 10 月，是由中国留学海外各国归国人员自愿组成的群众团体。2003 年增冠"中国留学人员联谊会"会名。

〔2〕钱学森（1911—2009），浙江杭州人。1935 年赴美留学，1955 年回国。直接参与组织领导了中国运载火箭、导弹、卫星的研制攻关和试验工作，为发展中国的航天事业作出了卓越贡献。

〔3〕见范仲淹《岳阳楼记》。范仲淹（989—1052），苏州吴县（今江苏苏州）人。北宋政治家、文学家。

〔4〕孔子晚年研究《易经》，由于翻看次数太多，以致把编连竹简的皮条磨断了多次。后以此典形容刻苦学习。参见《史记·孔子世家》。

〔5〕汉代人孙敬好学，将头发系住悬在屋梁上，防止打瞌睡，用来督促自己学习；战国人苏秦夜间读书，苦心揣摩诵读，困倦欲睡时，就用锥子刺大腿。后以此典形容刻苦攻读。参见《楚国先贤传》、《战国策·秦策一》。

〔6〕汉代人匡衡，学习勤苦却家贫无钱买烛。邻居家夜里点烛，匡衡就在墙壁上凿个洞，让烛光照进来，借烛光读书。后以此典形容刻苦读书。参见《西京杂记》。

〔7〕晋代人车胤，热爱读书却苦于家境贫困缺少灯油，夏天，他就捉来萤火虫放入白绢袋里，利用萤火虫发出的光照明，夜以继日苦读；南朝人孙康家贫，冬日无钱买烛，夜间借雪的反光来读书。后以此典形容勤学苦读。参见《晋书·车胤传》、《孙氏世录》。

〔8〕见《墨子·尚贤上》。《墨子》是墨家学派的著作总汇。

实现中华民族伟大复兴
是海内外中华儿女共同的梦*

（2014年6月6日）

团结统一的中华民族是海内外中华儿女共同的根，博大精深的中华文化是海内外中华儿女共同的魂，实现中华民族伟大复兴是海内外中华儿女共同的梦。共同的根让我们情深意长，共同的魂让我们心心相印，共同的梦让我们同心同德，我们一定能够共同书写中华民族发展的时代新篇章。

老乡见老乡，两眼泪汪汪，见到大家感到特别亲切。我代表中共中央、国务院，向第七届世界华侨华人社团联谊大会的召开表示衷心的祝贺，向与会的侨胞朋友们表示热烈的欢迎，向世界各地的华侨华人，表示诚挚的问候。

在世界各地有几千万海外侨胞，大家都是中华大家庭的成员。长期以来，一代又一代海外侨胞，秉承中华民族优秀传统，不忘祖国，不忘祖籍，不忘身上流淌的中华民族血液，热情支持中国革命、建设、改革事业，为中华民族发展壮大、促进祖国和平统一大业、增进中国人民同各国人民的友好合作作出了重要贡献。祖国人民将永远铭记广大海外侨胞的功绩。

---

* 这是习近平在会见第七届世界华侨华人社团联谊大会代表时的讲话要点。

当前，中国人民正在为实现"两个一百年"奋斗目标、实现中华民族伟大复兴的中国梦而奋斗。在这个伟大进程中，广大海外侨胞一定能够发挥不可替代的重要作用。中国梦是国家梦、民族梦，也是每个中华儿女的梦。广大海外侨胞有着赤忱的爱国情怀、雄厚的经济实力、丰富的智力资源、广泛的商业人脉，是实现中国梦的重要力量。只要海内外中华儿女紧密团结起来，有力出力，有智出智，团结一心奋斗，就一定能够汇聚起实现梦想的强大力量。

中华文明有着 5000 多年的悠久历史，是中华民族自强不息、发展壮大的强大精神力量。我们的同胞无论生活在哪里，身上都有鲜明的中华文化烙印，中华文化是中华儿女共同的精神基因。希望大家继续弘扬中华文化，不仅自己要从中汲取精神力量，而且要积极推动中外文明交流互鉴，讲述好中国故事、传播好中国声音，促进中外民众相互了解和理解，为实现中国梦营造良好环境。

中国梦既是中国人民追求幸福的梦，也同各国人民追求幸福的梦想相通。国家好、民族好，大家才会好。世界好，中国才会好。中国坚持走和平发展道路，是世界繁荣发展的正能量。广大海外侨胞要运用自身优势和条件，积极为住在国同中国各领域交流合作牵线搭桥，更好融入和回馈当地社会，为促进世界和平与发展不断作出新贡献。

三、全面深化改革

改革开放只有进行时没有完成时 *

（2012 年 12 月 31 日）

改革开放是一项长期的、艰巨的、繁重的事业，必须一代又一代人接力干下去。必须坚持社会主义市场经济的改革方向，坚持对外开放的基本国策，以更大的政治勇气和智慧，不失时机深化重要领域改革，朝着党的十八大指引的改革开放方向奋勇前进。

历史、现实、未来是相通的。历史是过去的现实，现实是未来的历史。要把党的十八大确立的改革开放重大部署落实好，就要认真回顾和深入总结改革开放的历程，更加深刻地认识改革开放的历史必然性，更加自觉地把握改革开放的规律性，更加坚定地肩负起深化改革开放的重大责任。

必须认真总结和运用改革开放的成功经验。第一，改革开放是一场深刻革命，必须坚持正确方向，沿着正确道路推进。在方向问题上，我们头脑必须十分清醒，不断推动社会主义制度自我完善和发展，坚定不移走中国特色社会主义道路。第二，改革开放是前无古人的崭新事业，必须坚持正确的方法论，在不断实践探索中推进。摸着石头过河，是富有中国特色、符合

---

* 这是习近平在主持十八届中央政治局第二次集体学习时的讲话要点。

中国国情的改革方法。摸着石头过河就是摸规律，从实践中获得真知。摸着石头过河和加强顶层设计是辩证统一的，推进局部的阶段性改革开放要在加强顶层设计的前提下进行，加强顶层设计要在推进局部的阶段性改革开放的基础上来谋划。要加强宏观思考和顶层设计，更加注重改革的系统性、整体性、协同性，同时也要继续鼓励大胆试验、大胆突破，不断把改革开放引向深入。第三，改革开放是一个系统工程，必须坚持全面改革，在各项改革协同配合中推进。改革开放是一场深刻而全面的社会变革，每一项改革都会对其他改革产生重要影响，每一项改革又都需要其他改革协同配合。要更加注重各项改革的相互促进、良性互动，整体推进，重点突破，形成推进改革开放的强大合力。第四，稳定是改革发展的前提，必须坚持改革发展稳定的统一。只有社会稳定，改革发展才能不断推进；只有改革发展不断推进，社会稳定才能具有坚实基础。要坚持把改革的力度、发展的速度和社会可承受的程度统一起来，把改善人民生活作为正确处理改革发展稳定关系的结合点。第五，改革开放是亿万人民自己的事业，必须坚持尊重人民首创精神，坚持在党的领导下推进。改革开放在认识和实践上的每一次突破和发展，改革开放中每一个新生事物的产生和发展，改革开放每一个方面经验的创造和积累，无不来自亿万人民的实践和智慧。改革发展稳定任务越繁重，我们越要加强和改善党的领导，越要保持党同人民群众的血肉联系，善于通过提出和贯彻正确的路线方针政策带领人民前进，善于从人民的实践创造和发展要求中完善政策主张，使改革发展成果更多更公平惠及全体人民，不断为深化改革开放夯实群众基础。

改革开放只有进行时没有完成时。没有改革开放，就没有中国的今天，也就没有中国的明天。改革开放中的矛盾只能用改革开放的办法来解决。我们要全面贯彻党的十八大精神，坚持以邓小平理论、"三个代表"重要思想、科学发展观为指导，积极回应广大人民群众对深化改革开放的强烈呼声和殷切期待，凝聚社会共识，协调推进各领域各环节改革，努力把改革开放推向前进。

关于《中共中央关于全面深化改革若干重大问题的决定》的说明[*]

（2013 年 11 月 9 日）

受中央政治局委托，现在，我就《中共中央关于全面深化改革若干重大问题的决定》向全会作说明。

一、关于全会决定起草过程

改革开放以来，历届三中全会研究什么议题、作出什么决定、采取什么举措、释放什么信号，是人们判断新一届中央领导集体施政方针和工作重点的重要依据，对做好未来 5 年乃至 10 年工作意义重大。

党的十八大之后，中央即着手考虑十八届三中全会的议题。党的十八大统一提出了全面建成小康社会和全面深化改革开放的目标，强调必须以更大的政治勇气和智慧，不失时机深化重要领域改革，坚决破除一切妨碍科学发展的思想观念和体制机制弊端，构建系统完备、科学规范、运行有效的制度体系，使

＊ 这是习近平在中共十八届三中全会上作的说明。

70

各方面制度更加成熟更加定型。我们认为，要完成党的十八大提出的各项战略目标和工作部署，必须抓紧推进全面改革。

从党的十一届三中全会[1]作出把党和国家工作中心转移到经济建设上来、实行改革开放的历史性决策以来，已经35个年头了。中国人民的面貌、社会主义中国的面貌、中国共产党的面貌能发生如此深刻的变化，我国能在国际社会赢得举足轻重的地位，靠的就是坚持不懈推进改革开放。

1992年，邓小平同志在南方谈话中说："不坚持社会主义，不改革开放，不发展经济，不改善人民生活，只能是死路一条。"[2]回过头来看，我们对邓小平同志这番话就有更深的理解了。所以，我们讲，只有社会主义才能救中国，只有改革开放才能发展中国、发展社会主义、发展马克思主义。

正是从历史经验和现实需要的高度，党的十八大以来，中央反复强调，改革开放是决定当代中国命运的关键一招，也是决定实现"两个一百年"奋斗目标、实现中华民族伟大复兴的关键一招，实践发展永无止境，解放思想永无止境，改革开放也永无止境，停顿和倒退没有出路，改革开放只有进行时、没有完成时。面对新形势新任务，我们必须通过全面深化改革，着力解决我国发展面临的一系列突出矛盾和问题，不断推进中国特色社会主义制度自我完善和发展。

当前，国内外环境都在发生极为广泛而深刻的变化，我国发展面临一系列突出矛盾和挑战，前进道路上还有不少困难和问题。比如：发展中不平衡、不协调、不可持续问题依然突出，科技创新能力不强，产业结构不合理，发展方式依然粗放，城乡区域发展差距和居民收入分配差距依然较大，社会矛盾明显增多，教育、就业、社会保障、医疗、住房、生态环境、食品药品安全、安全生产、社会治安、执法司法等关系群众切身利益的问题较多，部分群众生活困难，形式主义、官僚主义、享乐主义和奢靡之风问题突出，一些领域消极腐败现象易发多发，反腐败斗争形势依然严峻，等等。解决这些问题，关键在于深化改革。

今年4月，中央政治局经过深入思考和研究、广泛听取党内外各方面意见，决定党的十八届三中全会研究全面深化改革问题并作出决定。

4月20日，中央发出《关于对党的十八届三中全会研究全面深化改革问题征求意见的通知》。各地区各部门一致认为，党的十八届三中全会重点研究全面深化改革问题，顺应了广大党员、干部、群众的愿望，抓住了全社会最关心的问题，普遍表示赞成。

改革开放以来历次三中全会都研究讨论深化改革问题，都是在释放一个重要信号，就是我们党将坚定不移高举改革开放的旗帜，坚定不移坚持党的十一届三中全会以来的理论和路线方针政策。说到底，就是要回答在新的历史条件下举什么旗、走什么路的问题。

党的十八届三中全会以全面深化改革为主要议题，是我们党坚持以邓小平理论、"三个代表"重要思想、科学发展观为指导，在新形势下坚定不移贯彻党的基本路线、基本纲领、基本经验、基本要求，坚定不移高举改革开放大旗的重要宣示和重要体现。

议题确定后，中央政治局决定成立文件起草组，由我担任组长，刘云山[3]、张高丽[4]同志为副组长，相关部门负责同志、部分省市领导同志参加，在中央政治局常委会领导下进行全会决定起草工作。

文件起草组成立以来，在将近7个月的时间里，广泛征求意见，开展专题论证，进行调查研究，反复讨论修改。其间，中央政治局常委会会议3次、中央政治局会议2次分别审议决定，决定征求意见稿还下发党内一定范围征求意见，征求党内老同志意见，专门听取各民主党派中央、全国工商联负责人和无党派人士意见。

从反馈情况看，各方面一致认为，全会决定深刻剖析了我国改革发展稳定面临的重大理论和实践问题，阐明了全面深化改革的重大意义和未来走向，提出了全面深化改革的指导思想、目标任务、重大原则，描绘了全面深化改革的新蓝图、新愿景、新目标，汇集了全面深化改革的新思想、新论断、新举措，反映了社会呼声、社会诉求、社会期盼，凝聚了全党全社会关于全面深化改革的思想共识和行动智慧。

各方面一致认为，全会决定合理布局了全面深化改革的战略重点、优先顺序、主攻方向、工作机制、推进方式和时间表、路线图，形成了改革理论和政策的一系列新的重大突破，是全面深化改革的又一次总部署、总动员，必将对推动中国特色社会主义事业发展产生重大而深远的影响。

在征求意见过程中，各方面提出了许多好的意见和建议。中央责成文件起草组认真整理研究这些意见和建议，文件起草组对全会决定作出重要修改。

二、关于全会决定的总体框架和重点问题

中央政治局认为，面对新形势新任务新要求，全面深化改革，关键是要进一步形成公平竞争的发展环境，进一步增强经济社会发展活力，进一步提高政府效率和效能，进一步实现社会公平正义，进一步促进社会和谐稳定，进一步提高党的领导水平和执政能力。

围绕这些重大课题，我们强调，要有强烈的问题意识，以重大问题为导向，抓住关键问题进一步研究思考，着力推动解决我国发展面临的一系列突出矛盾和问题。我们中国共产党人干革命、搞建设、抓改革，从来都是为了解决中国的现实问题。可以说，改革是由问题倒逼而产生，又在不断解决问题中得以深化。

35年来，我们用改革的办法解决了党和国家事业发展中的一系列问题。同时，在认识世界和改造世界的过程中，旧的问题解决了，新的问题又会产生，制度总是需要不断完善，因而改革既不可能一蹴而就、也不可能一劳永逸。

全会决定起草，突出了5个方面的考虑。一是适应党和国家事业发展新要求，落实党的十八大提出的全面深化改革开放的战略任务。二是以改革为主线，突出全面深化改革新举措，一般性举措不写，重复性举措不写，纯属发展性举措不写。三是抓住重点，围绕解决好人民群众反映强烈的问题，回应人民群众呼声和期待，突出重要领域和关键环节，突出经济体制改革牵引作用。四是坚持积极稳妥，设计改革措施胆子要大、步

子要稳。五是时间设计到 2020 年，按这个时间段提出改革任务，到 2020 年在重要领域和关键环节改革上取得决定性成果。

在框架结构上，全会决定以当前亟待解决的重大问题为提领，按条条谋篇布局。除引言和结束语外，共 16 个部分，分三大板块。第一部分构成第一板块，是总论，主要阐述全面深化改革的重大意义、指导思想、总体思路。第二至第十五部分构成第二板块，是分论，主要从经济、政治、文化、社会、生态文明、国防和军队 6 个方面，具体部署全面深化改革的主要任务和重大举措。其中，经济方面开 6 条（第二至第七部分），政治方面开 3 条（第八至第十部分），文化方面开 1 条（第十一部分），社会方面开 2 条（第十二至第十三部分），生态方面开 1 条（第十四部分），国防和军队方面开 1 条（第十五部分）。第十六部分构成第三板块，讲组织领导，主要阐述加强和改善党对全面深化改革的领导。

这里，我想就全会决定涉及的几个重大问题和重大举措介绍一下中央的考虑。

第一，关于使市场在资源配置中起决定性作用和更好发挥政府作用。这是这次全会决定提出的一个重大理论观点。这是因为，经济体制改革仍然是全面深化改革的重点，经济体制改革的核心问题仍然是处理好政府和市场关系。

1992 年，党的十四大提出了我国经济体制改革的目标是建立社会主义市场经济体制，提出要使市场在国家宏观调控下对资源配置起基础性作用。这一重大理论突破，对我国改革开放和经济社会发展发挥了极为重要的作用。这也说明，理论创新对实践创新具有重大先导作用，全面深化改革必须以理论创新为先导。

经过 20 多年实践，我国社会主义市场经济体制已经初步建立，但仍存在不少问题，主要是市场秩序不规范，以不正当手段谋取经济利益的现象广泛存在；生产要素市场发展滞后，要素闲置和大量有效需求得不到满足并存；市场规则不统一，部门保护主义和地方保护主义大量存在；市场竞争不充分，阻碍优胜劣汰和结构调整，等等。这些问题不解决好，完善的社会主义市场经济体制是难以形成的。

从党的十四大以来的 20 多年间，对政府和市场关系，我们一直在根据实践拓展和认识深化寻找新的科学定位。党的十五大提出"使市场在国家宏观调控下对资源配置起基础性作用"，党的十六大提出"在更大程度上发挥市场在资源配置中的基础性作用"，党的十七大提出"从制度上更好发挥市场在资源配置中的基础性作用"，党的十八大提出"更大程度更广范围发挥市场在资源配置中的基础性作用"。可以看出，我们对政府和市场关系的认识也在不断深化。

在这次讨论和征求意见过程中，许多方面提出，应该从理论上对政府和市场关系进一步作出定位，这对全面深化改革具有十分重大的作用。考虑各方面意见和现实发展要求，经过反复讨论和研究，中央认为对这个问题从理论上作出新的表述条件已经成熟，应该把市场在资源配置中的"基础性作用"修改为"决定性作用"。

现在，我国社会主义市场经济体制已经初步建立，市场化程度大幅度提高，我们对市场规律的认识和驾驭能力不断提高，宏观调控体系更为健全，主客观条件具备，我们应该在完善社会主义市场经济体制上迈出新的步伐。

进一步处理好政府和市场关系，实际上就是要处理好在资源配置中市场起决定性作用还是政府起决定性作用这个问题。经济发展就是要提高资源尤其是稀缺资源的配置效率，以尽可能少的资源投入生产尽可能多的产品、获得尽可能大的效益。理论和实践都证明，市场配置资源是最有效率的形式。市场决定资源配置是市场经济的一般规律，市场经济本质上就是市场决定资源配置的经济。健全社会主义市场经济体制必须遵循这条规律，着力解决市场体系不完善、政府干预过多和监管不到位问题。作出"使市场在资源配置中起决定性作用"的定位，有利于在全党全社会树立关于政府和市场关系的正确观念，有利于转变经济发展方式，有利于转变政府职能，有利于抑制消极腐败现象。

当然，我国实行的是社会主义市场经济体制，我们仍然要坚持发挥我国社会主义制度的优越性、发挥党和政府的积极作用。市场在资源配置中起决定性作用，并不是起全部作用。

发展社会主义市场经济，既要发挥市场作用，也要发挥政府作用，但市场作用和政府作用的职能是不同的。全会决定对更好发挥政府作用提出了明确要求，强调科学的宏观调控，有效的政府治理，是发挥社会主义市场经济体制优势的内在要求。全会决定对健全宏观调控体系、全面正确履行政府职能、优化政府组织结构进行了部署，强调政府的职责和作用主要是保持宏观经济稳定，加强和优化公共服务，保障公平竞争，加强市场监管，维护市场秩序，推动可持续发展，促进共同富裕，弥补市场失灵。

第二，关于坚持和完善基本经济制度。坚持和完善公有制为主体、多种所有制经济共同发展的基本经济制度，关系巩固和发展中国特色社会主义制度的重要支柱。

改革开放以来，我国所有制结构逐步调整，公有制经济和非公有制经济在发展经济、促进就业等方面的比重不断变化，增强了经济社会发展活力。在这种情况下，如何更好体现和坚持公有制主体地位，进一步探索基本经济制度有效实现形式，是摆在我们面前的一个重大课题。

全会决定强调必须毫不动摇巩固和发展公有制经济，坚持公有制主体地位，发挥国有经济主导作用，不断增强国有经济活力、控制力、影响力。

全会决定坚持和发展党的十五大以来有关论述，提出要积极发展混合所有制经济，强调国有资本、集体资本、非公有资本等交叉持股、相互融合的混合所有制经济，是基本经济制度的重要实现形式，有利于国有资本放大功能、保值增值、提高竞争力。这是新形势下坚持公有制主体地位，增强国有经济活力、控制力、影响力的一个有效途径和必然选择。

全会决定提出，完善国有资产管理体制，以管资本为主加强国有资产监管，改革国有资本授权经营体制；国有资本投资运营要服务于国家战略目标，更多投向关系国家安全、国民经济命脉的重要行业和关键领域，重点提供公共服务、发展重要前瞻性战略性产业、保护生态环境、支持科技进步、保障国家安全；划转部分国有资本充实社会保障基金；提高国有资本收益上缴公共财政比例，更多用于保障和改善民生。

国有企业是推进国家现代化、保障人民共同利益的重要力量。经过多年改革，国有企业总体上已经同市场经济相融合。同时，国有企业也积累了一些问题、存在一些弊端，需要进一步推进改革。全会决定提出一系列有针对性的改革举措，包括国有资本加大对公益性企业的投入；国有资本继续控股经营的自然垄断行业，实行以政企分开、政资分开、特许经营、政府监管为主要内容的改革，根据不同行业特点实行网运分开、放开竞争性业务；健全协调运转、有效制衡的公司法人治理结构；建立职业经理人制度，更好发挥企业家作用；建立长效激励约束机制，强化国有企业经营投资责任追究；探索推进国有企业财务预算等重大信息公开；国有企业要合理增加市场化选聘比例，合理确定并严格规范国有企业管理人员薪酬水平、职务待遇、职务消费、业务消费。这些举措将推动国有企业完善现代企业制度、提高经营效率、合理承担社会责任、更好发挥作用。

坚持和完善基本经济制度必须坚持"两个毫不动摇"[5]。全会决定从多个层面提出鼓励、支持、引导非公有制经济发展，激发非公有制经济活力和创造力的改革举措。在功能定位上，明确公有制经济和非公有制经济都是社会主义市场经济的重要组成部分，都是我国经济社会发展的重要基础；在产权保护上，明确提出公有制经济财产权不可侵犯，非公有制经济财产权同样不可侵犯；在政策待遇上，强调坚持权利平等、机会平等、规则平等，实行统一的市场准入制度；鼓励非公有制企业参与国有企业改革，鼓励发展非公有资本控股的混合所有制企业，鼓励有条件的私营企业建立现代企业制度。这将推动非公有制经济健康发展。

　　第三，关于深化财税体制改革。财政是国家治理的基础和重要支柱，科学的财税体制是优化资源配置、维护市场统一、促进社会公平、实现国家长治久安的制度保障。现行财税体制是在1994年分税制[6]改革的基础上逐步完善形成的，对实现政府财力增强和经济快速发展的双赢目标发挥了重要作用。

　　随着形势发展变化，现行财税体制已经不完全适应合理划分中央和地方事权、完善国家治理的客观要求，不完全适应转变经济发展方式、促进经济社会持续健康发展的现实需要，我国经济社会发展中的一些突出矛盾和问题也与财税体制不健全有关。

　　这次全面深化改革，财税体制改革是重点之一。主要涉及改进预算管理制度，完善税收制度，建立事权和支出责任相适应的制度等。

　　全会决定提出，要实施全面规范、公开透明的预算制度，适度加强中央事权和支出责任，国防、外交、国家安全、关系全国统一市场规则和管理等作为中央事权；部分社会保障、跨区域重大项目建设维护等作为中央和地方共同事权，逐步理顺事权关系；中央可通过安排转移支付将部分事权支出责任委托地方承担；对于跨区域且对其他地区影响较大的公共服务，中央通过转移支付承担一部分地方事权支出责任。

　　这些改革举措的主要目的是明确事权、改革税制、稳定税负、透明预算、提高效率，加快形成有利于转变经济发展方式、有利于建立公平统一市场、有利于推进基本公共服务均等化的现代财政制度，形成中央和地方财力与事权相匹配的财税体制，更好发挥中央和地方两个积极性。

财税体制改革需要一个过程，逐步到位。中央已经明确，要保持现有中央和地方财力格局总体稳定，进一步理顺中央和地方收入划分。

第四，关于健全城乡发展一体化体制机制。城乡发展不平衡不协调，是我国经济社会发展存在的突出矛盾，是全面建成小康社会、加快推进社会主义现代化必须解决的重大问题。改革开放以来，我国农村面貌发生了翻天覆地的变化。但是，城乡二元结构没有根本改变，城乡发展差距不断拉大趋势没有根本扭转。根本解决这些问题，必须推进城乡发展一体化。

全会决定提出，必须健全体制机制，形成以工促农、以城带乡、工农互惠、城乡一体的新型工农城乡关系，让广大农民平等参与现代化进程、共同分享现代化成果。

全会决定提出了健全城乡发展一体化体制机制的改革举措。一是加快构建新型农业经营体系。主要是坚持家庭经营在农业中的基础性地位，鼓励土地承包经营权在公开市场上向专业大户、家庭农场、农民合作社、农业企业流转，鼓励农村发展合作经济，鼓励和引导工商资本到农村发展适合企业化经营的现代种养业，允许农民以土地承包经营权入股发展农业产业化经营等。二是赋予农民更多财产权利。主要是依法维护农民土地承包经营权，保障农民集体经济组织成员权利，保障农户宅基地用益物权，慎重稳妥推进农民住房财产权抵押、担保、转让试点。三是推进城乡要素平等交换和公共资源均衡配置。主要是保障农民工同工同酬，保障农民公平分享土地增值收益；完善农业保险制度；鼓励社会资本投向农村建设，允许企业和社会组织在农村兴办各类事业；统筹城乡义务教育资源均衡配置，整合城乡居民基本养老保险制度、基本医疗保险制度，推进城乡最低生活保障制度统筹发展，稳步推进城镇基本公共服务常住人口全覆盖，把进城落户农民完全纳入城镇住房和社会保障体系。

第五，关于推进协商民主广泛多层制度化发展。协商民主是我国社会主义民主政治的特有形式和独特优势，是党的群众路线在政治领域的重要体现。推进协商民主，有利于完善人民有序政治参与、密切党同人民群众的血肉联系、促进决策科学化民主化。

全会决定把推进协商民主广泛多层制度化发展作为政治体制改革的重要内容，强调在党的领导下，以经济社会发展重大问题和涉及群众切身利益的实际问题为内容，在全社会开展广泛协商，坚持协商于决策之前和决策实施之中。要构建程序合理、环节完整的协商民主体系，拓宽国家政权机关、政协组织、党派团体、基层组织、社会组织的协商渠道；深入开展立法协商、行政协商、民主协商、参政协商、社会协商；发挥统一战线[7]在协商民主中的重要作用，发挥人民政协作为协商民主重要渠道作用，完善人民政协制度体系，规范协商内容、协商程序，拓展协商民主形式，更加活跃有序地组织专题协商、对口协商、界别协商、提案办理协商，增加协商密度，提高协商成效。

第六，关于改革司法体制和运行机制。司法体制是政治体制的重要组成部分。这些年来，群众对司法不公的意见比较集中，司法公信力不足很大程度上与司法体制和工作机制不合理有关。

　　司法改革是这次全面深化改革的重点之一。全会决定提出了一系列相互关联的新举措，包括改革司法管理体制，推动省以下地方法院、检察院人财物统一管理，探索建立与行政区划适当分离的司法管辖制度；健全司法权力运行机制，完善主审法官、合议庭办案责任制，让审判者裁判、由裁判者负责；严格规范减刑、假释、保外就医程序；健全错案防止、纠正、责任追究机制，严格实行非法证据排除规则；建立涉法涉诉信访依法终结制度；废止劳动教养制度，完善对违法犯罪行为的惩治和矫正法律，等等。

　　这些改革举措，对确保司法机关依法独立行使审判权和检察权、健全权责明晰的司法权力运行机制、提高司法透明度和公信力、更好保障人权都具有重要意义。

　　第七，关于健全反腐败领导体制和工作机制。反腐败问题一直是党内外议论较多的问题。目前的问题主要是，反腐败机构职能分散、形不成合力，有些案件难以坚决查办，腐败案件频发却责任追究不够。

　　全会决定对加强反腐败体制机制创新和制度保障进行了重点部署。主要是加强党对党风廉政建设和反腐败工作统一领导，明确党委负主体责任、纪委负监督责任，制定实施切实可行的责任追究制度；健全反腐败领导体制和工作机制，改革和完善各级反腐败协调小组职能，规定查办腐败案件以上级纪委领导为主；体现强化上级纪委对下级纪委的领导，规定线索处置和案件查办在向同级党委报告的同时必须向上级纪委报告；全面落实中央纪委向中央一级党和国家机关派驻纪检机构，改进中央和省区市巡视制度，做到对地方、部门、企事业单位全覆盖。

这些措施都是在总结实践经验、吸收各方面意见的基础上提出来的。

第八，关于加快完善互联网管理领导体制。网络和信息安全牵涉到国家安全和社会稳定，是我们面临的新的综合性挑战。

从实践看，面对互联网技术和应用飞速发展，现行管理体制存在明显弊端，主要是多头管理、职能交叉、权责不一、效率不高。同时，随着互联网媒体属性越来越强，网上媒体管理和产业管理远远跟不上形势发展变化。特别是面对传播快、影响大、覆盖广、社会动员能力强的微博、微信等社交网络和即时通信工具用户的快速增长，如何加强网络法制建设和舆论引导，确保网络信息传播秩序和国家安全、社会稳定，已经成为摆在我们面前的现实突出问题。

全会决定提出坚持积极利用、科学发展、依法管理、确保安全的方针，加大依法管理网络力度，完善互联网管理领导体制。目的是整合相关机构职能，形成从技术到内容、从日常安全到打击犯罪的互联网管理合力，确保网络正确运用和安全。

第九，关于设立国家安全委员会。国家安全和社会稳定是改革发展的前提。只有国家安全和社会稳定，改革发展才能不断推进。当前，我国面临对外维护国家主权、安全、发展利益，对内维护政治安全和社会稳定的双重压力，各种可以预见和难以预见的风险因素明显增多。而我们的安全工作体制机制还不能适应维护国家安全的需要，需要搭建一个强有力的平台统筹国家安全工作。设立国家安全委员会，加强对国家安全工作的集中统一领导，已是当务之急。

国家安全委员会主要职责是制定和实施国家安全战略，推进国家安全法治建设，制定国家安全工作方针政策，研究解决国家安全工作中的重大问题。

第十，关于健全国家自然资源资产管理体制和完善自然资源监管体制。健全国家自然资源资产管理体制是健全自然资源资产产权制度的一项重大改革，也是建立系统完备的生态文明制度体系的内在要求。

我国生态环境保护中存在的一些突出问题，一定程度上与体制不健全有关，原因之一是全民所有自然资源资产的所有权人不到位，所有权人权益不落实。针对这一问题，全会决定提出健全国家自然资源资产管理体制的要求。总的思路是，按照所有者和管理者分开和一件事由一个部门管理的原则，落实全民所有自然资源资产所有权，建立统一行使全民所有自然资源资产所有权人职责的体制。

国家对全民所有自然资源资产行使所有权并进行管理和国家对国土范围内自然资源行使监管权是不同的，前者是所有权人意义上的权利，后者是管理者意义上的权力。这就需要完善自然资源监管体制，统一行使所有国土空间用途管制职责，使国有自然资源资产所有权人和国家自然资源管理者相互独立、相互配合、相互监督。

我们要认识到，山水林田湖是一个生命共同体，人的命脉在田，田的命脉在水，水的命脉在山，山的命脉在土，土的命脉在树。用途管制和生态修复必须遵循自然规律，如果种树的只管种树、治水的只管治水、护田的单纯护田，很容易顾此失彼，最终造成生态的系统性破坏。由一个部门行使所有国土空间用途管制职责，对山水林田湖进行统一保护、统一修复是十分必要的。

第十一，关于中央成立全面深化改革领导小组。全面深化改革是一个复杂的系统工程，单靠某一个或某几个部门往往力不从心，这就需要建立更高层面的领导机制。

全会决定提出，中央成立全面深化改革领导小组，负责改革总体设计、统筹协调、整体推进、督促落实。这是为了更好发挥党总揽全局、协调各方的领导核心作用，保证改革顺利推进和各项改革任务落实。领导小组的主要职责是：统一部署全国性重大改革，统筹推进各领域改革，协调各方力量形成推进改革合力，加强督促检查，推动全面落实改革目标任务。

三、关于讨论中要注意的几个问题

这次全会的任务就是讨论全会决定提出的全面深化改革的思路和方案。这里，我给大家提几点要求。

第一，增强推进改革的信心和勇气。改革开放是我们党在新的时代条件下带领人民进行的新的伟大革命，是当代中国最鲜明的特色，也是我们党最鲜明的旗帜。35年来，我们党靠什么来振奋民心、统一思想、凝聚力量？靠什么来激发全体人民的创造精神和创造活力？靠什么来实现我国经济社会快速发展、在与资本主义竞争中赢得比较优势？靠的就是改革开放。

面对未来，要破解发展面临的各种难题，化解来自各方面的风险和挑战，更好发挥中国特色社会主义制度优势，推动经济社会持续健康发展，除了深化改革开放，别无他途。

当前，在改革开放问题上，党内外、国内外都很关注，全党上下和社会各方面期待很高。改革开放到了一个新的重要关头。我们在改革开放上决不能有丝毫动摇，改革开放的旗帜必须继续高高举起，中国特色社会主义道路的正确方向必须牢牢坚持。全党要坚定改革信心，以更大的政治勇气和智慧、更有力的措施和办法推进改革。

第二，坚持解放思想、实事求是。高举改革开放的旗帜，光有立场和态度还不行，必须有实实在在的举措。行动最有说服力。中央决定用党的十八届三中全会这个有利契机就全面深化改革进行部署，是一个战略抉择。我们要抓住这个机遇，努力在全面深化改革上取得新突破。要有新突破，就必须进一步解放思想。

冲破思想观念的障碍、突破利益固化的藩篱，解放思想是首要的。在深化改革问题上，一些思想观念障碍往往不是来自体制外而是来自体制内。思想不解放，我们就很难看清各种利益固化的症结所在，很难找准突破的方向和着力点，很难拿出创造性的改革举措。因此，一定要有自我革新的勇气和胸怀，跳出条条框框限制，克服部门利益掣肘，以积极主动精神研究和提出改革举措。

提出改革举措当然要慎重，要反复研究、反复论证，但也不能因此就谨小慎微、裹足不前，什么也不敢干、不敢试。搞改革，现有的工作格局和体制运行不可能一点都不打破，不可能都是四平八稳、没有任何风险。只要经过了充分论证和评估，只要是符合实际、必须做的，该干的还是要大胆干。

第三，坚持从大局出发考虑问题。全面深化改革是关系党和国家事业发展全局的重大战略部署，不是某个领域某个方面的单项改革。"不谋全局者，不足谋一域。"〔8〕大家来自不同部门和单位，都要从全局看问题，首先要看提出的重大改革举措是否符合全局需要，是否有利于党和国家事业长远发展。要真正向前展望、超前思维、提前谋局。只有这样，最后形成的文件才能真正符合党和人民事业发展要求。

全面深化改革需要加强顶层设计和整体谋划，加强各项改革的关联性、系统性、可行性研究。我们讲胆子要大、步子要稳，其中步子要稳就是要统筹考虑、全面论证、科学决策。经济、政治、文化、社会、生态文明各领域改革和党的建设改革紧密联系、相互交融，任何一个领域的改革都会牵动其他领域，同时也需要其他领域改革密切配合。如果各领域改革不配套，各方面改革措施相互牵扯，全面深化改革就很难推进下去，即使勉强推进，效果也会大打折扣。

注　释

〔1〕党的十一届三中全会，指中国共产党第十一届中央委员会第三次全体会议。1978 年 12 月 18 日至 22 日在北京举行。这次全会重新确立了马克思主义的思想路线、政治路线、组织路线，作出了把党和国家工作中心转移到经济建设上来、实行改革开放的历史性决策，是中华人民共和国成立以后中国共产党历史上具有深远意义的伟大转折，开启了中国改革开放历史新时期。

〔2〕见邓小平《在武昌、深圳、珠海、上海等地的谈话要点》（《邓小平文选》第 3 卷，人民出版社 1993 年版，第 370 页）。

〔3〕刘云山，1947 年生，山西忻州人。时任中共中央政治局常委、中央书记处书记，中央党校校长。

〔4〕张高丽，1946年生，福建晋江人。时任中共中央政治局常委、国务院副总理。

〔5〕"两个毫不动摇"，指毫不动摇地巩固和发展公有制经济，毫不动摇地鼓励、支持和引导非公有制经济发展。

〔6〕分税制，是一种财政管理体制模式。指将国家的全部税种在中央政府和地方政府之间进行划分，从而确定中央政府和地方政府的收入范围。其实质是根据中央政府和地方政府的事权确定其相应的财权，通过税种的划分形成中央和地方的收入体系。中国从1994年1月1日起实行分税制。

〔7〕统一战线，指不同的社会政治力量（包括阶级、阶层、政党、集团乃至民族、国家等）在一定的历史条件下，为实现一定的共同目标，在某些共同利益的基础上结成的政治联盟。中国共产党领导的统一战线，是在中国新民主主义革命和社会主义建设与改革的历史进程中，为实现国家的独立、民主、富强和中华民族的伟大复兴，各民族、各党派、各阶层、各方面人士所结成的最广泛的革命统一战线、社会主义统一战线和爱国主义统一战线。

〔8〕见陈澹然《寤言·迁都建藩议》。

切实把思想统一到
党的十八届三中全会精神上来 *

(2013 年 11 月 12 日)

只有全党思想和意志统一了，才能统一全国各族人民思想和意志，才能形成推进改革的强大合力。

这里，我围绕全会提出的指导思想、总体思路、目标任务，就贯彻落实全会精神提几点要求。

第一，坚持把完善和发展中国特色社会主义制度，推进国家治理体系和治理能力现代化作为全面深化改革的总目标。邓小平同志在 1992 年提出，再有 30 年的时间，我们才会在各方面形成一整套更加成熟更加定型的制度。这次全会在邓小平同志战略思想的基础上，提出要推进国家治理体系和治理能力现代化。这是完善和发展中国特色社会主义制度的必然要求，是实现社会主义现代化的应有之义。我们之所以决定这次三中全会研究全面深化改革问题，不是推进一个领域改革，也不是推进几个领域改革，而是推进所有领域改革，就是从国家治理体系和治理能力的总体角度考虑的。

---

* 这是习近平在中共十八届三中全会第二次全体会议上讲话的一部分。

国家治理体系和治理能力是一个国家制度和制度执行能力的集中体现。国家治理体系是在党领导下管理国家的制度体系，包括经济、政治、文化、社会、生态文明和党的建设等各领域体制机制、法律法规安排，也就是一整套紧密相连、相互协调的国家制度；国家治理能力则是运用国家制度管理社会各方面事务的能力，包括改革发展稳定、内政外交国防、治党治国治军等各个方面。国家治理体系和治理能力是一个有机整体，相辅相成，有了好的国家治理体系才能提高治理能力，提高国家治理能力才能充分发挥国家治理体系的效能。

实际上，怎样治理社会主义社会这样全新的社会，在以往的世界社会主义中没有解决得很好。马克思、恩格斯没有遇到全面治理一个社会主义国家的实践，他们关于未来社会的原理很多是预测性的；列宁在俄国十月革命后不久就过世了，没来得及深入探索这个问题；苏联在这个问题上进行了探索，取得了一些实践经验，但也犯下了严重错误，没有解决这个问题。我们党在全国执政以后，不断探索这个问题，虽然也发生了严重曲折，但在国家治理体系和治理能力上积累了丰富经验、取得了重大成果，改革开放以来的进展尤为显著。我国政治稳定、经济发展、社会和谐、民族团结，同世界上一些地区和国家不断出现乱局形成了鲜明对照。这说明，我们的国家治理体系和治理能力总体上是好的，是适应我国国情和发展要求的。

同时，我们也要看到，相比我国经济社会发展要求，相比人民群众期待，相比当今世界日趋激烈的国际竞争，相比实现国家长治久安，我们在国家治理体系和治理能力方面还有许多不足，有许多亟待改进的地方。真正实现社会和谐稳定、国家

91

长治久安，还是要靠制度，靠我们在国家治理上的高超能力，靠高素质干部队伍。我们要更好发挥中国特色社会主义制度的优越性，必须从各个领域推进国家治理体系和治理能力现代化。

推进国家治理体系和治理能力现代化，就是要适应时代变化，既改革不适应实践发展要求的体制机制、法律法规，又不断构建新的体制机制、法律法规，使各方面制度更加科学、更加完善，实现党、国家、社会各项事务治理制度化、规范化、程序化。要更加注重治理能力建设，增强按制度办事、依法办事意识，善于运用制度和法律治理国家，把各方面制度优势转化为管理国家的效能，提高党科学执政、民主执政、依法执政水平。

第二，进一步解放思想、进一步解放和发展社会生产力、进一步解放和增强社会活力。全会决定提出的这"三个进一步解放"既是改革的目的，又是改革的条件。解放思想是前提，是解放和发展社会生产力、解放和增强社会活力的总开关。没有解放思想，我们党就不可能在十年动乱结束不久作出把党和国家工作中心转移到经济建设上来、实行改革开放的历史性决策，开启我国发展的历史新时期；没有解放思想，我们党就不可能在实践中不断推进理论创新和实践创新，有效化解前进道路上的各种风险挑战，把改革开放不断推向前进，始终走在时代前列。解放和发展社会生产力、解放和增强社会活力，是解放思想的必然结果，也是解放思想的重要基础。

全面建成小康社会，实现社会主义现代化，实现中华民族伟大复兴，最根本最紧迫的任务还是进一步解放和发展社会生产力。解放思想，解放和增强社会活力，是为了更好解放和发展社会生产力。邓小平同志说：革命是解放生产力，改革也是解放生产力，"社会主义基本制度确立以后，还要从根本上改变束缚生产力发展的经济体制，建立起充满生机和活力的社会主义经济体制，促进生产力的发展"[1]。我们要通过深化改革，让一切劳动、知识、技术、管理、资本等要素的活力竞相迸发，让一切创造社会财富的源泉充分涌流。同时，要处理好活力和有序的关系，社会发展需要充满活力，但这种活力又必须是有序活动的。死水一潭不行，暗流汹涌也不行。

我们讲要坚定道路自信、理论自信、制度自信，要有坚如磐石的精神和信仰力量，也要有支撑这种精神和信仰的强大物质力量。这就要靠通过不断改革创新，使中国特色社会主义在解放和发展社会生产力、解放和增强社会活力、促进人的全面发展上比资本主义制度更有效率，更能激发全体人民的积极性、主动性、创造性，更能为社会发展提供有利条件，更能在竞争中赢得比较优势，把中国特色社会主义制度的优越性充分体现出来。

第三，以经济体制改革为重点，发挥经济体制改革牵引作用。全会决定用"六个紧紧围绕"[2]描绘了全面深化改革的路线图，突出强调以经济体制改革为重点，发挥经济体制改革牵引作用。我国仍处于并将长期处于社会主义初级阶段的基本国情没有变，人民日益增长的物质文化需要同落后的社会生产之间的矛盾这一社会主要矛盾没有变，我国是世界最大发展中国家的国际地位没有变。这就决定了经济建设仍然是全党的中心工作。

当前，制约科学发展的体制机制障碍不少集中在经济领域，经济体制改革任务远远没有完成，经济体制改革的潜力还没有充分释放出来。坚持以经济建设为中心不动摇，就必须坚持以经济体制改革为重点不动摇。

经济基础决定上层建筑。经济体制改革对其他方面改革具有重要影响和传导作用，重大经济体制改革的进度决定着其他方面很多体制改革的进度，具有牵一发而动全身的作用。马克思在《〈政治经济学批判〉序言》中说："人们在自己生活的社会生产中发生一定的、必然的、不以他们的意志为转移的关系，即同他们的物质生产力的一定发展阶段相适合的生产关系。这些生产关系的总和构成社会的经济结构，即有法律的和政治的上层建筑竖立其上并有一定的社会意识形式与之相适应的现实基础。"[3] 在全面深化改革中，我们要坚持以经济体制改革为主轴，努力在重要领域和关键环节改革上取得新突破，以此牵引和带动其他领域改革，使各方面改革协同推进、形成合力，而不是各自为政、分散用力。

第四，坚持社会主义市场经济改革方向。提出建立社会主义市场经济体制的改革目标，这是我们党在建设中国特色社会主义进程中的一个重大理论和实践创新，解决了世界上其他社会主义国家长期没有解决的一个重大问题。

20 多年来，我们围绕建立社会主义市场经济体制这个目标，推进经济体制以及其他各方面体制改革，使我国成功实现了从高度集中的计划经济体制到充满活力的社会主义市场经济体制、从封闭半封闭到全方位开放的伟大历史转折，实现了人民生活从温饱到小康的历史性跨越，实现了经济总量跃居世界第二的历史性飞跃，极大调动了亿万人民的积极性，极大促进了社会生产力发展，极大增强了党和国家生机活力。

同时，我们也要看到，虽然我国社会主义市场经济体制已经初步建立，但市场体系还不健全，市场发育还不充分，特别是政府和市场关系还没有理顺，市场在资源配置中的作用有效发挥受到诸多制约，实现党的十八大提出的加快完善社会主义市场经济体制的战略任务还需要付出艰苦努力。

坚持社会主义市场经济改革方向，核心问题是处理好政府和市场的关系，使市场在资源配置中起决定性作用和更好发挥政府作用。这是我们党在理论和实践上的又一重大推进。

坚持社会主义市场经济改革方向，不仅是经济体制改革的基本遵循，也是全面深化改革的重要依托。使市场在资源配置中发挥决定性作用，主要涉及经济体制改革，但必然会影响到政治、文化、社会、生态文明和党的建设等各个领域。要使各方面体制改革朝着建立完善的社会主义市场经济体制这一方向协同推进，同时也使各方面自身相关环节更好适应社会主义市场经济发展提出的新要求。

第五，以促进社会公平正义、增进人民福祉为出发点和落脚点。改革开放以来，我国经济社会发展取得巨大成就，为促进社会公平正义提供了坚实物质基础和有利条件。同时，在我国现有发展水平上，社会上还存在大量有违公平正义的现象。特别是随着我国经济社会发展水平和人民生活水平不断提高，人民群众的公平意识、民主意识、权利意识不断增强，对社会不公问题反映越来越强烈。

中央全面审视和科学分析我国经济社会发展现状和态势，认为这个问题不抓紧解决，不仅会影响人民群众对改革开放的信心，而且会影响社会和谐稳定。党的十八大明确提出，公平正义是中国特色社会主义的内在要求；要在全体人民共同奋斗、经济社会发展的基础上，加紧建设对保障社会公平正义具有重大作用的制度，逐步建立以权利公平、机会公平、规则公平为主要内容的社会公平保障体系，努力营造公平的社会环境，保证人民平等参与、平等发展权利。

这次全会决定强调，全面深化改革必须以促进社会公平正义、增进人民福祉为出发点和落脚点。这是坚持我们党全心全意为人民服务根本宗旨的必然要求。全面深化改革必须着眼创造更加公平正义的社会环境，不断克服各种有违公平正义的现象，使改革发展成果更多更公平惠及全体人民。如果不能给老百姓带来实实在在的利益，如果不能创造更加公平的社会环境，甚至导致更多不公平，改革就失去意义，也不可能持续。

实现社会公平正义是由多种因素决定的，最主要的还是经济社会发展水平。在不同发展水平上，在不同历史时期，不同思想认识的人，不同阶层的人，对社会公平正义的认识和诉求也会不同。我们讲促进社会公平正义，就要从最广大人民根本利益出发，多从社会发展水平、从社会大局、从全体人民的角度看待和处理这个问题。我国现阶段存在的有违公平正义的现象，许多是发展中的问题，是能够通过不断发展，通过制度安排、法律规范、政策支持加以解决的。我们必须紧紧抓住经济建设这个中心，推动经济持续健康发展，进一步把"蛋糕"做大，为保障社会公平正义奠定更加坚实物质基础。

这样讲，并不是说就等着经济发展起来了再解决社会公平正义问题。一个时期有一个时期的问题，发展水平高的社会有发展水平高的问题，发展水平不高的社会有发展水平不高的问题。"蛋糕"不断做大了，同时还要把"蛋糕"分好。我国社会历来有"不患寡而患不均"[4]的观念。我们要在不断发展的基础上尽量把促进社会公平正义的事情做好，既尽力而为、又量力而行，努力使全体人民在学有所教、劳有所得、病有所医、老有所养、住有所居上持续取得新进展。

不论处在什么发展水平上，制度都是社会公平正义的重要保证。我们要通过创新制度安排，努力克服人为因素造成的有违公平正义的现象，保证人民平等参与、平等发展权利。要把促进社会公平正义、增进人民福祉作为一面镜子，审视我们各方面体制机制和政策规定，哪里有不符合促进社会公平正义的问题，哪里就需要改革；哪个领域哪个环节问题突出，哪个领域哪个环节就是改革的重点。对由于制度安排不健全造成的有违公平正义的问题要抓紧解决，使我们的制度安排更好体现社会主义公平正义原则，更加有利于实现好、维护好、发展好最广大人民根本利益。

第六，紧紧依靠人民推动改革。人民是历史的创造者，是我们的力量源泉。改革开放之所以得到广大人民群众衷心拥护和积极参与，最根本的原因在于我们一开始就使改革开放事业深深扎根于人民群众之中。全会决定归纳了改革开放积累的宝贵经验，其中很重要的一条就是强调必须坚持以人为本，尊重人民主体地位，发挥群众首创精神，紧紧依靠人民推动改革。没有人民支持和参与，任何改革都不可能取得成功。无论遇到任何困难和挑战，只要有人民支持和参与，就没有克服不了的困难，就没有越不过的坎。我们要贯彻党的群众路线，与人民心心相印、与人民同甘共苦、与人民团结奋斗。

推进任何一项重大改革，都要站在人民立场上把握和处理好涉及改革的重大问题，都要从人民利益出发谋划改革思路、制定改革举措。汉代王符说："大鹏之动，非一羽之轻也；骐骥之速，非一足之力也。"〔5〕就是说，大鹏冲天飞翔，不是靠一根羽毛的轻盈；骏马急速奔跑，不是靠一只脚的力量。中国要飞得高、跑得快，就得依靠13亿人民的力量。

在全面深化改革进程中，遇到关系复杂、难以权衡的利益问题，要认真想一想群众实际情况究竟怎样？群众到底在期待什么？群众利益如何保障？群众对我们的改革是否满意？提高改革决策的科学性，很重要的一条就是要广泛听取群众意见和建议，及时总结群众创造的新鲜经验，充分调动群众推进改革的积极性、主动性、创造性，把最广大人民智慧和力量凝聚到改革上来，同人民一道把改革推向前进。

注　释

〔1〕见邓小平《在武昌、深圳、珠海、上海等地的谈话要点》（《邓小平文选》第3卷，人民出版社1993年版，第370页）。

〔2〕"六个紧紧围绕"，是中共十八届三中全会通过的《中共中央关于全面深化改革若干重大问题的决定》提出的全面深化改革的路线图。主要内容是：紧紧围绕使市场在资源配置中起决定性作用深化经济体制改革，紧紧围绕坚持党的领导、人民当家作主、依法治国有机统一深化政治体制改革，紧紧围绕建设社会主义核心价值体系、社会主义文化强国深化文化体制改革，紧紧围绕更好保障和改善民生、促进社会公平正义深化社会体制改革，紧紧围绕建设美丽中国深化生态文明体制改革，紧紧围绕提高科学执政、民主执政、依法执政水平深化党的建设制度改革。

〔3〕见马克思《〈政治经济学批判〉序言》（《马克思恩格斯文集》第2卷，人民出版社 2009 年版，第 591 页）。

〔4〕见《论语·季氏》。《论语》是中国儒家经典之一，是孔子的弟子记录孔子言行的著作。其中，间有孔子弟子的对话。同《大学》、《中庸》、《孟子》合称为"四书"。

〔5〕见王符《潜夫论·释难》。王符（85？—163？），安定临泾（今甘肃镇原）人。东汉哲学家、政论家。

改革再难也要向前推进 *

（2014 年 2 月 7 日）

布里廖夫[1]：中共十八届三中全会通过了《中共中央关于全面深化改革若干重大问题的决定》，您本人担任全面深化改革领导小组组长。请问您的执政理念是什么？中国下一步改革重点领域是什么？您如何看待中国的发展前景？

习近平：这是关系中国发展的重大问题。1978 年，中共十一届三中全会开启了中国改革开放进程，至今已经 35 年多了，取得了举世瞩目的成就。但是，我们还要继续前进。我们提出了"两个一百年"的奋斗目标。当前，经济全球化快速发展，综合国力竞争更加激烈，国际形势复杂多变，我们认为，中国要抓住机遇、迎接挑战，实现新的更大发展，从根本上还要靠改革开放。在激烈的国际竞争中前行，就如同逆水行舟，不进则退。

现在，同过去相比，中国改革的广度和深度都大大拓展了。要把改革推向前进，必须加强顶层设计。去年 11 月，中共十八届三中全会就全面深化改革作出总体部署，提出了改革的路线图和时间表，涉及 15 个领域、330 多项较大的改革举措，

＊ 这是习近平在接受俄罗斯电视台专访时答问的一部分。

包括经济、政治、文化、社会、生态文明和党的建设等各个方面。改革的进军号已经吹响了。我们的总目标就是完善和发展中国特色社会主义制度，推进国家治理体系和治理能力现代化。

为了集中力量推进改革，我们成立了中央全面深化改革领导小组，由我本人担任组长，任务就是统一部署和协调一些重大问题，再把工作任务分解下去逐一落实。我把这叫作"一分部署，九分落实"。

在中国这样一个拥有13亿多人口的国家深化改革，绝非易事。中国改革经过30多年，已进入深水区，可以说，容易的、皆大欢喜的改革已经完成了，好吃的肉都吃掉了，剩下的都是难啃的硬骨头。这就要求我们胆子要大、步子要稳。胆子要大，就是改革再难也要向前推进，敢于担当，敢于啃硬骨头，敢于涉险滩。步子要稳，就是方向一定要准，行驶一定要稳，尤其是不能犯颠覆性错误。

我对中国发展前景充满信心。为什么有信心？最根本的原因是，经过长期探索，我们已经找到一条适合中国国情的正确发展道路，只要我们紧紧依靠13亿多中国人民，坚定不移走自己的路，我们就一定能战胜一切艰难险阻，不断取得新的成绩，最终实现我们确立的目标。

中国共产党坚持执政为民，人民对美好生活的向往就是我们的奋斗目标。我的执政理念，概括起来说就是：为人民服务，担当起该担当的责任。

布里廖夫： 您担任中国国家主席快一年了，领导中国这么大的国家，您的感受是什么？您个人有哪些爱好？最喜欢哪些体育运动？

习近平：中国有960万平方公里国土，56个民族，13亿多人口，经济社会发展水平还不高，人民生活水平也还不高，治理这样一个国家很不容易，必须登高望远，同时必须脚踏实地。我曾在中国不同地方长期工作，深知中国从东部到西部，从地方到中央，各地各层级方方面面的差异太大了。因此，在中国当领导人，必须在把情况搞清楚的基础上，统筹兼顾、综合平衡，突出重点、带动全局，有的时候要抓大放小、以大兼小，有的时候又要以小带大、小中见大，形象地说，就是要十个指头弹钢琴。

作为国家领导人，人民把我放在这样的工作岗位上，我就要始终把人民放在心中最高的位置，牢记责任重于泰山，时刻把人民群众的安危冷暖放在心上，兢兢业业，夙夜在公，始终与人民心心相印、与人民同甘共苦、与人民团结奋斗。

谈到爱好，我个人爱好阅读、看电影、旅游、散步。你知道，承担我这样的工作，基本上没有自己的时间。今年春节期间，中国有一首歌，叫《时间都去哪儿了》。对我来说，问题在于我个人的时间都去哪儿了？当然是都被工作占去了。现在，我经常能做到的是读书，读书已成了我的一种生活方式。读书可以让人保持思想活力，让人得到智慧启发，让人滋养浩然之气。比如，我读过很多俄罗斯作家的作品，如克雷洛夫、普希金、果戈里、莱蒙托夫、屠格涅夫、陀思妥耶夫斯基、涅克拉索夫、车尔尼雪夫斯基、托尔斯泰、契诃夫、肖洛霍夫，他们书中许多精彩章节和情节我都记得很清楚。

说到体育活动，我喜欢游泳、爬山等运动，游泳我四五岁就学会了。我还喜欢足球、排球、篮球、网球、武术等运动。

冰雪项目中，我爱看冰球、速滑、花样滑冰、雪地技巧。特别是冰球，这项运动不仅需要个人力量和技巧，也需要团队配合和协作，是很好的运动。

注　释

〔1〕布里廖夫，即谢尔盖·布里廖夫，俄罗斯电视台主持人。

不断提高运用
中国特色社会主义制度
有效治理国家的能力 *

（2014 年 2 月 17 日）

必须适应国家现代化总进程，提高党科学执政、民主执政、依法执政水平，提高国家机构履职能力，提高人民群众依法管理国家事务、经济社会文化事务、自身事务的能力，实现党、国家、社会各项事务治理制度化、规范化、程序化，不断提高运用中国特色社会主义制度有效治理国家的能力。

党的十八届三中全会提出的全面深化改革的总目标，就是完善和发展中国特色社会主义制度、推进国家治理体系和治理能力现代化。这是坚持和发展中国特色社会主义的必然要求，也是实现社会主义现代化的应有之义。

改革开放以来，我们党开始以全新的角度思考国家治理体系问题，强调领导制度、组织制度问题更带有根本性、全局性、稳定性和长期性。今天，摆在我们面前的一项重大历史任务，

---

* 这是习近平在省部级主要领导干部学习贯彻十八届三中全会精神全面深化改革专题研讨班上的讲话要点。

就是推动中国特色社会主义制度更加成熟更加定型，为党和国家事业发展、为人民幸福安康、为社会和谐稳定、为国家长治久安提供一整套更完备、更稳定、更管用的制度体系。这项工程极为宏大，必须是全面的系统的改革和改进，是各领域改革和改进的联动和集成，在国家治理体系和治理能力现代化上形成总体效应、取得总体效果。

国家治理体系和治理能力是一个国家的制度和制度执行能力的集中体现，两者相辅相成。我们的国家治理体系和治理能力总体上是好的，是有独特优势的，是适应我国国情和发展要求的。同时，我们在国家治理体系和治理能力方面还有许多亟待改进的地方，在提高国家治理能力上需要下更大气力。只有以提高党的执政能力为重点，尽快把我们各级干部、各方面管理者的思想政治素质、科学文化素质、工作本领都提高起来，尽快把党和国家机关、企事业单位、人民团体、社会组织等的工作能力都提高起来，国家治理体系才能更加有效运转。

推进国家治理体系和治理能力现代化，必须完整理解和把握全面深化改革的总目标，这是两句话组成的一个整体，即完善和发展中国特色社会主义制度、推进国家治理体系和治理能力现代化。我们的方向就是中国特色社会主义道路。

一个国家选择什么样的治理体系，是由这个国家的历史传承、文化传统、经济社会发展水平决定的，是由这个国家的人民决定的。我国今天的国家治理体系，是在我国历史传承、文化传统、经济社会发展的基础上长期发展、渐进改进、内生性演化的结果。我国国家治理体系需要改进和完善，但怎么改、怎么完善，我们要有主张、有定力。中华民族是一个兼容并蓄、海纳百川的民族，在漫长历史进程中，不断学习他人的好东西，把他人的好东西化成我们自己的东西，这才形成我们的民族特色。没有坚定的制度自信就不可能有全面深化改革的勇气，同样，离开不断改革，制度自信也不可能彻底、不可能久远。我们全面深化改革，是要使中国特色社会主义制度更好；我们说坚定制度自信，不是要固步自封，而是要不断革除体制机制弊端，让我们的制度成熟而持久。

推进国家治理体系和治理能力现代化，要大力培育和弘扬社会主义核心价值体系[1]和核心价值观，加快构建充分反映中国特色、民族特性、时代特征的价值体系。坚守我们的价值体系，坚守我们的核心价值观，必须发挥文化的作用。民族文化是一个民族区别于其他民族的独特标识。要加强对中华优秀传统文化的挖掘和阐发，努力实现中华传统美德的创造性转化、创新性发展，把跨越时空、超越国度、富有永恒魅力、具有当代价值的文化精神弘扬起来，把继承优秀传统文化又弘扬时代精神、立足本国又面向世界的当代中国文化创新成果传播出去。只要中华民族一代接着一代追求美好崇高的道德境界，我们的民族就永远充满希望。

制定出一个好文件，只是万里长征走完了第一步，关键还在于落实文件。我们在学习宣传全会精神上还要下细功夫、苦功夫、深功夫，夯实全面深化改革的思想认识基础。在学习理解上，要防止一知半解、断章取义、生搬硬套，要弄清楚整体政策安排与某一具体政策的关系、系统政策链条与某一政策环节的关系、政策顶层设计与政策分层对接的关系、政策统一性与政策差异性的关系、长期性政策与阶段性政策的关系，既不能以局部代替整体、又不能以整体代替局部，既不能以灵活性损害原则性、又不能以原则性束缚灵活性。在贯彻落实上，要防止徒陈空文、等待观望、急功近利，必须有时不我待的紧迫意识和夙夜在公的责任意识抓实、再抓实。改革是循序渐进的工作，既要敢于突破，又要一步一个脚印、稳扎稳打向前走，确保实现改革的目标任务。全面深化改革是立足国家整体利益、根本利益、长远利益进行部署的，要注意避免合意则取、不合意则舍的倾向，破除妨碍改革发展的那些思维定势。对党和人民事业有利的，对最广大人民有利的，对实现党和国家兴旺发达、长治久安有利的，该改的就要坚定不移改，这才是对历史负责、对人民负责、对国家和民族负责。

注　释

〔1〕社会主义核心价值体系，2006 年 10 月中共十六届六中全会审议通过的《中共中央关于构建社会主义和谐社会若干重大问题的决定》提出。基本内容是：马克思主义指导思想，中国特色社会主义共同理想，以爱国主义为核心的民族精神和以改革创新为核心的时代精神，社会主义荣辱观。

四、促进经济持续健康发展

经济增长必须是
实实在在和没有水分的增长[*]

（2012 年 11 月 30 日）

今年以来，面对国际经济的复杂环境，面对国内改革发展稳定的繁重任务，我们坚持以科学发展为主题、以加快转变经济发展方式为主线，按照稳中求进的工作总基调，及时加强和改善宏观调控，把稳增长放在更加重要位置，在稳增长、调结构、促改革、惠民生等方面都取得了积极进展。

在充分肯定我国经济社会发展基本面是健康的前提下，我们决不能低估当前和今后一个时期所面临的风险和挑战，主要是世界经济低速增长态势仍将延续，总需求不足和产能相对过剩的矛盾有所上升，企业生产经营成本上升和创新能力不足的问题并存，经济发展和资源环境的矛盾有所加剧。我们要坚持"两点论"，一分为二看问题，既要看到国际国内形势中有利的一面，也看到不利的一面，从坏处着想，做最充分的准备，争取较好的结果。

明年是全面贯彻落实党的十八大精神的开局之年，做好明

---

* 这是习近平在中共中央召开的党外人士座谈会上的讲话要点。

年经济社会发展工作十分重要，要以提高经济增长质量和效益为中心，稳中求进，开拓创新，扎实开局，进一步深化改革开放，进一步强化创新驱动，实现经济持续健康发展和社会和谐稳定。一是要保持经济增长，继续实施积极的财政政策和稳健的货币政策，增强经济增长的内生活力和动力，增长必须是实实在在和没有水分的增长，是有效益、有质量、可持续的增长。二是要加强和巩固农业基础地位，加大对农业的支持力度，加强和完善强农惠农富农政策，加快发展现代农业，确保国家粮食和重要农产品有效供给。三是要推动结构调整取得明显进展，在稳定外需的同时努力扩大内需，加大产业结构调整升级力度，稳步推进城镇化健康发展。四是要坚持社会主义市场经济改革方向，搞好顶层设计，及时推出一些有针对性的改革措施，坚持整体渐进和局部突破相结合，大胆探索，务求实效。五是要大力保障和改善民生，重点保障低收入群众基本生活，做好高校大学生生活困难补助，注重稳定和扩大就业，加强城乡社会保障体系建设，引导群众树立通过勤劳致富改善生活的信念，从而使改善民生既是党和政府工作的方向，又成为广大人民群众自身奋斗的目标。

提高开放型经济水平 *

（2013 年 4 月 8 日）

中国经济发展前景广阔，中国将坚定不移推进改革开放，加快转变发展方式，坚定不移奉行对外开放政策，继续为外国企业提供更好的环境和条件，中国的发展将为世界作出更大贡献。

企业家是创造就业和财富的重要力量，是促进发展和合作的生力军，也是参与论坛活动的主体。你们如何作为将对亚洲和世界经济发展产生重要影响。借此机会，我愿听取各位意见，同你们进行交流。

当前，世界经济仍然充满不稳定不确定性，复苏将是一个曲折漫长过程。亚洲经济增长较为强劲。在此背景下，大家对中国经济前景都十分关心，我愿谈几点看法。

中国发展形势总的是好的。中国在今后相当长时期仍处于发展上升期，工业化、信息化、城镇化、农业现代化带来巨大国内市场空间，社会生产力基础雄厚，生产要素综合优势明显，体制机制不断完善。我们确定了"两个一百年"的奋斗目标，

---

* 这是习近平在同出席博鳌亚洲论坛[1] 2013 年年会的中外企业家代表座谈时的谈话要点。

提出了实现中华民族伟大复兴的中国梦，实现这些目标必将给中国经济源源不断注入新的活力和动力。经过我们努力，经济增速完全有可能继续保持较高水平。中国将把推动发展的着力点转到提高质量和效益上来，下大气力推进绿色发展、循环发展、低碳发展。

中国市场环境是公平的。所有在中国内地注册企业，都是中国经济重要组成部分。我们将坚持社会主义市场经济方向不动摇，继续加强法治建设，积极改善投资环境，努力实现各类企业依法平等使用生产要素、公平参与市场竞争、同等受到法律保护，把中国市场环境建设得更加公平、更富有吸引力。我们利用外资政策不会变，依法保障外商投资企业合法权益。

中国开放的大门不会关上。过去10年，中国全面履行入世承诺，商业环境更加开放和规范。中国将在更大范围、更宽领域、更深层次上提高开放型经济水平。中国的大门将继续对各国投资者开放，希望外国的大门也对中国投资者进一步敞开。我们坚决反对任何形式的保护主义，愿通过协商妥善解决同有关国家的经贸分歧，积极推动建立均衡、共赢、关注发展的多边经贸体制。

中国发展是惠及世界的。中国的发展首先惠及邻国。2012年，中国前往东亚和南亚国家的中国游客达1576万人次。中国对亚洲经济增长作出了重要贡献。未来5年，中国需要进口10万亿美元左右的商品，对外投资也将持续较快增长，我们正大力推动同周边国家的互联互通，所有这些举措都将为本地区和全球经济增长作出更大贡献。

中国坚持改革开放的决心坚定不移，政策将更加完善。我们将不断提高服务能力和水平，为各国企业家在中国投资兴业提供更好环境和条件。希望各国企业家更好把握中国机遇，实现企业更大发展。

注　释

〔1〕博鳌亚洲论坛，是非官方、非营利性、定期、定址的国际组织。2001 年 2 月 27 日在中国海南博鳌正式成立。论坛以平等、互惠、合作和共赢为主旨，立足亚洲，推动亚洲各国间的经济交流、协调与合作；同时又面向世界，增强亚洲与世界其他地区的对话与经济联系。

"看不见的手"和"看得见的手"都要用好 *

（2014 年 5 月 26 日）

　　使市场在资源配置中起决定性作用、更好发挥政府作用，既是一个重大理论命题，又是一个重大实践命题。科学认识这一命题，准确把握其内涵，对全面深化改革、推动社会主义市场经济健康有序发展具有重大意义。在市场作用和政府作用的问题上，要讲辩证法、两点论，"看不见的手"和"看得见的手"都要用好，努力形成市场作用和政府作用有机统一、相互补充、相互协调、相互促进的格局，推动经济社会持续健康发展。

　　党的十八届三中全会提出，经济体制改革是全面深化改革的重点，核心问题是处理好政府和市场的关系，使市场在资源配置中起决定性作用，更好发挥政府作用。提出使市场在资源配置中起决定性作用，是我们党对中国特色社会主义建设规律认识的一个新突破，是马克思主义中国化的一个新的成果，标志着社会主义市场经济发展进入了一个新阶段。

---

　　* 这是习近平在主持十八届中央政治局第十五次集体学习时的讲话要点。

准确定位和把握使市场在资源配置中起决定性作用和更好发挥政府作用，必须正确认识市场作用和政府作用的关系。政府和市场的关系是我国经济体制改革的核心问题。党的十八届三中全会将市场在资源配置中起基础性作用修改为起决定性作用，虽然只有两字之差，但对市场作用是一个全新的定位，"决定性作用"和"基础性作用"这两个定位是前后衔接、继承发展的。使市场在资源配置中起决定性作用和更好发挥政府作用，二者是有机统一的，不是相互否定的，不能把二者割裂开来、对立起来，既不能用市场在资源配置中的决定性作用取代甚至否定政府作用，也不能用更好发挥政府作用取代甚至否定使市场在资源配置中起决定性作用。

提出使市场在资源配置中起决定性作用，其实就是贯彻了问题导向。经过20多年实践，我国社会主义市场经济体制不断发展，但仍然存在不少问题，仍然存在不少束缚市场主体活力、阻碍市场和价值规律充分发挥作用的弊端。这些问题不解决好，完善的社会主义市场经济体制是难以形成的，转变发展方式、调整经济结构也是难以推进的。我们要坚持社会主义市场经济改革方向，从广度和深度上推进市场化改革，减少政府对资源的直接配置，减少政府对微观经济活动的直接干预，加快建设统一开放、竞争有序的市场体系，建立公平开放透明的市场规则，把市场机制能有效调节的经济活动交给市场，把政府不该管的事交给市场，让市场在所有能够发挥作用的领域都充分发挥作用，推动资源配置实现效益最大化和效率最优化，让企业和个人有更多活力和更大空间去发展经济、创造财富。

科学的宏观调控，有效的政府治理，是发挥社会主义市场经济体制优势的内在要求。更好发挥政府作用，就要切实转变政府职能，深化行政体制改革，创新行政管理方式，健全宏观调控体系，加强市场活动监管，加强和优化公共服务，促进社会公平正义和社会稳定，促进共同富裕。各级政府一定要严格依法行政，切实履行职责，该管的事一定要管好、管到位，该放的权一定要放足、放到位，坚决克服政府职能错位、越位、缺位现象。

坚持党的领导，发挥党总揽全局、协调各方的领导核心作用，是我国社会主义市场经济体制的一个重要特征。改革开放30多年来，我国经济社会发展之所以能够取得世所罕见的巨大成就，我国人民生活水平之所以能够大幅度提升，都同我们坚定不移坚持党的领导、充分发挥各级党组织和全体党员作用是分不开的。在我国，党的坚强有力领导是政府发挥作用的根本保证。在全面深化改革过程中，我们要坚持和发展我们的政治优势，以我们的政治优势来引领和推进改革，调动各方面积极性，推动社会主义市场经济体制不断完善、社会主义市场经济更好发展。

新形势下，各级干部特别是领导干部要坚持在实践中深化学习、在学习中深化实践，不断研究新问题、总结新经验，学会正确运用"看不见的手"和"看得见的手"，成为善于驾驭政府和市场关系的行家里手。

加快从要素驱动、
投资规模驱动发展为主
向以创新驱动发展为主的转变 [*]

（2014 年 6 月 9 日）

当前，全党全国各族人民正在为全面建成小康社会、实现中华民族伟大复兴的中国梦而团结奋斗。我们比以往任何时候都更加需要强大的科技创新力量。党的十八大作出了实施创新驱动发展战略的重大部署，强调科技创新是提高社会生产力和综合国力的战略支撑，必须摆在国家发展全局的核心位置。这是党中央综合分析国内外大势、立足我国发展全局作出的重大战略抉择。

进入 21 世纪以来，新一轮科技革命和产业变革正在孕育兴起，全球科技创新呈现出新的发展态势和特征。学科交叉融合加速，新兴学科不断涌现，前沿领域不断延伸，物质结构、宇宙演化、生命起源、意识本质等基础科学领域正在或有望取得重大突破性进展。信息技术、生物技术、新材料技术、新能

---

[*] 这是习近平在中国科学院第十七次院士大会、中国工程院第十二次院士大会上讲话的一部分。

源技术广泛渗透，带动几乎所有领域发生了以绿色、智能、泛在为特征的群体性技术革命。传统意义上的基础研究、应用研究、技术开发和产业化的边界日趋模糊，科技创新链条更加灵巧，技术更新和成果转化更加快捷，产业更新换代不断加快。科技创新活动不断突破地域、组织、技术的界限，演化为创新体系的竞争，创新战略竞争在综合国力竞争中的地位日益重要。科技创新，就像撬动地球的杠杆，总能创造令人意想不到的奇迹。当代科技发展历程充分证明了这个过程。

面对科技创新发展新趋势，世界主要国家都在寻找科技创新的突破口，抢占未来经济科技发展的先机。我们不能在这场科技创新的大赛场上落伍，必须迎头赶上、奋起直追、力争超越。

改革开放以来，我国经济社会发展取得了举世瞩目的成就，经济总量跃居世界第二，众多主要经济指标名列世界前列。同时，必须清醒地看到，我国经济规模很大、但依然大而不强，我国经济增速很快、但依然快而不优。主要依靠资源等要素投入推动经济增长和规模扩张的粗放型发展方式是不可持续的。现在，世界发达水平人口全部加起来是 10 亿人左右，而我国有 13 亿多人，全部进入现代化，那就意味着世界发达水平人口要翻一番多。不能想象我们能够以现有发达水平人口消耗资源的方式来生产生活，那全球现有资源都给我们也不够用！老路走不通，新路在哪里？就在科技创新上，就在加快从要素驱动、投资规模驱动发展为主向以创新驱动发展为主的转变上。

前几天，我看了一份材料，说"机器人革命"有望成为"第三次工业革命"的一个切入点和重要增长点，将影响全球制造业格局，而且我国将成为全球最大的机器人市场。国际机器人联合会预测，"机器人革命"将创造数万亿美元的市场。由于大数据、云计算、移动互联网等新一代信息技术同机器人技术相互融合步伐加快，3D打印、人工智能迅猛发展，制造机器人的软硬件技术日趋成熟，成本不断降低，性能不断提升，军用无人机、自动驾驶汽车、家政服务机器人已经成为现实，有的人工智能机器人已具有相当程度的自主思维和学习能力。国际上有舆论认为，机器人是"制造业皇冠顶端的明珠"，其研发、制造、应用是衡量一个国家科技创新和高端制造业水平的重要标志。机器人主要制造商和国家纷纷加紧布局，抢占技术和市场制高点。看到这里，我就在想，我国将成为机器人的最大市场，但我们的技术和制造能力能不能应对这场竞争？我们不仅要把我国机器人水平提高上去，而且要尽可能多地占领市场。这样的新技术新领域还很多，我们要审时度势、全盘考虑、抓紧谋划、扎实推进。

实施创新驱动发展战略，最根本的是要增强自主创新能力，最紧迫的是要破除体制机制障碍，最大限度解放和激发科技作为第一生产力所蕴藏的巨大潜能。面向未来，增强自主创新能力，最重要的就是要坚定不移走中国特色自主创新道路，坚持自主创新、重点跨越、支撑发展、引领未来的方针，加快创新型国家建设步伐。

经过多年努力，我国科技整体水平大幅提升，一些重要领域跻身世界先进行列，某些领域正由"跟跑者"向"并行者"、"领跑者"转变。我国进入了新型工业化、信息化、城镇化、农业现代化同步发展、并联发展、叠加发展的关键时期，给自主创新带来了广阔发展空间、提供了前所未有的强劲动力。

我多次讲过，中华民族伟大复兴绝不是轻轻松松就能实现的，我国越发展壮大，遇到的阻力和压力就会越大。从这个经验看，关键是时机和决断。历史的机遇往往稍纵即逝，我们正面对着推进科技创新的重要历史机遇，机不可失，时不再来，必须紧紧抓住。

我们有改革开放 30 多年来积累的坚实物质基础，有持续创新形成的系列成果，实施创新驱动发展战略具备良好条件。因此，要下好先手棋，打好主动仗，对国家和民族具有重大战略意义的科技决策，想好了、想定了就要决断，不然就可能与历史机遇失之交臂，甚至可能付出更大代价。

2013 年 3 月，我在参加全国政协十二届一次会议科协、科技界委员联组讨论时讲过这样一个意思，就是从总体上看，我国科技创新基础还不牢，自主创新特别是原创力还不强，关键领域核心技术受制于人的格局没有从根本上改变。只有把核心技术掌握在自己手中，才能真正掌握竞争和发展的主动权，才能从根本上保障国家经济安全、国防安全和其他安全。不能总是用别人的昨天来装扮自己的明天。不能总是指望依赖他人的科技成果来提高自己的科技水平，更不能做其他国家的技术附庸，永远跟在别人的后面亦步亦趋。我们没有别的选择，非走自主创新道路不可。

实践告诉我们，自力更生是中华民族自立于世界民族之林的奋斗基点，自主创新是我们攀登世界科技高峰的必由之路。问题看到了，就要以时不我待的精神，快马加鞭改变这个局面。不能说了很多年，最后老是没有根本改变。当然，自主创新不是闭门造车，不是单打独斗，不是排斥学习先进，不是把自己封闭于世界之外。我们要更加积极地开展国际科技交流合作，用好国际国内两种科技资源。

科学技术是世界性的、时代性的，发展科学技术必须具有全球视野。当前，科技创新的重大突破和加快应用极有可能重塑全球经济结构，使产业和经济竞争的赛场发生转换。在传统国际发展赛场上，规则别人都制定好了，我们可以加入，但必须按照已经设定的规则来赛，没有更多主动权。抓住新一轮科技革命和产业变革的重大机遇，就是要在新赛场建设之初就加入其中，甚至主导一些赛场建设，从而使我们成为新的竞赛规则的重要制定者、新的竞赛场地的重要主导者。如果我们没有一招鲜、几招鲜，没有参与或主导新赛场建设的能力，那我们就缺少了机会。机会总是留给有准备的人的，也总是留给有思路、有志向、有韧劲的人们的。我国能否在未来发展中后来居上、弯道超车，主要就看我们能否在创新驱动发展上迈出实实在在的步伐。

李四光[1]说过："科学的存在全靠它的新发现，如果没有新发现，科学便死了。"[2]法国作家雨果说过："已经创造出来的东西比起有待创造的东西来说，是微不足道的。"[3]我国科技发展的方向就是创新、创新、再创新。要高度重视原始性专业基础理论突破，加强科学基础设施建设，保证基础性、系统性、前沿性技术研究和技术研发持续推进，强化自主创新成果的源头供给。要积极主动整合和利用好全球创新资源，从我国现实需求、发展需求出发，有选择、有重点地参加国际大科学装置和科研基地及其中心建设和利用。要准确把握重点领域科技发展的战略机遇，选准关系全局和长远发展的战略必争领域和优先方向，通过高效合理配置，深入推进协同创新和开放创新，构建高效强大的共性关键技术供给体系，努力实现关键技术重大突破，把关键技术掌握在自己手里。

"聪者听于无声，明者见于未形。"[4]科技创新永无止境。科技竞争就像短道速滑，我们在加速，人家也在加速，最后要看谁速度更快、谁的速度更能持续。荀子[5]说："骐骥一跃，不能十步；驽马十驾，功在不舍。锲而舍之，朽木不折；锲而不舍，金石可镂。"[6]意思是，骏马一跃，也不会达到十步；劣马跑十天，也能跑得很远；雕刻东西，如果刻了一下就放下，朽木也不会刻断；如果不停刻下去，金属和石头都可以雕空。我国广大科技工作者要敢于担当、勇于超越、找准方向、扭住不放，牢固树立敢为天下先的志向和信心，敢于走别人没有走过的路，在攻坚克难中追求卓越，勇于创造引领世界潮流的科技成果。

实施创新驱动发展战略是一个系统工程。科技成果只有同国家需要、人民要求、市场需求相结合，完成从科学研究、实验开发、推广应用的三级跳，才能真正实现创新价值、实现创新驱动发展。

我一直在思考，为什么从明末清初开始，我国科技渐渐落伍了。有的学者研究表明，康熙[7]曾经对西方科学技术很有兴趣，请了西方传教士给他讲西学，内容包括天文学、数学、地理学、动物学、解剖学、音乐，甚至包括哲学，光听讲解天文学的书就有100多本。是什么时候呢？学了多长时间呢？早期大概是1670年至1682年间，曾经连续两年零五个月不间断学习西学。时间不谓不早，学的不谓不多，但问题是当时虽然有人对西学感兴趣，也学了不少，却并没有让这些知识对我国经济社会发展起什么作用，大多是坐而论道、禁中清谈。1708 年，清朝政府组织传教士们绘制中国地图，后用 10 年时间绘制了科学水平空前的《皇舆全览图》，走在了世界前列。但是，这样一个重要成果长期被作为密件收藏内府，社会上根本看不见，没有对经济社会发展起到什么作用。反倒是参加测绘的西方传教士把资料带回了西方整理发表，使西方在相当长一个时期内对我国地理的了解要超过中国人。这说明了一个什么问题呢？就是科学技术必须同社会发展相结合，学得再多，束之高阁，只是一种猎奇，只是一种雅兴，甚至当作奇技淫巧，那就不可能对现实社会产生作用。

多年来，我国一直存在着科技成果向现实生产力转化不力、不顺、不畅的痼疾，其中一个重要症结就在于科技创新链条上存在着诸多体制机制关卡，创新和转化各个环节衔接不够紧密。就像接力赛一样，第一棒跑到了，下一棒没有人接，或者接了不知道往哪儿跑。

要解决这个问题，就必须深化科技体制改革，破除一切制约科技创新的思想障碍和制度藩篱，处理好政府和市场的关系，推动科技和经济社会发展深度融合，打通从科技强到产业强、经济强、国家强的通道，以改革释放创新活力，加快建立健全国家创新体系，让一切创新源泉充分涌流。

如果把科技创新比作我国发展的新引擎，那么改革就是点燃这个新引擎必不可少的点火系。我们要采取更加有效的措施完善点火系，把创新驱动的新引擎全速发动起来。

科技体制改革要紧紧扭住"硬骨头"攻坚克难，加快把党的十八届三中全会确定的科技体制改革各项任务落到实处。要着力把科技创新摆在国家发展全局的核心位置，加快制定创新驱动发展战略的顶层设计，对重大任务要有路线图和时间表。要着力从科技体制改革和经济社会领域改革两个方面同步发力，改革国家科技创新战略规划和资源配置体制机制，完善政绩考核体系和激励政策，深化产学研合作，加快解决制约科技成果转移转化的关键问题。要着力加强科技创新统筹协调，努力克服各领域、各部门、各方面科技创新活动中存在的分散封闭、交叉重复等碎片化现象，避免创新中的"孤岛现象"，加快建立健全各主体、各方面、各环节有机互动、协同高效的国家创新体系。要着力完善科技创新基础制度，加快建立健全国家科技报告制度、创新调查制度、国家科技管理信息系统，大幅提高科技资源开放共享水平。要着力围绕产业链部署创新链、围绕创新链完善资金链，聚焦国家战略目标，集中资源、形成合力，突破关系国计民生和经济命脉的重大关键科技问题。要着力加快完善基础研究体制机制，把基础前沿、关键共性、社会公益和战略高技术研究作为重大基础工程来抓，实施好国家重大科学计划和科学工程，加快在国际科学前沿领域抢占制高点。要着力以科技创新为核心，全方位推进产品创新、品牌创新、产业组织创新、商业模式创新，把创新驱动发展战略落实到现代化建设整个进程和各个方面。

在推进科技体制改革的过程中，我们要注意一个问题，就是我国社会主义制度能够集中力量办大事是我们成就事业的重要法宝。我国很多重大科技成果都是依靠这个法宝搞出来的，千万不能丢了！要让市场在资源配置中起决定性作用，同时要更好发挥政府作用，加强统筹协调，大力开展协同创新，集中力量办大事，抓重大、抓尖端、抓基本，形成推进自主创新的强大合力。

"盖有非常之功，必待非常之人。"[8]人是科技创新最关键的因素。创新的事业呼唤创新的人才。尊重人才，是中华民族的悠久传统。"思皇多士，生此王国。王国克生，维周之桢；济济多士，文王以宁。"这是《诗经·大雅·文王》[9]中的话，说的是周文王[10]尊贤礼士，贤才济济，所以国势强盛。千秋基业，人才为先。实现中华民族伟大复兴，人才越多越好，本事越大越好。我国是一个人力资源大国，也是一个智力资源大国，我国13亿多人大脑中蕴藏的智慧资源是最可宝贵的。知识就是力量，人才就是未来。我国要在科技创新方面走在世界前列，必须在创新实践中发现人才、在创新活动中培育人才、在创新事业中凝聚人才，必须大力培养造就规模宏大、结构合理、素质优良的创新型科技人才。

我国科技队伍规模是世界上最大的，这是我们必须引以为豪的。但是，我们在科技队伍上也面对着严峻挑战，就是创新型科技人才结构性不足矛盾突出，世界级科技大师缺乏，领军人才、尖子人才不足，工程技术人才培养同生产和创新实践脱节。"一年之计，莫如树谷；十年之计，莫如树木；终身之计，莫如树人。"[11]我们要把人才资源开发放在科技创新最优先的位置，改革人才培养、引进、使用等机制，努力造就一批世界水平的科学家、科技领军人才、工程师和高水平创新团队，注重培养一线创新人才和青年科技人才。

要按照人才成长规律改进人才培养机制，"顺木之天，以致

其性"〔12〕，避免急功近利、拔苗助长。要坚持竞争激励和崇尚
合作相结合，促进人才资源合理有序流动。要广泛吸引海外优
秀专家学者为我国科技创新事业服务。要在全社会积极营造鼓
励大胆创新、勇于创新、包容创新的良好氛围，既要重视成功，
更要宽容失败，完善好人才评价指挥棒作用，为人才发挥作用、
施展才华提供更加广阔的天地。

　　未来总是属于年青人的。拥有一大批创新型青年人才，是
国家创新活力之所在，也是科技发展希望之所在。"我劝天公重
抖擞，不拘一格降人才。"〔13〕广大院士不仅要做科技创新的开
拓者，更要做提携后学的领路人。希望广大院士肩负起培养青
年科技人才的责任，甘为人梯，言传身教，慧眼识才，不断发
现、培养、举荐人才，为拔尖创新人才脱颖而出铺路搭桥。广
大青年科技人才要树立科学精神、培养创新思维、挖掘创新潜
能、提高创新能力，在继承前人的基础上不断超越。

注　　释

　　〔1〕李四光（1889—1971），生于湖北黄冈。中国地质学家，中国地质
事业的奠基人之一。

　　〔2〕见李四光《地质工作者在科学战线上做了一些什么?》(《李四光全
集》第8卷，湖北人民出版社1996年版，第243页）。

　　〔3〕见维克多·雨果《莎士比亚论》(译林出版社2013年版，第166页）。

　　〔4〕见司马迁《史记·淮南衡山列传》。司马迁（前145或前135—?），
左冯翊夏阳（今陕西韩城西南）人。西汉史学家、文学家。《史记》是中国
第一部纪传体通史和传记文学巨著，记事起于传说中的黄帝，讫于汉武帝，
历时3000余年。

〔5〕荀子（约前325—前238），名况，字卿，赵国人。战国末期哲学家、思想家、教育家。认为"天行有常"，提出"制天命而用之"的人定胜天思想和性恶论等。著作有《荀子》。《荀子》是先秦儒、墨、道诸家学派哲学思想的总结和发展。

〔6〕见《荀子·劝学》。

〔7〕康熙，即清圣祖爱新觉罗·玄烨（1654—1722），1661—1722年在位，年号康熙。

〔8〕见班固《汉书·武帝纪》。班固（32—92），扶风安陵（今陕西咸阳东北）人。东汉史学家。《汉书》，又称《前汉书》，是中国第一部纪传体断代史，是研究西汉历史的重要史籍。

〔9〕《诗经》，中国第一部诗歌总集。收录了西周初期至春秋中叶约500年间的诗歌305篇，分为《国风》、《雅》、《颂》三部分。

〔10〕周文王（生卒年不详），姬姓，名昌。商末周族领袖。相传在位50年。

〔11〕见《管子·权修》。

〔12〕见柳宗元《种树郭橐驼传》。柳宗元（773—819），祖籍河东（今山西永济西），后迁长安（今陕西西安）。唐代文学家、哲学家。

〔13〕见龚自珍《己亥杂诗》。龚自珍（1792—1841），浙江仁和（今杭州）人。清代思想家、史学家、诗人。

积极推动我国
能源生产和消费革命 *

（2014 年 6 月 13 日）

能源安全是关系国家经济社会发展的全局性、战略性问题，对国家繁荣发展、人民生活改善、社会长治久安至关重要。面对能源供需格局新变化、国际能源发展新趋势，保障国家能源安全，必须推动能源生产和消费革命。推动能源生产和消费革命是长期战略，必须从当前做起，加快实施重点任务和重大举措。

经过长期发展，我国已成为世界上最大的能源生产国和消费国，形成了煤炭、电力、石油、天然气、新能源、可再生能源全面发展的能源供给体系，技术装备水平明显提高，生产生活用能条件显著改善。尽管我国能源发展取得了巨大成绩，但也面临着能源需求压力巨大、能源供给制约较多、能源生产和消费对生态环境损害严重、能源技术水平总体落后等挑战。我们必须从国家发展和安全的战略高度，审时度势，借势而为，找到顺应能源大势之道。

---

* 这是习近平在中央财经领导小组第六次会议上的讲话要点。

第一，推动能源消费革命，抑制不合理能源消费。坚决控制能源消费总量，有效落实节能优先方针，把节能贯穿于经济社会发展全过程和各领域，坚定调整产业结构，高度重视城镇化节能，树立勤俭节约的消费观，加快形成能源节约型社会。第二，推动能源供给革命，建立多元供应体系。立足国内多元供应保安全，大力推进煤炭清洁高效利用，着力发展非煤能源，形成煤、油、气、核、新能源、可再生能源多轮驱动的能源供应体系，同步加强能源输配网络和储备设施建设。第三，推动能源技术革命，带动产业升级。立足我国国情，紧跟国际能源技术革命新趋势，以绿色低碳为方向，分类推动技术创新、产业创新、商业模式创新，并同其他领域高新技术紧密结合，把能源技术及其关联产业培育成带动我国产业升级的新增长点。第四，推动能源体制革命，打通能源发展快车道。坚定不移推进改革，还原能源商品属性，构建有效竞争的市场结构和市场体系，形成主要由市场决定能源价格的机制，转变政府对能源的监管方式，建立健全能源法治体系。第五，全方位加强国际合作，实现开放条件下能源安全。在主要立足国内的前提条件下，在能源生产和消费革命所涉及的各个方面加强国际合作，有效利用国际资源。

要抓紧制定2030年能源生产和消费革命战略，研究"十三五"能源规划。抓紧修订一批能效标准，只要是落后的都要加快修订，定期更新并真正执行。继续建设以电力外送为主的千万千瓦级大型煤电基地，提高煤电机组准入标准，对达不到节能减排标准的现役机组限期实施改造升级，继续发展远距离大容量输电技术。在采取国际最高安全标准、确保安全的

前提下，抓紧启动东部沿海地区新的核电项目建设。务实推进
"一带一路"〔1〕能源合作，加大中亚、中东、美洲、非洲等油
气的合作力度。加大油气资源勘探开发力度，加强油气管线、
油气储备设施建设，完善能源应急体系和能力建设，完善能源
统计制度。积极推进能源体制改革，抓紧制定电力体制改革和
石油天然气体制改革总体方案，启动能源领域法律法规立改废
工作。

注　释

〔1〕"一带一路"，即"丝绸之路经济带"和"21世纪海上丝绸之路"。

五、建设法治中国

在首都各界纪念现行宪法公布施行三十周年大会上的讲话

（2012 年 12 月 4 日）

同志们，朋友们：

1982 年 12 月 4 日，五届全国人大五次会议通过了《中华人民共和国宪法》。我国现行宪法公布施行至今已经 30 年了。今天，我们在这里隆重集会，纪念这一具有重大历史意义和现实意义的事件，就是要保证宪法全面有效实施、推动全面贯彻党的十八大精神。

历史总能给人以深刻启示。回顾我国宪法制度发展历程，我们愈加感到，我国宪法同党和人民进行的艰苦奋斗和创造的辉煌成就紧密相连，同党和人民开辟的前进道路和积累的宝贵经验紧密相连。

我国现行宪法可以追溯到 1949 年具有临时宪法作用的《中国人民政治协商会议共同纲领》和 1954 年一届全国人大一次会议通过的《中华人民共和国宪法》。这些文献都以国家根本法的形式，确认了近代 100 多年来中国人民为反对内外敌人、争取民族独立和人民自由幸福进行的英勇斗争，确认了中国共产党领导中国人民夺取新民主主义革命[1]胜利、中国人民掌握国家权力的历史变革。

1978 年，我们党召开具有重大历史意义的十一届三中全会，开启了改革开放历史新时期，发展社会主义民主、健全社会主义法制成为党和国家坚定不移的基本方针。就是在这次会议上，邓小平同志深刻指出："为了保障人民民主，必须加强法制。必须使民主制度化、法律化，使这种制度和法律不因领导人的改变而改变，不因领导人的看法和注意力的改变而改变。"〔2〕根据党的十一届三中全会确立的路线方针政策，总结我国社会主义建设正反两方面经验，深刻吸取十年"文化大革命"〔3〕的沉痛教训，借鉴世界社会主义成败得失，适应我国改革开放和社会主义现代化建设、加强社会主义民主法制建设的新要求，我们制定了我国现行宪法。同时，宪法只有不断适应新形势、吸纳新经验、确认新成果，才能具有持久生命力。1988 年、1993 年、1999 年、2004 年，全国人大分别对我国宪法个别条款和部分内容作出必要的、也是十分重要的修正，使我国宪法在保持稳定性和权威性的基础上紧跟时代前进步伐，不断与时俱进。

我国宪法以国家根本法的形式，确立了中国特色社会主义道路、中国特色社会主义理论体系、中国特色社会主义制度的发展成果，反映了我国各族人民的共同意志和根本利益，成为历史新时期党和国家的中心工作、基本原则、重大方针、重要政策在国家法制上的最高体现。

30 年来,我国宪法以其至上的法制地位和强大的法制力量，有力保障了人民当家作主，有力促进了改革开放和社会主义现代化建设，有力推动了社会主义法治国家进程，有力促进了人权事业发展，有力维护了国家统一、民族团结、社会稳定，对我国政治、经济、文化、社会生活产生了极为深刻的影响。

30年来的发展历程充分证明，我国宪法是符合国情、符合实际、符合时代发展要求的好宪法，是充分体现人民共同意志、充分保障人民民主权利、充分维护人民根本利益的好宪法，是推动国家发展进步、保证人民创造幸福生活、保障中华民族实现伟大复兴的好宪法，是我们国家和人民经受住各种困难和风险考验、始终沿着中国特色社会主义道路前进的根本法制保证。

再往前追溯至新中国成立以来60多年我国宪法制度的发展历程，我们可以清楚地看到，宪法与国家前途、人民命运息息相关。维护宪法权威，就是维护党和人民共同意志的权威。捍卫宪法尊严，就是捍卫党和人民共同意志的尊严。保证宪法实施，就是保证人民根本利益的实现。只要我们切实尊重和有效实施宪法，人民当家作主就有保证，党和国家事业就能顺利发展。反之，如果宪法受到漠视、削弱甚至破坏，人民权利和自由就无法保证，党和国家事业就会遭受挫折。这些从长期实践中得出的宝贵启示，必须倍加珍惜。我们要更加自觉地恪守宪法原则、弘扬宪法精神、履行宪法使命。

在充分肯定成绩的同时，我们也要看到存在的不足，主要表现在：保证宪法实施的监督机制和具体制度还不健全，有法不依、执法不严、违法不究现象在一些地方和部门依然存在；关系人民群众切身利益的执法司法问题还比较突出；一些公职人员滥用职权、失职渎职、执法犯法甚至徇私枉法严重损害国家法制权威；公民包括一些领导干部的宪法意识还有待进一步提高。对这些问题，我们必须高度重视，切实加以解决。

同志们、朋友们!

党的十八大强调，依法治国是党领导人民治理国家的基本方略，法治是治国理政的基本方式，要更加注重发挥法治在国家治理和社会管理中的重要作用，全面推进依法治国，加快建设社会主义法治国家。实现这个目标要求，必须全面贯彻实施宪法。

全面贯彻实施宪法，是建设社会主义法治国家的首要任务和基础性工作。宪法是国家的根本法，是治国安邦的总章程，具有最高的法律地位、法律权威、法律效力，具有根本性、全局性、稳定性、长期性。全国各族人民、一切国家机关和武装力量、各政党和各社会团体、各企业事业组织，都必须以宪法为根本的活动准则，并且负有维护宪法尊严、保证宪法实施的职责。任何组织或者个人，都不得有超越宪法和法律的特权。一切违反宪法和法律的行为，都必须予以追究。

宪法的生命在于实施，宪法的权威也在于实施。我们要坚持不懈抓好宪法实施工作，把全面贯彻实施宪法提高到一个新水平。

第一，坚持正确政治方向，坚定不移走中国特色社会主义政治发展道路。改革开放以来，我们党团结带领人民在发展社会主义民主政治方面取得了重大进展，成功开辟和坚持了中国特色社会主义政治发展道路，为实现最广泛的人民民主确立了正确方向。这一政治发展道路的核心思想、主体内容、基本要求，都在宪法中得到了确认和体现，其精神实质是紧密联系、相互贯通、相互促进的。国家的根本制度和根本任务，国家的领导核心和指导思想，工人阶级领导的、以工农联盟为基础的人民民主专政的国体，人民代表大会制度的政体，中国共产党领导的多党合作和政治协商制度、民族区域自治制度以及基层群众自治制度，爱国统一战线，社会主义法制原则，民主集中制原则，尊重和保障人权原则，等等，这些宪法确立的制度和原则，我们必须长期坚持、全面贯彻、不断发展。

坚持中国特色社会主义政治发展道路，关键是要坚持党的领导、人民当家作主、依法治国有机统一，以保证人民当家作主为根本，以增强党和国家活力、调动人民积极性为目标，扩大社会主义民主，发展社会主义政治文明。我们要坚持国家一切权力属于人民的宪法理念，最广泛地动员和组织人民依照宪法和法律规定，通过各级人民代表大会行使国家权力，通过各种途径和形式管理国家和社会事务、管理经济和文化事业，共同建设，共同享有，共同发展，成为国家、社会和自己命运的主人。我们要按照宪法确立的民主集中制原则、国家政权体制和活动准则，实行人民代表大会统一行使国家权力，实行决策权、执行权、监督权既有合理分工又有相互协调，保证国家机关依照法定权限和程序行使职权、履行职责，保证国家机关统一有效组织各项事业。我们要根据宪法确立的体制和原则，正确处理中央和地方关系，正确处理民族关系，正确处理各方面利益关系，调动一切积极因素，巩固和发展民主团结、生动活泼、安定和谐的政治局面。我们要适应扩大人民民主、促进经济社会发展的新要求，积极稳妥推进政治体制改革，发展更加广泛、更加充分、更加健全的人民民主，充分发挥我国社会主义政治制度优越性，不断推进社会主义政治制度自我完善和发展。

第二，落实依法治国基本方略，加快建设社会主义法治国家。宪法确立了社会主义法制的基本原则，明确规定中华人民共和国实行依法治国，建设社会主义法治国家，国家维护社会主义法制的统一和尊严。落实依法治国基本方略，加快建设社会主义法治国家，**必须全面推进科学立法、严格执法、公正司法、全民守法进程。**

我们要以宪法为最高法律规范，继续完善以宪法为统帅的中国特色社会主义法律体系，把国家各项事业和各项工作纳入法制轨道，实行有法可依、有法必依、执法必严、违法必究，维护社会公平正义，实现国家和社会生活制度化、法制化。全国人大及其常委会要加强重点领域立法，拓展人民有序参与立法途径，通过完备的法律推动宪法实施，保证宪法确立的制度和原则得到落实。国务院和有立法权的地方人大及其常委会要抓紧制定和修改与法律相配套的行政法规和地方性法规，保证宪法和法律得到有效实施。各级国家行政机关、审判机关、检察机关要坚持依法行政、公正司法，加快推进法治政府建设，不断提高司法公信力。国务院和地方各级人民政府作为国家权力机关的执行机关，作为国家行政机关，负有严格贯彻实施宪法和法律的重要职责，要规范政府行为，切实做到严格规范公正文明执法。我们要深化司法体制改革，保证依法独立公正行使审判权、检察权。全国人大及其常委会和国家有关监督机关要担负起宪法和法律监督职责，加强对宪法和法律实施情况的监督检查，健全监督机制和程序，坚决纠正违宪违法行为。地方各级人大及其常委会要依法行使职权，保证宪法和法律在本行政区域内得到遵守和执行。

第三，坚持人民主体地位，切实保障公民享有权利和履行义务。公民的基本权利和义务是宪法的核心内容，宪法是每个公民享有权利、履行义务的根本保证。宪法的根基在于人民发自内心的拥护，宪法的伟力在于人民出自真诚的信仰。只有保证公民在法律面前一律平等，尊重和保障人权，保证人民依法享有广泛的权利和自由，宪法才能深入人心，走入人民群众，宪法实施才能真正成为全体人民的自觉行动。

我们要依法保障全体公民享有广泛的权利，保障公民的人身权、财产权、基本政治权利等各项权利不受侵犯，保证公民的经济、文化、社会等各方面权利得到落实，努力维护最广大人民根本利益，保障人民群众对美好生活的向往和追求。我们要依法公正对待人民群众的诉求，努力让人民群众在每一个司法案件中都能感受到公平正义，决不能让不公正的审判伤害人民群众感情、损害人民群众权益。我们要在全社会加强宪法宣传教育，提高全体人民特别是各级领导干部和国家机关工作人员的宪法意识和法制观念，弘扬社会主义法治精神，努力培育社会主义法治文化，让宪法家喻户晓，在全社会形成学法尊法守法用法的良好氛围。我们要通过不懈努力，在全社会牢固树立宪法和法律的权威，让广大人民群众充分相信法律、自觉运用法律，使广大人民群众认识到宪法不仅是全体公民必须遵循的行为规范，而且是保障公民权利的法律武器。我们要把宪法教育作为党员干部教育的重要内容，使各级领导干部和国家机关工作人员掌握宪法的基本知识，树立忠于宪法、遵守宪法、维护宪法的自觉意识。法律是成文的道德，道德是内心的法律。我们要坚持把依法治国和以德治国结合起来，高度重视道德对公民行为的规范作用，引导公民既依法维护合法权益，又自觉履行法定义务，做到享有权利和履行义务相一致。

第四，坚持党的领导，更加注重改进党的领导方式和执政方式。依法治国，首先是依宪治国；依法执政，关键是依宪执政。

新形势下，我们党要履行好执政兴国的重大职责，必须依据党章从严治党、依据宪法治国理政。党领导人民制定宪法和法律，党领导人民执行宪法和法律，党自身必须在宪法和法律范围内活动，真正做到党领导立法、保证执法、带头守法。

我们要坚持党总揽全局、协调各方的领导核心作用，坚持依法治国基本方略和依法执政基本方式，善于使党的主张通过法定程序成为国家意志，善于使党组织推荐的人选成为国家政权机关的领导人员，善于通过国家政权机关实施党对国家和社会的领导，支持国家权力机关、行政机关、审判机关、检察机关依照宪法和法律独立负责、协调一致地开展工作。各级党组织和党员领导干部要带头厉行法治，不断提高依法执政能力和水平，不断推进各项治国理政活动的制度化、法律化。各级领导干部要提高运用法治思维和法治方式深化改革、推动发展、化解矛盾、维护稳定能力，努力推动形成办事依法、遇事找法、解决问题用法、化解矛盾靠法的良好法治环境，在法治轨道上推动各项工作。我们要健全权力运行制约和监督体系，有权必有责，用权受监督，失职要问责，违法要追究，保证人民赋予的权力始终用来为人民谋利益。

同志们、朋友们！

全党全国各族人民要紧密团结在党中央周围，高举中国特色社会主义伟大旗帜，坚持以邓小平理论、"三个代表"重要思想、科学发展观为指导，坚持依法治国、依法执政、依法行政共同推进，坚持法治国家、法治政府、法治社会一体建设，扎扎实实把党的十八大精神落实到各项工作中去，为全面建成小康社会、开创中国特色社会主义事业新局面而努力奋斗！

注　释

〔**1**〕新民主主义革命，是由无产阶级领导的、革命性质仍然是反对帝国主义反对封建专制的资产阶级性的民主革命，但目的不是建立资产阶级专政的共和国，而是建立无产阶级领导的、工农联盟为基础的、几个革命阶级联合专政的人民共和国。中国从 1919 年五四运动开始到 1949 年中华人民共和国建立这 30 年，在中国共产党领导下的反帝反封建反官僚资本主义的革命，就是新民主主义革命。

〔**2**〕见邓小平《解放思想，实事求是，团结一致向前看》(《邓小平文选》第 2 卷，人民出版社 1994 年版，第 146 页)。

〔**3**〕"文化大革命"，简称"文革"。指 1966 年 5 月至 1976 年 10 月中国进行的一场由毛泽东错误发动、广大群众参与并卷入其中，被林彪、江青集团利用，给中国共产党、国家和各族人民带来严重灾难的政治运动。

坚持法治国家、法治政府、法治社会一体建设[*]

（2013 年 2 月 23 日）

全面建成小康社会对依法治国提出了更高要求。我们要全面贯彻落实党的十八大精神，以邓小平理论、"三个代表"重要思想、科学发展观为指导，全面推进科学立法、严格执法、公正司法、全民守法，坚持依法治国、依法执政、依法行政共同推进，坚持法治国家、法治政府、法治社会一体建设，不断开创依法治国新局面。

我国形成了以宪法为统帅的中国特色社会主义法律体系，我们国家和社会生活各方面总体上实现了有法可依，这是我们取得的重大成就。实践是法律的基础，法律要随着实践发展而发展。要完善立法规划，突出立法重点，坚持立改废并举，提高立法科学化、民主化水平，提高法律的针对性、及时性、系统性。要完善立法工作机制和程序，扩大公众有序参与，充分听取各方面意见，使法律准确反映经济社会发展要求，更好协调利益关系，发挥立法的引领和推动作用。

＊ 这是习近平在主持十八届中央政治局第四次集体学习时的讲话要点。

要加强宪法和法律实施，维护社会主义法制的统一、尊严、权威，形成人们不愿违法、不能违法、不敢违法的法治环境，做到有法必依、执法必严、违法必究。行政机关是实施法律法规的重要主体，要带头严格执法，维护公共利益、人民权益和社会秩序。执法者必须忠实于法律。各级领导机关和领导干部要提高运用法治思维和法治方式的能力，努力以法治凝聚改革共识、规范发展行为、促进矛盾化解、保障社会和谐。要加强对执法活动的监督，坚决排除对执法活动的非法干预，坚决防止和克服地方保护主义和部门保护主义，坚决惩治腐败现象，做到有权必有责、用权受监督、违法必追究。

我们提出要努力让人民群众在每一个司法案件中都感受到公平正义，所有司法机关都要紧紧围绕这个目标来改进工作，重点解决影响司法公正和制约司法能力的深层次问题。要坚持司法为民，改进司法工作作风，通过热情服务，切实解决好老百姓打官司难问题，特别是要加大对困难群众维护合法权益的法律援助。司法工作者要密切联系群众，规范司法行为，加大司法公开力度，回应人民群众对司法公正公开的关注和期待。要确保审判机关、检察机关依法独立公正行使审判权、检察权。

任何组织或者个人都必须在宪法和法律范围内活动，任何公民、社会组织和国家机关都要以宪法和法律为行为准则，依照宪法和法律行使权利或权力、履行义务或职责。要深入开展法制宣传教育，在全社会弘扬社会主义法治精神，引导全体人民遵守法律、有问题依靠法律来解决，形成守法光荣的良好氛围。要坚持法制教育与法治实践相结合，广泛开展依法治理活动，提高社会管理法治化水平。要坚持依法治国和以德治国相

145

结合，把法治建设和道德建设紧密结合起来，把他律和自律紧密结合起来，做到法治和德治相辅相成、相互促进。

　　我们党是执政党，坚持依法执政，对全面推进依法治国具有重大作用。要坚持党的领导、人民当家作主、依法治国有机统一，把党的领导贯彻到依法治国全过程。各级党组织必须坚持在宪法和法律范围内活动。各级领导干部要带头依法办事，带头遵守法律。各级组织部门要把能不能依法办事、遵守法律作为考察识别干部的重要条件。

促进社会公平正义，
保障人民安居乐业 *

（2014 年 1 月 7 日）

要把维护社会大局稳定作为基本任务，把促进社会公平正义作为核心价值追求，把保障人民安居乐业作为根本目标，坚持严格执法公正司法，积极深化改革，加强和改进政法工作，维护人民群众切身利益，为实现"两个一百年"奋斗目标、实现中华民族伟大复兴的中国梦提供有力保障。

政法战线要旗帜鲜明坚持党的领导。坚持党的领导，就是要支持人民当家作主，实施好依法治国这个党领导人民治理国家的基本方略。既要坚持党对政法工作的领导不动摇，又要加强和改善党对政法工作的领导，不断提高党领导政法工作能力和水平。

要正确处理党的政策和国家法律的关系。我们党的政策和国家法律都是人民根本意志的反映，在本质上是一致的。党既领导人民制定宪法法律，也领导人民执行宪法法律，做到党领导立法、保证执法、带头守法。政法工作要自觉维护党的政策

---

* 这是习近平在中央政法工作会议上的讲话要点。

和国家法律的权威性，确保党的政策和国家法律得到统一正确实施。要正确处理坚持党的领导和确保司法机关依法独立公正行使职权的关系。各级党组织和领导干部要支持政法系统各单位依照宪法法律独立负责、协调一致开展工作。党委政法委要明确职能定位，善于运用法治思维和法治方式领导政法工作，在推进国家治理体系和治理能力现代化中发挥重要作用。

维护社会大局稳定是政法工作的基本任务。要处理好维稳和维权的关系，要把群众合理合法的利益诉求解决好，完善对维护群众切身利益具有重大作用的制度，强化法律在化解矛盾中的权威地位，使群众由衷感到权益受到了公平对待、利益得到了有效维护。要处理好活力和秩序的关系，坚持系统治理、依法治理、综合治理、源头治理，发动全社会一起来做好维护社会稳定工作。

促进社会公平正义是政法工作的核心价值追求。从一定意义上说，公平正义是政法工作的生命线，司法机关是维护社会公平正义的最后一道防线。政法战线要肩扛公正天平、手持正义之剑，以实际行动维护社会公平正义，让人民群众切实感受到公平正义就在身边。要重点解决好损害群众权益的突出问题，决不允许对群众的报警求助置之不理，决不允许让普通群众打不起官司，决不允许滥用权力侵犯群众合法权益，决不允许执法犯法造成冤假错案。

保障人民安居乐业是政法工作的根本目标。政法机关和广大干警要把人民群众的事当作自己的事，把人民群众的小事当作自己的大事，从让人民群众满意的事情做起，从人民群众不满意的问题改起，为人民群众安居乐业提供有力法律保障。要深入推进社会治安综合治理，坚决遏制严重刑事犯罪高发态势，保障人民生命财产安全。

政法机关要完成党和人民赋予的光荣使命，必须严格执法、公正司法。"公生明，廉生威。"要坚守职业良知、执法为民，教育引导广大干警自觉用职业道德约束自己，做到对群众深恶痛绝的事零容忍、对群众急需急盼的事零懈怠，树立惩恶扬善、执法如山的浩然正气。要信仰法治、坚守法治，做知法、懂法、守法、护法的执法者，站稳脚跟，挺直脊梁，只服从事实，只服从法律，铁面无私，秉公执法。要靠制度来保障，在执法办案各个环节都设置隔离墙、通上高压线，谁违反制度就要给予最严厉的处罚，构成犯罪的要依法追究刑事责任。要坚持以公开促公正、以透明保廉洁，增强主动公开、主动接受监督的意识，让暗箱操作没有空间，让司法腐败无法藏身。

各级领导干部要带头依法办事，带头遵守法律，牢固确立法律红线不能触碰、法律底线不能逾越的观念，不要去行使依法不该由自己行使的权力，更不能以言代法、以权压法、徇私枉法。要建立健全违反法定程序干预司法的登记备案通报制度和责任追究制度。

我们的政法队伍主流是好的，是一支听党指挥、服务人民、能打硬仗、不怕牺牲的队伍，是一支党和人民完全可以信赖的有坚强战斗力的队伍。各级党委和政府要认真落实从优待警的政策措施，帮助干警解决实际困难。要按照政治过硬、业务过硬、责任过硬、纪律过硬、作风过硬的要求，努力建设一支信念坚定、执法为民、敢于担当、清正廉洁的政法队伍。

坚定的理想信念是政法队伍的政治灵魂。必须把理想信念教育摆在政法队伍建设第一位，不断打牢高举旗帜、听党指挥、忠诚使命的思想基础，坚持党的事业至上、人民利益至上、宪法法律至上，永葆忠于党、忠于国家、忠于人民、忠于法律的政治本色。政法队伍要敢于担当，面对歪风邪气，必须敢于亮剑、坚决斗争，绝不能听之任之；面对急难险重任务，必须豁得出来、顶得上去，绝不能畏缩不前。要加强纪律教育，健全纪律执行机制，以铁的纪律带出一支铁的政法队伍。要提高干警本领，确保更好履行政法工作各项任务。要以最坚决的意志、最坚决的行动扫除政法领域的腐败现象，坚决清除害群之马。

司法体制改革是政治体制改革的重要组成部分，对推进国家治理体系和治理能力现代化具有十分重要的意义。要加强领导、协力推动、务求实效，加快建设公正高效权威的社会主义司法制度，更好坚持党的领导、更好发挥我国司法制度的特色、更好促进社会公平正义。

2012 年 11 月 15 日，刚刚在中国共产党第十八届中央委员会第一次全体会议上当选的中共中央总书记习近平和中共中央政治局常委李克强、张德江、俞正声、刘云山、王岐山、张高丽在北京人民大会堂同采访十八大的中外记者亲切见面。

2012 年 11 月 15 日，在北京人民大会堂会见出席中共十八大代表、特邀
代表和列席人员时，习近平和胡锦涛亲切握手。

2012 年 11 月 29 日，习近平和李克强、张德江、俞正声、刘云山、王岐山、张高丽等来到中国国家博物馆，参观《复兴之路》展览，首次提出实现中华民族伟大复兴的中国梦。

2012 年 12 月 8 日，习近平在海军海口舰上与水兵交谈。

2012 年 12 月 30 日，习近平在河北阜平县慰问困难群众时，看望龙泉关镇骆驼湾村唐荣斌一家。

2013 年 3 月 14 日，习近平在第十二届全国人民
代表大会第一次会议上当选中华人民共和国主席。
3 月 17 日，习近平在闭幕会上发表重要讲话。

2013 年 4 月 9 日，习近平在海南考察工作时，在亚龙湾兰德玫瑰风情产业园高兴地戴上黎族群众递上的斗笠。

2013 年 5 月 29 日，习近平在北京市少年宫参加"快乐童年，放飞希望"主题队日活动时，同少年儿童在一起。

2013年6月11日，习近平在酒泉卫星发射中心观看神舟十号载人飞船发射，向即将出征的航天员聂海胜、张晓光、王亚平挥手致意。

2013 年 7 月 21 日，习近平在湖北调研全面深化改革问题和经济运行情况时，冒雨来到武汉新港阳逻集装箱港区考察。

2013 年 8 月 28 日，习近平在中国第一艘航空母舰——辽宁舰上检阅
水兵仪仗队。

2013 年 11 月 3 日，习近平在湖南考察时，在湘西土家族苗族自治州花垣县排碧乡十八洞村同村干部和村民座谈。

2013 年 11 月 25 日，习近平在地处山东沂蒙老区的临沭县曹庄镇朱村亲切地拉着 83 岁的"老支前"王克昌的手去他家看望。

2014年1月26日，习近平来到中国边疆的内蒙古阿尔山，冒着零下30多摄氏度的严寒，迎风踏雪慰问在边防线上巡逻执勤的官兵。

2014年5月9日，习近平在河南考察时，在尉氏县张市镇高标准粮田
察看小麦长势。

2014 年 5 月 23 日，习近平在中国商用飞机有限责任公司考察时，同设计研发中心的科技人员交流。

六、建设社会主义文化强国

把宣传思想工作做得更好 *

（2013 年 8 月 19 日）

宣传思想工作一定要把围绕中心、服务大局作为基本职责，胸怀大局、把握大势、着眼大事，找准工作切入点和着力点，做到因势而谋、应势而动、顺势而为。

经济建设是党的中心工作，意识形态工作是党的一项极端重要的工作。党的十一届三中全会以来，我们党始终坚持以经济建设为中心，集中精力把经济建设搞上去、把人民生活搞上去。只要国内外大势没有发生根本变化，坚持以经济建设为中心就不能也不应该改变。这是坚持党的基本路线 100 年不动摇的根本要求，也是解决当代中国一切问题的根本要求。同时，只有物质文明建设和精神文明建设都搞好，国家物质力量和精神力量都增强，全国各族人民物质生活和精神生活都改善，中国特色社会主义事业才能顺利向前推进。

宣传思想工作就是要巩固马克思主义在意识形态领域的指导地位，巩固全党全国人民团结奋斗的共同思想基础。党员、干部要坚定马克思主义、共产主义信仰，脚踏实地为实现党在现阶段的基本纲领而不懈努力，扎扎实实做好每一项工作，取得"接力赛"中我们这一棒的优异成绩。领导干部特别是高级

---

* 这是习近平在全国宣传思想工作会议上的讲话要点。

干部要把系统掌握马克思主义基本理论作为看家本领，老老实实、原原本本学习马克思列宁主义、毛泽东思想特别是邓小平理论、"三个代表"重要思想、科学发展观。党校、干部学院、社会科学院、高校、理论学习中心组等都要把马克思主义作为必修课，成为马克思主义学习、研究、宣传的重要阵地。新干部、年轻干部尤其要抓好理论学习，通过坚持不懈学习，学会运用马克思主义立场、观点、方法观察和解决问题，坚定理想信念。

要深入开展中国特色社会主义宣传教育，把全国各族人民团结和凝聚在中国特色社会主义伟大旗帜之下。要加强社会主义核心价值体系建设，积极培育和践行社会主义核心价值观，全面提高公民道德素质，培育知荣辱、讲正气、作奉献、促和谐的良好风尚。

党性和人民性从来都是一致的、统一的。坚持党性，核心就是坚持正确政治方向，站稳政治立场，坚定宣传党的理论和路线方针政策，坚定宣传中央重大工作部署，坚定宣传中央关于形势的重大分析判断，坚决同党中央保持高度一致，坚决维护中央权威。所有宣传思想部门和单位，所有宣传思想战线上的党员、干部都要旗帜鲜明坚持党性原则。坚持人民性，就是要把实现好、维护好、发展好最广大人民根本利益作为出发点和落脚点，坚持以民为本、以人为本。要树立以人民为中心的工作导向，把服务群众同教育引导群众结合起来，把满足需求同提高素养结合起来，多宣传报道人民群众的伟大奋斗和火热生活，多宣传报道人民群众中涌现出来的先进典型和感人事迹，丰富人民精神世界，增强人民精神力量，满足人民精神需求。

坚持团结稳定鼓劲、正面宣传为主，是宣传思想工作必须遵循的重要方针。我们正在进行具有许多新的历史特点的伟大斗争，面临的挑战和困难前所未有，必须坚持巩固壮大主流思想舆论，弘扬主旋律，传播正能量，激发全社会团结奋进的强大力量。关键是要提高质量和水平，把握好时、度、效，增强吸引力和感染力，让群众爱听爱看、产生共鸣，充分发挥正面宣传鼓舞人、激励人的作用。在事关大是大非和政治原则问题上，必须增强主动性、掌握主动权、打好主动仗，帮助干部群众划清是非界限、澄清模糊认识。

在长期实践中，我们党的宣传思想工作积累了十分丰富的经验。这些经验来之不易、弥足珍贵，是做好今后工作的重要遵循，一定要认真总结、长期坚持，并在实践中不断丰富和发展。"明者因时而变，知者随世而制。"[1]宣传思想工作创新，重点要抓好理念创新、手段创新、基层工作创新，努力以思想认识新飞跃打开工作新局面，积极探索有利于破解工作难题的新举措新办法，把创新的重心放在基层一线。要继续推进文化体制改革，推动文化事业全面繁荣和文化产业快速发展、建设社会主义文化强国。

在全面对外开放的条件下做宣传思想工作，一项重要任务是引导人们更加全面客观地认识当代中国、看待外部世界。宣传阐释中国特色，要讲清楚每个国家和民族的历史传统、文化积淀、基本国情不同，其发展道路必然有着自己的特色；讲清楚中华文化积淀着中华民族最深沉的精神追求，是中华民族生生不息、发展壮大的丰厚滋养；讲清楚中华优秀传统文化是中华民族的突出优势，是我们最深厚的文化软实力；

讲清楚中国特色社会主义植根于中华文化沃土、反映中国人民意愿、适应中国和时代发展进步要求,有着深厚历史渊源和广泛现实基础。中华民族创造了源远流长的中华文化,中华民族也一定能够创造出中华文化新的辉煌。独特的文化传统,独特的历史命运,独特的基本国情,注定了我们必然要走适合自己特点的发展道路。对我国传统文化,对国外的东西,要坚持古为今用、洋为中用,去粗取精、去伪存真,经过科学的扬弃后使之为我所用。

对世界形势发展变化,对世界上出现的新事物新情况,对各国出现的新思想新观点新知识,我们要加强宣传报道,以利于积极借鉴人类文明创造的有益成果。要精心做好对外宣传工作,创新对外宣传方式,着力打造融通中外的新概念新范畴新表述,讲好中国故事,传播好中国声音。

宣传思想部门承担着十分重要的职责,必须守土有责、守土负责、守土尽责。宣传思想部门工作要强起来,首先是领导干部要强起来,班子要强起来。各级宣传部门领导同志要加强学习、加强实践,真正成为让人信服的行家里手。

做好宣传思想工作必须全党动手。各级党委要负起政治责任和领导责任,加强对宣传思想领域重大问题的分析研判和重大战略性任务的统筹指导,不断提高领导宣传思想工作能力和水平。要树立大宣传的工作理念,动员各条战线各个部门一起来做,把宣传思想工作同各个领域的行政管理、行业管理、社会管理更加紧密地结合起来。

注　释

〔**1**〕见桓宽《盐铁论·忧边》。桓宽（生卒年不详），汝南（今河南上蔡）人。西汉大臣。《盐铁论》是研究西汉经济思想史的重要著作。

为实现中国梦凝聚有力道德支撑*

（2013 年 9 月 26 日）

　　道德模范是社会道德建设的重要旗帜，要深入开展学习宣传道德模范活动，弘扬真善美，传播正能量，激励人民群众崇德向善、见贤思齐，鼓励全社会积善成德、明德惟馨，为实现中华民族伟大复兴的中国梦凝聚起强大的精神力量和有力的道德支撑。

　　精神的力量是无穷的，道德的力量也是无穷的。中华文明源远流长，蕴育了中华民族的宝贵精神品格，培育了中国人民的崇高价值追求。自强不息、厚德载物的思想，支撑着中华民族生生不息、薪火相传，今天依然是我们推进改革开放和社会主义现代化建设的强大精神力量。

　　长期以来，各地区各部门按照中央要求，不断推进公民道德建设，弘扬中华传统美德，培育时代新风，中华大地涌现出一大批道德模范、最美人物。全国道德模范就是其中的优秀代表。你们或充满爱心、助人为乐，或见义勇为、舍生忘死，或诚实守信、坚守正道，或敬业奉献、虔诚勤勉，或孝老爱亲、血脉情深。你们的高尚品德，温暖了人心，感动了中国，为全

---

　　* 这是习近平在会见第四届全国道德模范及提名奖获得者时的讲话要点。

社会树立了榜样。

伟大时代呼唤伟大精神，崇高事业需要榜样引领。当前，全国各族人民正在为实现中华民族伟大复兴的中国梦而奋斗。我们要按照党的十八大提出的培育和践行社会主义核心价值观的要求，高度重视和切实加强道德建设，推进社会公德、职业道德、家庭美德、个人品德教育，倡导爱国、敬业、诚信、友善等基本道德规范，培育知荣辱、讲正气、作奉献、促和谐的良好风尚。

我向大家介绍全国道德模范龚全珍同志，她是老将军甘祖昌同志的夫人。甘祖昌同志是江西老红军、新中国的开国将军，但他坚持回农村当农民，龚全珍同志也随甘祖昌同志一起回到农村艰苦奋斗。半个多世纪过去了，龚全珍同志始终保持艰苦奋斗精神，并当选了全国道德模范，出席我们今天的会议，我感到很欣慰。我向龚全珍同志致以崇高的敬意。我们要把艰苦奋斗精神一代一代传承下去。

提高国家文化软实力 *

（2013 年 12 月 30 日）

提高国家文化软实力，关系"两个一百年"奋斗目标和中华民族伟大复兴中国梦的实现。要弘扬社会主义先进文化，深化文化体制改革，推动社会主义文化大发展大繁荣，增强全民族文化创造活力，推动文化事业全面繁荣、文化产业快速发展，不断丰富人民精神世界、增强人民精神力量，不断增强文化整体实力和竞争力，朝着建设社会主义文化强国的目标不断前进。

提高国家文化软实力，要努力夯实国家文化软实力的根基。要坚持走中国特色社会主义文化发展道路，深化文化体制改革，深入开展社会主义核心价值体系学习教育，广泛开展理想信念教育，大力弘扬民族精神和时代精神，推动文化事业全面繁荣、文化产业快速发展。夯实国内文化建设根基，一个很重要的工作就是从思想道德抓起，从社会风气抓起，从每一个人抓起。要继承和弘扬我国人民在长期实践中培育和形成的传统美德，坚持马克思主义道德观、坚持社会主义道德观，在去粗取精、去伪存真的基础上，坚持古为今用、推陈出新，努力实现中华传统美德的创造性转化、创新性发展，引导人们向往

---

* 这是习近平在主持十八届中央政治局第十二次集体学习时的讲话要点。

和追求讲道德、尊道德、守道德的生活，让 13 亿人的每一分子都成为传播中华美德、中华文化的主体。

提高国家文化软实力，要努力传播当代中国价值观念。当代中国价值观念，就是中国特色社会主义价值观念，代表了中国先进文化的前进方向。我国成功走出了一条中国特色社会主义道路，实践证明我们的道路、理论体系、制度是成功的。要加强提炼和阐释，拓展对外传播平台和载体，把当代中国价值观念贯穿于国际交流和传播方方面面。

中国梦的宣传和阐释，要与当代中国价值观念紧密结合起来。中国梦意味着中国人民和中华民族的价值体认和价值追求，意味着全面建成小康社会、实现中华民族伟大复兴，意味着每一个人都能在为中国梦的奋斗中实现自己的梦想，意味着中华民族团结奋斗的最大公约数，意味着中华民族为人类和平与发展作出更大贡献的真诚意愿。

提高国家文化软实力，要努力展示中华文化独特魅力。在 5000 多年文明发展进程中，中华民族创造了博大精深的灿烂文化，要使中华民族最基本的文化基因与当代文化相适应、与现代社会相协调，以人们喜闻乐见、具有广泛参与性的方式推广开来，把跨越时空、超越国度、富有永恒魅力、具有当代价值的文化精神弘扬起来，把继承传统优秀文化又弘扬时代精神、立足本国又面向世界的当代中国文化创新成果传播出去。要系统梳理传统文化资源，让收藏在禁宫里的文物、陈列在广阔大地上的遗产、书写在古籍里的文字都活起来。要以理服人，以文服人，以德服人，提高对外文化交流水平，完善人文交流机制，创新人文交流方式，综合运用大众传播、群体传播、人际传播等多种方式展示中华文化魅力。

要注重塑造我国的国家形象，重点展示中国历史底蕴深厚、各民族多元一体、文化多样和谐的文明大国形象，政治清明、经济发展、文化繁荣、社会稳定、人民团结、山河秀美的东方大国形象，坚持和平发展、促进共同发展、维护国际公平正义、为人类作出贡献的负责任大国形象，对外更加开放、更加具有亲和力、充满希望、充满活力的社会主义大国形象。

提高国家文化软实力，要努力提高国际话语权。要加强国际传播能力建设，精心构建对外话语体系，发挥好新兴媒体作用，增强对外话语的创造力、感召力、公信力，讲好中国故事，传播好中国声音，阐释好中国特色。对中国人民和中华民族的优秀文化和光荣历史，要加大正面宣传力度，通过学校教育、理论研究、历史研究、影视作品、文学作品等多种方式，加强爱国主义、集体主义、社会主义教育，引导我国人民树立和坚持正确的历史观、民族观、国家观、文化观，增强做中国人的骨气和底气。

培育和弘扬
社会主义核心价值观 *

（2014 年 2 月 24 日）

把培育和弘扬社会主义核心价值观作为凝魂聚气、强基固本的基础工程，继承和发扬中华优秀传统文化和传统美德，广泛开展社会主义核心价值观宣传教育，积极引导人们讲道德、尊道德、守道德，追求高尚的道德理想，不断夯实中国特色社会主义的思想道德基础。

核心价值观是文化软实力的灵魂、文化软实力建设的重点。这是决定文化性质和方向的最深层次要素。一个国家的文化软实力，从根本上说，取决于其核心价值观的生命力、凝聚力、感召力。培育和弘扬核心价值观，有效整合社会意识，是社会系统得以正常运转、社会秩序得以有效维护的重要途径，也是国家治理体系和治理能力的重要方面。历史和现实都表明，构建具有强大感召力的核心价值观，关系社会和谐稳定，关系国家长治久安。

培育和弘扬社会主义核心价值观必须立足中华优秀传统文

* 这是习近平在主持十八届中央政治局第十三次集体学习时的讲话要点。

化。牢固的核心价值观，都有其固有的根本。抛弃传统、丢掉根本，就等于割断了自己的精神命脉。博大精深的中华优秀传统文化是我们在世界文化激荡中站稳脚跟的根基。中华文化源远流长，积淀着中华民族最深层的精神追求，代表着中华民族独特的精神标识，为中华民族生生不息、发展壮大提供了丰厚滋养。中华传统美德是中华文化精髓，蕴含着丰富的思想道德资源。不忘本来才能开辟未来，善于继承才能更好创新。对历史文化特别是先人传承下来的价值理念和道德规范，要坚持古为今用、推陈出新，有鉴别地加以对待，有扬弃地予以继承，努力用中华民族创造的一切精神财富来以文化人、以文育人。

要讲清楚中华优秀传统文化的历史渊源、发展脉络、基本走向，讲清楚中华文化的独特创造、价值理念、鲜明特色，增强文化自信和价值观自信。要认真汲取中华优秀传统文化的思想精华和道德精髓，大力弘扬以爱国主义为核心的民族精神和以改革创新为核心的时代精神，深入挖掘和阐发中华优秀传统文化讲仁爱、重民本、守诚信、崇正义、尚和合、求大同的时代价值，使中华优秀传统文化成为涵养社会主义核心价值观的重要源泉。要处理好继承和创造性发展的关系，重点做好创造性转化和创新性发展。

要切实把社会主义核心价值观贯穿于社会生活方方面面。要通过教育引导、舆论宣传、文化熏陶、实践养成、制度保障等，使社会主义核心价值观内化为人们的精神追求，外化为人们的自觉行动。榜样的力量是无穷的，广大党员、干部必须带头学习和弘扬社会主义核心价值观，用自己的模范行为和高尚人格感召群众、带动群众。要从娃娃抓起、从学校抓起，做到进教材、进课堂、进头脑。要润物细无声，运用各类文化形式，生动具体地表现社会主义核心价值观，用高质量高水平的作品形象地告诉人们什么是真善美，什么是假恶丑，什么是值得肯定和赞扬的，什么是必须反对和否定的。

　　一种价值观要真正发挥作用，必须融入社会生活，让人们在实践中感知它、领悟它。要注意把我们所提倡的与人们日常生活紧密联系起来，在落细、落小、落实上下功夫。要按照社会主义核心价值观的基本要求，健全各行各业规章制度，完善市民公约、乡规民约、学生守则等行为准则，使社会主义核心价值观成为人们日常工作生活的基本遵循。要建立和规范一些礼仪制度，组织开展形式多样的纪念庆典活动，传播主流价值，增强人们的认同感和归属感。要把社会主义核心价值观的要求融入各种精神文明创建活动之中，吸引群众广泛参与，推动人们在为家庭谋幸福、为他人送温暖、为社会作贡献的过程中提高精神境界、培育文明风尚。要利用各种时机和场合，形成有利于培育和弘扬社会主义核心价值观的生活情景和社会氛围，使核心价值观的影响像空气一样无所不在、无时不有。

　　要发挥政策导向作用，使经济、政治、文化、社会等方方面面政策都有利于社会主义核心价值观的培育。要用法律来推动核心价值观建设。各种社会管理要承担起倡导社会主义核心价值观的责任，注重在日常管理中体现价值导向，使符合核心价值观的行为得到鼓励、违背核心价值观的行为受到制约。

青年要自觉践行
社会主义核心价值观*

（2014 年 5 月 4 日）

各位同学，各位老师，同志们：

今天是五四青年节[1]，很高兴来到北京大学同大家见面，共同纪念五四运动[2]95 周年。首先，我代表党中央，向北京大学全体师生员工，向全国各族青年，致以节日的问候！向全国广大教育工作者和青年工作者，致以崇高的敬意！

这是我到中央工作以后第五次到北大，每次来都有新的体会。在洋溢着青春活力的校园里一路走来，触景生情，颇多感慨。我感到，当代大学生是可爱、可信、可贵、可为的。

五四运动形成了爱国、进步、民主、科学的五四精神，拉开了中国新民主主义革命的序幕，促进了马克思主义在中国的传播，推动了中国共产党的建立。五四运动以来，在中国共产党领导下，一代又一代有志青年"以青春之我，创建青春之家庭，青春之国家，青春之民族，青春之人类，青春之地球，青春之宇宙"[3]，在救亡图存、振兴中华的历史洪流中谱写了一曲曲感天动地的青春乐章。

---

* 这是习近平在北京大学师生座谈会上的讲话。

北京大学是新文化运动[4]的中心和五四运动的策源地，是这段光荣历史的见证者。长期以来，北京大学广大师生始终与祖国和人民共命运、与时代和社会同前进，在各条战线上为我国革命、建设、改革事业作出了重要贡献。

党的十八大提出了"两个一百年"奋斗目标。我说过，现在，我们比历史上任何时期都更接近实现中华民族伟大复兴的目标，比历史上任何时期都更有信心、更有能力实现这个目标。

行百里者半九十[5]。距离实现中华民族伟大复兴的目标越近，我们越不能懈怠、越要加倍努力，越要动员广大青年为之奋斗。

光阴荏苒，物换星移。时间之河川流不息，每一代青年都有自己的际遇和机缘，都要在自己所处的时代条件下谋划人生、创造历史。青年是标志时代的最灵敏的晴雨表，时代的责任赋予青年，时代的光荣属于青年。

广大青年对五四运动的最好纪念，就是在党的领导下，勇做走在时代前列的奋进者、开拓者、奉献者，以执着的信念、优良的品德、丰富的知识、过硬的本领，同全国各族人民一道，担负起历史重任，让五四精神放射出更加夺目的时代光芒。

同学们、老师们！

大学是一个研究学问、探索真理的地方，借此机会，我想就社会主义核心价值观问题，同各位同学和老师交流交流想法。

我想讲这个问题，是从弘扬五四精神联想到的。五四精神体现了中国人民和中华民族近代以来追求的先进价值观。爱国、进步、民主、科学，都是我们今天依然应该坚守和践行的核心价值，不仅广大青年要坚守和践行，全社会都要坚守和践行。

人类社会发展的历史表明，对一个民族、一个国家来说，最持久、最深层的力量是全社会共同认可的核心价值观。核心价值观，承载着一个民族、一个国家的精神追求，体现着一个社会评判是非曲直的价值标准。

古人说："大学之道，在明明德，在亲民，在止于至善。"〔6〕核心价值观，其实就是一种德，既是个人的德，也是一种大德，就是国家的德、社会的德。国无德不兴，人无德不立。如果一个民族、一个国家没有共同的核心价值观，莫衷一是，行无依归，那这个民族、这个国家就无法前进。这样的情形，在我国历史上，在当今世界上，都屡见不鲜。

我国是一个有着13亿多人口、56个民族的大国，确立反映全国各族人民共同认同的价值观"最大公约数"，使全体人民同心同德、团结奋进，关乎国家前途命运，关乎人民幸福安康。

每个时代都有每个时代的精神，每个时代都有每个时代的价值观念。国有四维，礼义廉耻，"四维不张，国乃灭亡"〔7〕。这是中国先人对当时核心价值观的认识。在当代中国，我们的民族、我们的国家应该坚守什么样的核心价值观？这个问题，是一个理论问题，也是一个实践问题。经过反复征求意见，综合各方面认识，我们提出要倡导富强、民主、文明、和谐，倡导自由、平等、公正、法治，倡导爱国、敬业、诚信、友善，积极培育和践行社会主义核心价值观。富强、民主、文明、和谐是国家层面的价值要求，自由、平等、公正、法治是社会层面的价值要求，爱国、敬业、诚信、友善是公民层面的价值要求。这个概括，实际上回答了我们要建设什么样的国家、建设什么样的社会、培育什么样的公民的重大问题。

中国古代历来讲格物致知、诚意正心、修身齐家、治国平天下。从某种角度看，格物致知、诚意正心、修身是个人层面的要求，齐家是社会层面的要求，治国平天下是国家层面的要求。我们提出的社会主义核心价值观，把涉及国家、社会、公民的价值要求融为一体，既体现了社会主义本质要求，继承了中华优秀传统文化，也吸收了世界文明有益成果，体现了时代精神。

富强、民主、文明、和谐，自由、平等、公正、法治，爱国、敬业、诚信、友善，传承着中国优秀传统文化的基因，寄托着近代以来中国人民上下求索、历经千辛万苦确立的理想和信念，也承载着我们每个人的美好愿景。我们要在全社会牢固树立社会主义核心价值观，全体人民一起努力，通过持之以恒的奋斗，把我们的国家建设得更加富强、更加民主、更加文明、更加和谐、更加美丽，让中华民族以更加自信、更加自强的姿态屹立于世界民族之林。

建设富强民主文明和谐的社会主义现代化国家，实现中华民族伟大复兴，是鸦片战争以来中国人民最伟大的梦想，是中华民族的最高利益和根本利益。今天，我们13亿多人的一切奋斗归根到底都是为了实现这一伟大目标。中国曾经是世界上的经济强国，后来在世界工业革命如火如荼、人类社会发生深刻变革的时期，中国丧失了与世界同进步的历史机遇，落到了被动挨打的境地。尤其是鸦片战争之后，中华民族更是陷入积贫积弱、任人宰割的悲惨状况。这段历史悲剧决不能重演！建设富强民主文明和谐的社会主义现代化国家，是我们的目标，也是我们的责任，是我们对中华民族的责任，对前人的责任，对后人的责任。我们要保持战略定力和坚定信念，坚定不移走自己的路，朝着自己的目标前进。

中国已经发展起来了，我们不认可"国强必霸"的逻辑，坚持走和平发展道路，但中华民族被外族任意欺凌的时代已经一去不复返了！为什么我们现在有这样的底气？就是因为我们的国家发展起来了。现在，中国的国际地位不断提高、国际影响力不断扩大，这是中国人民用自己的百年奋斗赢得的尊敬。想想近代以来中国丧权辱国、外国人在中国横行霸道的悲惨历史，真是形成了鲜明对照！

中华文明绵延数千年，有其独特的价值体系。中华优秀传统文化已经成为中华民族的基因，植根在中国人内心，潜移默化影响着中国人的思想方式和行为方式。今天，我们提倡和弘扬社会主义核心价值观，必须从中汲取丰富营养，否则就不会有生命力和影响力。比如，中华文化强调"民惟邦本"〔8〕、"天人合一"〔9〕、"和而不同"〔10〕；强调"天行健，君子以自强不息"〔11〕、"大道之行也，天下为公"〔12〕；强调"天下兴亡，匹夫有责"〔13〕，主张以德治国、以文化人；强调"君子喻于义"〔14〕、"君子坦荡荡"〔15〕、"君子义以为质"〔16〕；强调"言必信，行必果"〔17〕、"人而无信，不知其可也"〔18〕；强调"德不孤，必有邻"〔19〕、"仁者爱人"〔20〕、"与人为善"〔21〕、"己所不欲，勿施于人"〔22〕、"出入相友，守望相助"〔23〕、"老吾老以及人之老，幼吾幼以及人之幼"〔24〕、"扶贫济困"、"不患寡而患不均"〔25〕；等等。像这样的思想和理念，不论过去还是现在，都有其鲜明的民族特色，都有其永不褪色的时代价值。这些思想和理念，既随着时间推移和时代变迁而不断与时俱进，又有其自身的连续性和稳定性。我们生而为中国人，最根本的是我们有中国人的独特精神世界，有百姓日用而不觉的价值观。我们提倡的社会主义核心价值观，就充分体现了对中华优秀传统文化的传承和升华。

价值观是人类在认识、改造自然和社会的过程中产生与发挥作用的。不同民族、不同国家由于其自然条件和发展历程不同，产生和形成的核心价值观也各有特点。一个民族、一个国家的核心价值观必须同这个民族、这个国家的历史文化相契合，同这个民族、这个国家的人民正在进行的奋斗相结合，同这个民族、这个国家需要解决的时代问题相适应。世界上没有两片完全相同的树叶。一个民族、一个国家，必须知道自己是谁，是从哪里来的，要到哪里去，想明白了、想对了，就要坚定不移朝着目标前进。

去年 12 月 26 日，我在纪念毛泽东同志诞辰 120 周年座谈会上讲话时说：站立在 960 万平方公里的广袤土地上，吸吮着中华民族漫长奋斗积累的文化养分，拥有 13 亿中国人民聚合的磅礴之力，我们走自己的路，具有无比广阔的舞台，具有无比深厚的历史底蕴，具有无比强大的前进定力。中国人民应该有这个信心，每一个中国人都应该有这个信心。我们要虚心学习借鉴人类社会创造的一切文明成果，但我们不能数典忘祖，不能照抄照搬别国的发展模式，也绝不会接受任何外国颐指气使的说教。

我说这话的意思是，实现我们的发展目标，实现中国梦，必须增强道路自信、理论自信、制度自信，"千磨万击还坚劲，任尔东西南北风"[26]。而这"三个自信"需要我们对核心价值观的认定作支撑。

我为什么要对青年讲讲社会主义核心价值观这个问题？是因为青年的价值取向决定了未来整个社会的价值取向，而青年又处在价值观形成和确立的时期，抓好这一时期的价值观养成十分重要。这就像穿衣服扣扣子一样，如果第一粒扣子扣错了，剩余的扣子都会扣错。人生的扣子从一开始就要扣好。"凿井者，起于三寸之坎，以就万仞之深。"〔27〕青年要从现在做起、从自己做起，使社会主义核心价值观成为自己的基本遵循，并身体力行大力将其推广到全社会去。

广大青年树立和培育社会主义核心价值观，要在以下几点上下功夫。

一是要勤学，下得苦功夫，求得真学问。知识是树立核心价值观的重要基础。古希腊哲学家说，知识即美德。我国古人说："非学无以广才，非志无以成学。"〔28〕大学的青春时光，人生只有一次，应该好好珍惜。为学之要贵在勤奋、贵在钻研、贵在有恒。鲁迅〔29〕先生说过："哪里有天才，我是把别人喝咖啡的工夫都用在工作上的。"〔30〕大学阶段，"恰同学少年，风华正茂"〔31〕，有老师指点，有同学切磋，有浩瀚的书籍引路，可以心无旁骛求知问学。此时不努力，更待何时？要勤于学习、敏于求知，注重把所学知识内化于心，形成自己的见解，既要专攻博览，又要关心国家、关心人民、关心世界，学会担当社会责任。

二是要修德，加强道德修养，注重道德实践。"德者，本也。"〔32〕蔡元培〔33〕先生说过："若无德，则虽体魄智力发达，适足助其为恶"〔34〕。道德之于个人、之于社会，都具有基础性意义，做人做事第一位的是崇德修身。这就是我们的用人标准为什么是德才兼备、以德为先，因为德是首要、是方向，一个人只有明大德、守公德、严私德，其才方能用得其所。修德，既要立意高远，又要立足平实。要立志报效祖国、服务人民，这是大德，养大德者方可成大业。同时，还得从做好小事、管好小节开始起步，"见善则迁，有过则改"〔35〕，踏踏实实修好公德、私德，学会劳动、学会勤俭，学会感恩、学会助人，学会谦让、学会宽容，学会自省、学会自律。

三是要明辨，善于明辨是非，善于决断选择。"学而不思则罔，思而不学则殆。"〔36〕是非明，方向清，路子正，人们付出的辛劳才能结出果实。面对世界的深刻复杂变化，面对信息时代各种思潮的相互激荡，面对纷繁多变、鱼龙混杂、泥沙俱下的社会现象，面对学业、情感、职业选择等多方面的考量，一时有些疑惑、彷徨、失落，是正常的人生经历。关键是要学会思考、善于分析、正确抉择，做到稳重自持、从容自信、坚定自励。要树立正确的世界观、人生观、价值观，掌握了这把总钥匙，再来看看社会万象、人生历程，一切是非、正误、主次，一切真假、善恶、美丑，自然就洞若观火、清澈明了，自然就能作出正确判断、作出正确选择。正所谓"千淘万漉虽辛苦，吹尽狂沙始到金"〔37〕。

四是要笃实，扎扎实实干事，踏踏实实做人。道不可坐论，德不能空谈。于实处用力，从知行合一上下功夫，核心价值观才能内化为人们的精神追求，外化为人们的自觉行动。《礼记》〔38〕中说："博学之，审问之，慎思之，明辨之，笃行之。"〔39〕

有人说："圣人是肯做工夫的庸人，庸人是不肯做工夫的圣人。"青年有着大好机遇，关键是要迈稳步子、夯实根基、久久为功。心浮气躁，朝三暮四，学一门丢一门，干一行弃一行，无论为学还是创业，都是最忌讳的。"天下难事，必作于易；天下大事，必作于细。"[40] 成功的背后，永远是艰辛努力。青年要把艰苦环境作为磨炼自己的机遇，把小事当作大事干，一步一个脚印往前走。滴水可以穿石。只要坚韧不拔、百折不挠，成功就一定在前方等你。

核心价值观的养成绝非一日之功，要坚持由易到难、由近及远，努力把核心价值观的要求变成日常的行为准则，进而形成自觉奉行的信念理念。不要顺利的时候，看山是山、看水是水，一遇挫折，就怀疑动摇，看山不是山、看水不是水了。无论什么时候，我们都要坚守在中国大地上形成和发展起来的社会主义核心价值观，在时代大潮中建功立业，成就自己的宝贵人生。

同学们、老师们！

党中央作出了建设世界一流大学的战略决策，我们要朝着这个目标坚定不移前进。办好中国的世界一流大学，必须有中国特色。没有特色，跟在他人后面亦步亦趋，依样画葫芦，是不可能办成功的。这里可以套用一句话，越是民族的越是世界的。世界上不会有第二个哈佛、牛津、斯坦福、麻省理工、剑桥，但会有第一个北大、清华、浙大、复旦、南大等中国著名学府。我们要认真吸收世界上先进的办学治学经验，更要遵循教育规律，扎根中国大地办大学。

鲁迅先生说："北大是常为新的，改进的运动的先锋，要使中国向着好的，往上的道路走。"〔41〕党的十八届三中全会吹响了全面深化改革的号角，也对深化我国高等教育改革提出了明确要求。现在，关键是把蓝图一步步变为现实。全国高等院校要走在教育改革前列，紧紧围绕立德树人的根本任务，加快构建充满活力、富有效率、更加开放、有利于学校科学发展的体制机制，当好教育改革排头兵。我也希望北京大学通过埋头苦干和改革创新，早日实现几代北大人创建世界一流大学的梦想。

教师承担着最庄严、最神圣的使命。梅贻琦〔42〕先生说："所谓大学者，非谓有大楼之谓也，有大师之谓也。"〔43〕我体会，这样的大师，既是学问之师，又是品行之师。教师要时刻铭记教书育人的使命，甘当人梯，甘当铺路石，以人格魅力引导学生心灵，以学术造诣开启学生的智慧之门。

各级党委和政府要高度重视高校工作，始终关心和爱护学生成长，为他们放飞青春梦想、实现人生出彩搭建舞台。要全面深化改革，营造公平公正的社会环境，促进社会流动，不断激发广大青年的活力和创造力。要强化就业创业服务体系建设，支持帮助学生们迈好走向社会的第一步。各级领导干部要经常到学生们中去、同他们交朋友，听取他们的意见和建议。

现在在高校学习的大学生都是 20 岁左右，到 2020 年全面建成小康社会时，很多人还不到 30 岁；到本世纪中叶基本实现现代化时，很多人还不到 60 岁。也就是说，实现"两个一百年"奋斗目标，你们和千千万万青年将全过程参与。有信念、有梦想、有奋斗、有奉献的人生，才是有意义的人生。当代青年建功立业的舞台空前广阔、梦想成真的前景空前光明，希望大家努力在实现中国梦的伟大实践中创造自己的精彩人生。

我相信，当代中国青年一定能够担当起党和人民赋予的历史重任，在激扬青春、开拓人生、奉献社会的进程中书写无愧于时代的壮丽篇章！

注　释

〔1〕为继承和发扬五四运动以来中国青年光荣的革命传统，1939年陕甘宁边区西北青年救国联合会规定5月4日为中国青年节。1949年12月中央人民政府政务院正式宣布5月4日为中国青年节。

〔2〕五四运动，指1919年5月4日在北京爆发的中国人民反对帝国主义、封建主义的爱国运动。当时，第一次世界大战刚刚结束，英、美、法、日、意等战胜国在巴黎召开对德和会，决定由日本继承德国在中国山东的特权。中国是参加对德宣战的战胜国之一，但北洋军阀政府却准备接受这个决定。5月4日，北京学生游行示威，反对帝国主义的这一无理决定和北洋军阀政府的妥协。这次运动迅速地获得了全国人民的响应，到6月3日以后，发展成为有工人阶级、城市小资产阶级和民族资产阶级参加的广大群众性的反帝反封建的爱国运动。五四运动也是反对封建文化的新文化运动。以1915年《青年杂志》（后改名《新青年》）创刊为起点的新文化运动，竖起"民主"和"科学"的旗帜，反对旧道德，提倡新道德，反对旧文学，提倡新文学。五四运动是中国旧民主主义革命的结束和新民主主义革命的开端，中国革命从此进入了一个新的历史时期。

〔3〕见李大钊《青春》。李大钊（1889—1927），生于河北乐亭。中国接受和传播马克思主义的先驱，中国共产党主要创建者之一。

〔4〕参见本文注〔2〕。

〔5〕见本卷《在实现中国梦的生动实践中放飞青春梦想》注〔2〕。

〔6〕见《礼记·大学》。

〔7〕见《管子·牧民》。

〔8〕见《尚书·五子之歌》。

〔9〕中国古代哲学观点。源于西周的天命论，认为天与人有着紧密的联系。

〔10〕见《论语·子路》。

〔11〕见《周易·乾》。《周易》，中国儒家经典之一。《周易》通过八卦形式（象征天、地、雷、风、水、火、山、泽八种自然现象），推测自然和社会的变化，认为阴阳两种势力的相互作用是产生万物的根源，提出"刚柔相推，变在其中矣"等富有朴素辩证法的观点。

〔12〕见《礼记·礼运》。

〔13〕参见顾炎武《日知录·正始》。原文是："保天下者，匹夫之贱与有责焉耳矣。"顾炎武（1613—1682），江苏昆山人。明末清初思想家、史学家。

〔14〕见《论语·里仁》。

〔15〕见《论语·述而》。

〔16〕见《论语·卫灵公》。

〔17〕见《论语·子路》。

〔18〕见《论语·为政》。

〔19〕见《论语·里仁》。

〔20〕见《孟子·离娄下》。《孟子》，中国儒家经典之一，是战国时期孟子的言论汇编，为孟子与其弟子共同编纂而成。同《大学》、《中庸》、《论语》合称为"四书"。

〔21〕见《孟子·公孙丑上》。

〔22〕见《论语·颜渊》。

〔23〕见《孟子·滕文公上》。

〔24〕见《孟子·梁惠王上》。

〔25〕见本卷《切实把思想统一到党的十八届三中全会精神上来》注〔4〕。

〔26〕见本卷《毫不动摇坚持和发展中国特色社会主义》注〔2〕。

〔27〕见刘昼《刘子·崇学》。刘昼（514—565），渤海阜城（今河北阜城东）人。北齐文学家。

〔28〕见诸葛亮《诫子书》。诸葛亮（181—234），字孔明，琅邪阳都（今山东沂南南）人。三国时期蜀国大臣、政治家。

〔29〕鲁迅（1881—1936），浙江绍兴人。中国文学家、思想家、革命家，中国现代文学的奠基人。

〔30〕见《鲁迅全集编校后记》（《鲁迅全集》第20卷，人民文学出版社1973年版，第663页）。

〔31〕见毛泽东《沁园春·长沙》（《毛泽东诗词集》，中央文献出版社2003年版，第6页）。

〔32〕见《礼记·大学》。

〔33〕蔡元培（1868—1940），浙江绍兴人。中国民主革命家、教育家、科学家。曾任国立北京大学校长。

〔34〕见蔡元培《在爱国女学校之演说》（《蔡元培全集》第3卷，中华书局1984年版，第8页）。

〔35〕见《周易·益》。

〔36〕见《论语·为政》。

〔37〕见刘禹锡《浪淘沙九首（其八）》。刘禹锡（772—842），洛阳（今河南洛阳）人。唐代文学家、哲学家。

〔38〕《礼记》，中国儒家经典之一，是研究中国古代社会情况、典章制度和儒家思想的重要著作，阐述的思想包括社会、政治、伦理、哲学、宗教等方面的内容。

〔39〕见《礼记·中庸》。《中庸》，中国儒家经典之一。原为《礼记》的一篇，宋代把它从《礼记》中独立出来，同《大学》、《论语》、《孟子》合称为"四书"。

〔40〕见《老子》第六十三章。《老子》是中国古代重要哲学著作，提出的"道法自然"包含朴素辩证法思想，提倡"无为而治"。

〔41〕见鲁迅《我观北大》（《鲁迅全集》第3卷，人民文学出版社1973

年版，第 155 页)。

〔**42**〕梅贻琦（1889—1962），祖籍江苏武进，生于天津，卒于台湾。曾任国立清华大学校长。

〔**43**〕这是梅贻琦在 1931 年 12 月 2 日就职国立清华大学校长演讲中提出的办学理念。

从小积极培育和践行
社会主义核心价值观 *

（2014 年 5 月 30 日）

同学们，老师们，同志们：

大家好！在"六一"国际儿童节前夕，我们来到海淀区民族小学，参加主题队日入队仪式，观看少先队员们开展活动，感到很高兴。再过两天，就是"六一"国际儿童节了。在这里，我首先向你们、向全国各族少年儿童祝贺节日，祝大家节日快乐！

海淀区民族小学注重树德育人，组织开展了很多活动，取得了积极成效。刚才，听了几位同学和老师、家长的发言，很有收获。大家都谈到要加强德育工作，引导少年儿童从小就培育和践行社会主义核心价值观。这很好，我们想到一块儿了。我今天来，也想同大家谈谈这个问题。

一个民族的文明进步，一个国家的发展壮大，需要一代又一代人接力努力，需要很多力量来推动，核心价值观是其中最持久最深沉的力量。中华民族有着 5000 多年的悠久历史和灿

＊ 这是习近平在北京市海淀区民族小学主持召开座谈会时的讲话。

烂文化，而且中华文明从远古一直延续发展到今天。为什么中华民族能够在几千年的历史长河中顽强生存和不断发展呢？很重要的一个原因，是我们民族有一脉相承的精神追求、精神特质、精神脉络。今天我们使用的汉字同甲骨文没有根本区别，老子[1]、孔子[2]、孟子[3]、庄子[4]等先哲归纳的一些观念也一直延续到现在。这种几千年连贯发展至今的文明，在世界各民族中是不多见的。

今天，中华民族要继续前进，就必须根据时代条件，继承和弘扬我们的民族精神、我们民族的优秀文化，特别是包含其中的传统美德。

我们倡导的富强、民主、文明、和谐，自由、平等、公正、法治，爱国、敬业、诚信、友善的社会主义核心价值观，体现了古圣先贤的思想，体现了仁人志士的夙愿，体现了革命先烈的理想，也寄托着各族人民对美好生活的向往。只要是中国人，就应该自觉培育和践行社会主义核心价值观。

这一段，我集中强调了培育和践行社会主义核心价值观问题。今年2月，中央政治局专门就培育和弘扬社会主义核心价值观进行了集体学习，我作了讲话，对全社会提了要求。"五四"青年节，我到北京大学去，对大学生讲了这个问题。最近，又到上海去，对领导干部讲了这个问题。今天，想对小学生讲讲这个问题。因为，任何一个思想观念，要在全社会树立起来并长期发挥作用，就要从少年儿童抓起。

少年儿童是祖国的未来，是中华民族的希望。这就是《少年中国说》[5]中所说的：少年智则国智，少年富则国富，少年强则国强，少年进步则国进步。新陈代谢是不可抗拒的历史规律,未来总是由今天的少年儿童开创的。去年"六一"时我说过,每个人都是从孩子长大的。实现我们的梦想,靠我们这一代,更靠下一代。少年儿童的心灵都是敏感的,准备接受一切美好的东西。"自古英雄出少年。"为了中华民族的今天和明天,我们要教育引导广大少年儿童树立远大志向、培育美好心灵,让少年儿童成长得更好。

少年儿童如何培育和践行社会主义核心价值观呢?应该同成年人不一样,要适应少年儿童的年龄和特点。我看,主要是要做到记住要求、心有榜样、从小做起、接受帮助。

——记住要求,就是要把社会主义核心价值观的基本内容熟记熟背,让它们融化在心灵里、铭刻在脑子中。由于大家还在学习阶段,社会阅历不多,对社会主义核心价值观的涵义不一定能理解得很深,但只要牢记在心,随着自己年龄、知识、阅历不断增长,会明白得更多、更深、更透。在成长过程中,要结合学习和生活等实践,不断想想所记住的这些要求,不断加深理解。古往今来,大凡很有作为的人,都是在少年时代就能够严格要求自己。

——心有榜样,就是要学习英雄人物、先进人物、美好事物,在学习中养成好的思想品德追求。我国历史上有很多少年英雄的故事,在中国共产党领导人民进行的革命、建设、改革事业中也涌现了大批少年英雄,他们中不少人的名字同学们可能都听说过。过去电影《红孩子》、《小兵张嘎》、《鸡毛信》、《英雄小八路》、《草原英雄小姐妹》等说的就是一些少年英雄的故事。今天,好儿童、好少年就更多了。你们学校也有被评为"最美少年"的。另外,各行各业都有很多值得我们学习的榜样,包括航天英雄、奥运冠军、大科学家、劳动模范、青年志愿者，还有那些助人为乐、见义勇为、诚实守信、敬业奉献、孝老爱亲的好人，等等。榜样的力量是无穷的。大家要把他们立为心中的标杆，向他们看齐，像他们那样追求美好的思想品德。这就是孔子讲的："见贤思齐焉，见不贤而内自省也。"[6]

——从小做起，就是要从自己做起、从身边做起、从小事做起，一点一滴积累，养成好思想、好品德。"少壮不努力，老大徒伤悲。"[7] 千里之行，始于足下。每个人的生活都是由一件件小事组成的，养小德才能成大德。少年儿童不可能像大人那样为社会做很多事，但可以从小做起，每天都可以想一想，对祖国热爱吗？对集体热爱吗？学习努力吗？对同学们关心吗？对老师尊敬吗？在家孝敬父母吗？在社会上遵守社会公德吗？对好人好事有敬佩感吗？对坏人坏事有义愤感吗？这样多想一想，就会促使自己多做一做，日积月累，自己身上的好思想、好品德就会越来越多了。听说有的同学喜欢比吃穿，比有没有车接车送，比爸爸妈妈是干什么工作的，这样就比偏了。一定不能比这些。"自古雄才多磨难，从来纨绔少伟男"、"少年辛苦终身事，莫向光阴惰寸功"[8]。要比就比谁更有志气、谁更勤奋学习、谁更热爱劳动、谁更爱锻炼身体、谁更有爱心。

——接受帮助，就是要听得进意见，受得了批评，在知错就改、越改越好的氛围中健康成长。一个人不可能十全十美，总是在克服缺点、纠正错误的过程中进步的，正所谓"玉不琢，不成器；人不学，不知义"[9]。少年儿童正在形成世界观、人生观、价值观的过程中，需要得到帮助。不要嫌父母说得多，不要嫌老师管得严，不要嫌同学们管得宽，首先要想想说得管得对不对、是不是为自己好，对了就要听。有些事没有做好，这不要紧，只要自己意识到、愿意改就是进步。自己没有意识到，父母、老师、同学指出来了，使自己意识到、愿意改也是进步。良药苦口利于病，忠言逆耳利于行。我们要养成严格要求自己、虚心接受批评帮助的习惯。只要从小就沿着正确道路走，学到一点，就实践一点，努力做最好的我、在自己最好的方面，人生就会迎来一路阳光。

让社会主义核心价值观在少年儿童中培育起来，家庭、学校、少先队[10]组织和全社会都有责任。

家庭是孩子的第一个课堂，父母是孩子的第一个老师。家长要时时处处给孩子做榜样，用正确行动、正确思想、正确方法教育引导孩子。要善于从点滴小事中教会孩子欣赏真善美、远离假丑恶。要注意观察孩子的思想动态和行为变化，随时做好教育引导工作。

学校要把德育放在更加重要的位置，全面加强校风、师德建设，坚持教书育人，根据少年儿童特点和成长规律，循循善诱，春风化雨，努力做到每一堂课不仅传播知识、而且传授美德，每一次活动不仅健康身心、而且陶冶性情，让同学们都得到倾心关爱和真诚帮助，让社会主义核心价值观的种子在学生们心中生根发芽。

少先队要坚持开展组织教育、自主教育、实践活动，更好为少年儿童培育和践行社会主义核心价值观服务，把广大少年儿童团结好、教育好、带领好。全社会都要了解少年儿童、尊重少年儿童、关心少年儿童、服务少年儿童，为少年儿童提供良好社会环境。对损害少年儿童权益、破坏少年儿童身心健康的言行，要坚决防止和依法打击。

长江后浪推前浪。我相信，今天这一代少年儿童一定能立志向、有梦想，爱学习、爱劳动、爱祖国，从小自觉培育和践行社会主义核心价值观，在星星火炬[11]的照耀下，在党的阳光的沐浴下，为实现中华民族伟大复兴的中国梦时刻准备着。

注　释

〔1〕老子（生卒年不详），相传即老聃，姓李名耳，苦县（今河南鹿邑东）人。春秋时期思想家，道家创始人。他提出"道法自然"、"有无相生"、"无为而治"等观点，具有丰富的朴素辩证法思想。相传著有《老子》。

〔2〕孔子（前551—前479），名丘，字仲尼，鲁国陬邑（今山东曲阜）人。春秋末期思想家、教育家、政治家，儒家创始人。他以"仁"为核心，创造性地建构了一个富于哲学智慧的思想体系。他致力于教育事业，整理《诗》、《书》等古代典籍，删修《春秋》。孔子的思想学说主要汇集在《论语》中。自汉代以后，孔子学说成为2000余年中国传统文化的主流，封建统治者把孔子奉为"圣人"。

〔3〕孟子（约前372—前289），名轲，字子舆，邹（今山东邹城东南）人。战国中期哲学家、思想家、教育家。他主张"天人合一"，提出人性本善的理论，将道德规范概括为仁、义、礼、智四德。继承和发展了孔子的"仁"和德治思想，提出"民贵君轻"。孟子捍卫儒家的思想原则，被推崇为儒家道统的传道人，称为"亚圣"。著作有《孟子》。

〔4〕庄子（前369—前286），宋国蒙（今河南商丘东北）人。战国时期哲学家，道家学派的代表人物。他继承老子天道自然的思想，认为道是世界的最高本原。庄子哲学的目的在于达到"天地与我并生，而万物与我为一"的境界。

〔5〕《少年中国说》，是梁启超撰写的一篇文章。梁启超（1873—1929），

广东新会人。中国近代思想家、学者，戊戌维新运动领袖之一。

〔6〕见《论语·里仁》。

〔7〕见《乐府诗集·长歌行》。《乐府诗集》是上古至五代乐章与歌谣总集。宋代郭茂倩编。

〔8〕见杜荀鹤《题弟侄书堂》。杜荀鹤（846—904），池州石埭（今安徽石台）人。唐代诗人。

〔9〕见《三字经》。《三字经》是中国古代的蒙学课本。相传为宋代王应麟所编（一说宋末区适子所撰），经明、清陆续补充。内容侧重道德教育，三言韵语，便于记诵。

〔10〕少先队，即中国少年先锋队，是中国共产党委托中国共产主义青年团建立和领导的全国统一的少年儿童群众组织。1949 年 10 月 13 日，团中央决定建立全国统一的中国少年儿童队。1953 年 8 月 21 日，改名为中国少年先锋队。

〔11〕中国少年先锋队队旗为五角星加火炬的红旗，五角星代表中国共产党的领导，火炬象征光明，红旗象征革命胜利。

七、推进社会事业
和社会管理改革发展

推动贫困地区
脱贫致富、加快发展 *

（2012 年 12 月 29 日、30 日）

消除贫困、改善民生、实现共同富裕，是社会主义的本质要求。对困难群众，我们要格外关注、格外关爱、格外关心，千方百计帮助他们排忧解难，把群众的安危冷暖时刻放在心上，把党和政府的温暖送到千家万户。

革命老区和老区人民为中国革命胜利作出了重要贡献，党和人民永远不会忘记。改革开放 30 多年来，我国人民生活水平总体上发生很大变化。同时，由于我国还处在社会主义初级阶段，还有为数不少的困难群众。全面建成小康社会，最艰巨最繁重的任务在农村、特别是在贫困地区。没有农村的小康，特别是没有贫困地区的小康，就没有全面建成小康社会。中央对扶贫开发工作高度重视。各级党委和政府要增强做好扶贫开发工作的责任感和使命感，做到有计划、有资金、有目标、有措施、有检查，大家一起来努力，让乡亲们都能快点脱贫致富奔小康。

---

* 这是习近平在河北省阜平县考察扶贫开发工作时的讲话要点。

只要有信心，黄土变成金。各级党委和政府要把帮助困难群众特别是革命老区、贫困地区的困难群众脱贫致富摆在更加突出位置，因地制宜、科学规划、分类指导、因势利导，各项扶持政策要进一步向革命老区、贫困地区倾斜，进一步坚定信心、找对路子，坚持苦干实干，推动贫困地区脱贫致富、加快发展。各级领导干部要心里装着困难群众，多做雪中送炭的工作，满腔热情为困难群众办事。

农村要发展，农民要致富，关键靠支部。农村基层的同志，工作在第一线，条件也不好，一年到头操劳得很，很辛苦，很不容易，我向你们表示诚挚的慰问。要原原本本把党的政策落实好，大家拧成一股绳，心往一处想，劲往一处使，汗往一处流，一定要想方设法尽快让乡亲们过上好日子。

让十三亿人民享有
更好更公平的教育 *

（2013 年 9 月 25 日）

百年大计，教育为本。教育是人类传承文明和知识、培养年轻一代、创造美好生活的根本途径。

中国将继续响应联合国的倡议。中国有 2.6 亿名在校学生和 1500 万名教师，发展教育任务繁重。中国将坚定实施科教兴国战略，始终把教育摆在优先发展的战略位置，不断扩大投入，努力发展全民教育、终身教育，建设学习型社会，努力让每个孩子享有受教育的机会，努力让 13 亿人民享有更好更公平的教育，获得发展自身、奉献社会、造福人民的能力。中国将加强同世界各国的教育交流，扩大教育对外开放，积极支持发展中国家教育事业发展，同各国人民一道努力，推动人类迈向更加美好的明天。

＊ 这是习近平在联合国"教育第一"全球倡议行动一周年纪念活动上发表的视频贺词要点。

加快推进
住房保障和供应体系建设[*]

（2013 年 10 月 29 日）

加快推进住房保障和供应体系建设，是满足群众基本住房需求、实现全体人民住有所居目标的重要任务，是促进社会公平正义、保证人民群众共享改革发展成果的必然要求。各级党委和政府要加强组织领导，落实各项目标任务和政策措施，努力把住房保障和供应体系建设办成一项经得起实践、人民、历史检验的德政工程。

住房问题既是民生问题也是发展问题，关系千家万户切身利益，关系人民安居乐业，关系经济社会发展全局，关系社会和谐稳定。党和国家历来高度重视群众住房问题。经过长期努力，我国住房发展取得巨大成就。同时，我们也要看到，解决群众住房问题是一项长期任务，还存在着住房困难家庭的基本需求尚未根本解决、保障性住房总体不足、住房资源配置不合理不平衡等问题。人民群众对实现住有所居充满期待，我们必须下更大决心、花更大气力解决好住房发展中存在的各种问题。

---

　　* 这是习近平在主持十八届中央政治局第十次集体学习时的讲话要点。

加快推进住房保障和供应体系建设，要处理好政府提供公共服务和市场化的关系、住房发展的经济功能和社会功能的关系、需要和可能的关系、住房保障和防止福利陷阱的关系。只有坚持市场化改革方向，才能充分激发市场活力，满足多层次住房需求。同时，总有一部分群众由于劳动技能不适应、就业不充分、收入水平低等原因而面临住房困难，政府必须"补好位"，为困难群众提供基本住房保障。

从我国国情看，总的方向是构建以政府为主提供基本保障、以市场为主满足多层次需求的住房供应体系。要总结我国住房改革发展经验，借鉴其他国家解决住房问题的有益做法，深入研究住房建设的规律性问题，加强顶层设计，加快建立统一、规范、成熟、稳定的住房供应体系。要千方百计增加住房供应，同时要把调节人民群众住房需求放在重要位置，建立健全经济、适用、环保、节约资源、安全的住房标准体系，倡导符合国情的住房消费模式。

"十二五"规划[1]提出，建设城镇保障性住房和棚户区改造住房 3600 万套（户），到 2015 年全国保障性住房覆盖面达到 20% 左右，这是政府对人民作出的承诺，要全力完成。要重点发展公共租赁住房，加快建设廉租住房，加快实施各类棚户区改造。在推进这项工作的过程中，要注意尽力而为和量力而行相结合，努力满足基本住房需求。住房是群众安身立命之所，质量安全至关重要。要优化保障性住房规划布局、设施配套和户型设计，抓好工程质量。

要完善住房支持政策，注重发挥政策的扶持、导向、带动作用，调动各方面积极性和主动性。要完善土地政策，坚持民生优先，科学编制土地供应计划，增加住房用地供应总量，优先安排保障性住房用地。要完善财政政策，适当加大财政性资金对保障性住房建设投入力度。要综合运用政策措施，吸引企业和其他机构参与公共租赁住房建设和运营。要积极探索建立非营利机构参与保障性住房建设和运营管理的体制机制，形成各方面共同参与的局面。

保障性住房建设是一件利国利民的大好事，但要把这件好事办好、真正使需要帮助的住房困难群众受益，就必须加强管理，在准入、使用、退出等方面建立规范机制，实现公共资源公平善用。要坚持公平分配，使该保障的群众真正受益。要对非法占有保障性住房行为进行有效治理，同时要从制度上堵塞漏洞、加以防范。对非法占有保障性住房的，要依法依规惩处。

注　释

〔1〕"十二五"规划，指《中华人民共和国国民经济和社会发展第十二个五年规划纲要》。

始终把人民群众生命安全
放在第一位 *

（2013 年 11 月 24 日）

这次事故再一次给我们敲响了警钟，安全生产必须警钟长鸣、常抓不懈，丝毫放松不得，否则就会给国家和人民带来不可挽回的损失。必须建立健全安全生产责任体系，强化企业主体责任，深化安全生产大检查，认真吸取教训，注重举一反三，全面加强安全生产工作。

这次事故给人民群众生命财产造成严重损失，令人痛心。目前，经过国务院有关部门、山东省委和省政府、青岛市委和市政府以及有关方面共同努力，事故处理工作取得初步成效。下一步，要尽全力救治受伤人员，妥善安排遇难者后事，安慰好家属，安置好群众生活。对这次事故要抓紧调查处理，依法追究相关人员责任。

各级党委和政府、各级领导干部要牢固树立安全发展理念，始终把人民群众生命安全放在第一位。各地区各部门、各类企业都要坚持安全生产高标准、严要求，招商引资、上项目要严

---

　*　这是习近平在青岛黄岛经济开发区考察输油管线泄漏引发爆燃事故抢险工作时的讲话要点。

把安全生产关，加大安全生产指标考核权重，实行安全生产和重大安全生产事故风险"一票否决"。责任重于泰山。要抓紧建立健全安全生产责任体系，党政一把手必须亲力亲为、亲自动手抓。要把安全责任落实到岗位、落实到人头，坚持管行业必须管安全、管业务必须管安全，加强督促检查、严格考核奖惩，全面推进安全生产工作。

所有企业都必须认真履行安全生产主体责任，做到安全投入到位、安全培训到位、基础管理到位、应急救援到位，确保安全生产。中央企业要带好头做表率。各级政府要落实属地管理责任，依法依规，严管严抓。

安全生产，要坚持防患于未然。要继续开展安全生产大检查，做到"全覆盖、零容忍、严执法、重实效"。要采用不发通知、不打招呼、不听汇报、不用陪同和接待，直奔基层、直插现场，暗查暗访，特别是要深查地下油气管网这样的隐蔽致灾隐患。要加大隐患整改治理力度，建立安全生产检查工作责任制，实行谁检查、谁签字、谁负责，做到不打折扣、不留死角、不走过场，务必见到成效。

要做到"一厂出事故、万厂受教育，一地有隐患、全国受警示"。各地区和各行业领域要深刻吸取安全事故带来的教训，强化安全责任，改进安全监管，落实防范措施。

冬季已经来临，岁末年初历来是事故高发期。希望大家以对党和人民高度负责的态度，牢牢绷紧安全生产这根弦，把工作抓实抓细抓好，坚决遏制重特大事故，促进全国安全生产形势持续稳定好转。

努力把我国建设成为网络强国[*]

（2014 年 2 月 27 日）

网络安全和信息化是事关国家安全和国家发展、事关广大人民群众工作生活的重大战略问题，要从国际国内大势出发，总体布局，统筹各方，创新发展，努力把我国建设成为网络强国。

当今世界，信息技术革命日新月异，对国际政治、经济、文化、社会、军事等领域发展产生了深刻影响。信息化和经济全球化相互促进，互联网已经融入社会生活方方面面，深刻改变了人们的生产和生活方式。我国正处在这个大潮之中，受到的影响越来越深。我国互联网和信息化工作取得了显著发展成就，网络走入千家万户，网民数量世界第一，我国已成为网络大国。同时也要看到，我们在自主创新方面还相对落后，区域和城乡差异比较明显，特别是人均带宽与国际先进水平差距较大，国内互联网发展瓶颈仍然较为突出。

网络安全和信息化对一个国家很多领域都是牵一发而动全身的，要认清我们面临的形势和任务，充分认识做好工作的重要性和紧迫性，因势而谋，应势而动，顺势而为。网络安全和信息化是一体之两翼、驱动之双轮，必须统一谋划、统一部署、

＊ 这是习近平在中央网络安全和信息化领导小组第一次会议上的讲话要点。

统一推进、统一实施。做好网络安全和信息化工作，要处理好安全和发展的关系，做到协调一致、齐头并进，以安全保发展、以发展促安全，努力建久安之势、成长治之业。

做好网上舆论工作是一项长期任务，要创新改进网上宣传，运用网络传播规律，弘扬主旋律，激发正能量，大力培育和践行社会主义核心价值观，把握好网上舆论引导的时、度、效，使网络空间清朗起来。

网络信息是跨国界流动的，信息流引领技术流、资金流、人才流，信息资源日益成为重要生产要素和社会财富，信息掌握的多寡成为国家软实力和竞争力的重要标志。信息技术和产业发展程度决定着信息化发展水平，要加强核心技术自主创新和基础设施建设，提升信息采集、处理、传播、利用、安全能力，更好惠及民生。

没有网络安全就没有国家安全，没有信息化就没有现代化。建设网络强国，要有自己的技术，有过硬的技术；要有丰富全面的信息服务，繁荣发展的网络文化；要有良好的信息基础设施，形成实力雄厚的信息经济；要有高素质的网络安全和信息化人才队伍；要积极开展双边、多边的互联网国际交流合作。建设网络强国的战略部署要与"两个一百年"奋斗目标同步推进，向着网络基础设施基本普及、自主创新能力显著增强、信息经济全面发展、网络安全保障有力的目标不断前进。

要制定全面的信息技术、网络技术研究发展战略，下大气力解决科研成果转化问题。要出台支持企业发展的政策，让他们成为技术创新主体，成为信息产业发展主体。要抓紧制定立法规划，完善互联网信息内容管理、关键信息基础设施保护等法律法规，依法治理网络空间，维护公民合法权益。

建设网络强国，要把人才资源汇聚起来，建设一支政治强、业务精、作风好的强大队伍。"千军易得，一将难求"[1]，要培养造就世界水平的科学家、网络科技领军人才、卓越工程师、高水平创新团队。

中央网络安全和信息化领导小组要发挥集中统一领导作用，统筹协调各个领域的网络安全和信息化重大问题，制定实施国家网络安全和信息化发展战略、宏观规划和重大政策，不断增强安全保障能力。

注　　释

〔1〕见马致远《汉宫秋》。马致远（约1250—约1324），大都（今北京）人。元代戏曲作家。

坚持总体国家安全观，
走中国特色国家安全道路 *

（2014 年 4 月 15 日）

要准确把握国家安全形势变化新特点新趋势，坚持总体国家安全观，走出一条中国特色国家安全道路。

增强忧患意识，做到居安思危，是我们治党治国必须始终坚持的一个重大原则。我们党要巩固执政地位，要团结带领人民坚持和发展中国特色社会主义，保证国家安全是头等大事。

党的十八届三中全会决定成立国家安全委员会，是推进国家治理体系和治理能力现代化、实现国家长治久安的迫切要求，是全面建成小康社会、实现中华民族伟大复兴中国梦的重要保障，目的就是更好适应我国国家安全面临的新形势新任务，建立集中统一、高效权威的国家安全体制，加强对国家安全工作的领导。

当前我国国家安全内涵和外延比历史上任何时候都要丰富，时空领域比历史上任何时候都要宽广，内外因素比历史上任何时候都要复杂，必须坚持总体国家安全观，以人民安全为

---

* 这是习近平在中央国家安全委员会第一次会议上的讲话要点。

宗旨，以政治安全为根本，以经济安全为基础，以军事、文化、社会安全为保障，以促进国际安全为依托，走出一条中国特色国家安全道路。贯彻落实总体国家安全观，必须既重视外部安全，又重视内部安全，对内求发展、求变革、求稳定、建设平安中国，对外求和平、求合作、求共赢、建设和谐世界；既重视国土安全，又重视国民安全，坚持以民为本、以人为本，坚持国家安全一切为了人民、一切依靠人民，真正夯实国家安全的群众基础；既重视传统安全，又重视非传统安全，构建集政治安全、国土安全、军事安全、经济安全、文化安全、社会安全、科技安全、信息安全、生态安全、资源安全、核安全等于一体的国家安全体系；既重视发展问题，又重视安全问题，发展是安全的基础，安全是发展的条件，富国才能强兵，强兵才能卫国；既重视自身安全，又重视共同安全，打造命运共同体，推动各方朝着互利互惠、共同安全的目标相向而行。

中央国家安全委员会要遵循集中统一、科学谋划、统分结合、协调行动、精干高效的原则，聚焦重点，抓纲带目，紧紧围绕国家安全工作的统一部署狠抓落实。

切实维护国家安全和社会安定[*]

（2014 年 4 月 25 日）

面对新形势新挑战，维护国家安全和社会安定，对全面深化改革、实现"两个一百年"奋斗目标、实现中华民族伟大复兴的中国梦都十分紧要。各地区各部门要各司其职、各负其责，密切配合、通力合作，勇于负责、敢于担当，形成维护国家安全和社会安定的强大合力。

改革开放以来，我们党始终高度重视正确处理改革发展稳定关系，始终把维护国家安全和社会安定作为党和国家的一项基础性工作。我们保持了我国社会大局稳定，为改革开放和社会主义现代化建设营造了良好环境。"安而不忘危，存而不忘亡，治而不忘乱。"[1] 同时，必须清醒地看到，新形势下我国国家安全和社会安定面临的威胁和挑战增多，特别是各种威胁和挑战联动效应明显。我们必须保持清醒头脑、强化底线思维，有效防范、管理、处理国家安全风险，有力应对、处置、化解社会安定挑战。

各地区各部门要贯彻总体国家安全观，准确把握我国国家安全形势变化新特点新趋势，坚持既重视外部安全又重视内部

＊ 这是习近平在主持十八届中央政治局第十四次集体学习时的讲话要点。

安全、既重视国土安全又重视国民安全、既重视传统安全又重视非传统安全、既重视发展问题又重视安全问题、既重视自身安全又重视共同安全，切实做好国家安全各项工作。要加强对人民群众的国家安全教育，提高全民国家安全意识。

反恐怖斗争事关国家安全，事关人民群众切身利益，事关改革发展稳定全局，是一场维护祖国统一、社会安定、人民幸福的斗争，必须采取坚决果断措施，保持严打高压态势，坚决把暴力恐怖分子嚣张气焰打下去。要建立健全反恐工作格局，完善反恐工作体系，加强反恐力量建设。要坚持专群结合、依靠群众，深入开展各种形式的群防群治活动，筑起铜墙铁壁，使暴力恐怖分子成为"过街老鼠、人人喊打"。要发挥爱国宗教人士作用，加强对信教群众的正面引导，既满足他们正常宗教需求，又有效抵御宗教极端思想的渗透。

暴力恐怖活动漠视基本人权、践踏人道正义，挑战的是人类文明共同的底线，既不是民族问题，也不是宗教问题，而是各族人民的共同敌人。我们要坚定不移相信和依靠各族干部群众，团结他们一道维护民族团结和社会稳定。

要加强新形势下反分裂斗争，高举各民族大团结的旗帜，坚持各民族共同团结奋斗、共同繁荣发展的主题，深入开展民族团结宣传教育，打牢民族团结的思想基础，最大限度团结各族群众。要加强基层组织和基层政权建设，多做深入细致的群众工作。要正确把握党的民族、宗教政策，及时妥善解决影响民族团结的矛盾纠纷，坚决遏制和打击境内外敌对势力利用民族问题进行的分裂、渗透、破坏活动。

维护国家安全，必须做好维护社会和谐稳定工作，做好预防化解社会矛盾工作，从制度、机制、政策、工作上积极推动社会矛盾预防化解工作。要增强发展的全面性、协调性、可持续性，加强保障和改善民生工作，从源头上预防和减少社会矛盾的产生。要以促进社会公平正义、增进人民福祉为出发点和落脚点，加大协调各方面利益关系的力度，推动发展成果更多更公平惠及全体人民。要完善和落实维护群众合法权益的体制机制，完善和落实社会稳定风险评估机制，预防和减少利益冲突。要全面推进依法治国，更好维护人民群众合法权益。对各类社会矛盾，要引导群众通过法律程序、运用法律手段解决，推动形成办事依法、遇事找法、解决问题用法、化解矛盾靠法的良好环境。

注　　释

〔1〕见《周易·系辞下》。

八、建设生态文明

为建设美丽中国
创造更好生态条件 *

（2013 年 4 月 2 日）

要加强宣传教育、创新活动形式，引导广大人民群众积极参加义务植树，不断提高义务植树尽责率，依法严格保护森林，增强义务植树效果，把义务植树深入持久开展下去，为全面建成小康社会、实现中华民族伟大复兴的中国梦不断创造更好的生态条件。

全民义务植树开展 30 多年来，促进了我国森林资源恢复发展，增强了全民爱绿植绿护绿意识。同时，我们必须清醒地看到，我国总体上仍然是一个缺林少绿、生态脆弱的国家，植树造林，改善生态，任重而道远。

森林是陆地生态系统的主体和重要资源，是人类生存发展的重要生态保障。不可想象，没有森林，地球和人类会是什么样子。全社会都要按照党的十八大提出的建设美丽中国的要求，切实增强生态意识，切实加强生态环境保护，把我国建设成为生态环境良好的国家。

---

* 这是习近平在参加首都义务植树活动时的谈话要点。

努力走向
社会主义生态文明新时代 *

（2013年5月24日）

生态环境保护是功在当代、利在千秋的事业。要清醒认识保护生态环境、治理环境污染的紧迫性和艰巨性，清醒认识加强生态文明建设的重要性和必要性，以对人民群众、对子孙后代高度负责的态度和责任，真正下决心把环境污染治理好、把生态环境建设好，努力走向社会主义生态文明新时代，为人民创造良好生产生活环境。

建设生态文明，关系人民福祉，关乎民族未来。党的十八大把生态文明建设纳入中国特色社会主义事业五位一体总体布局，明确提出大力推进生态文明建设，努力建设美丽中国，实现中华民族永续发展。这标志着我们对中国特色社会主义规律认识的进一步深化，表明了我们加强生态文明建设的坚定意志和坚强决心。

推进生态文明建设，必须全面贯彻落实党的十八大精神，以邓小平理论、"三个代表"重要思想、科学发展观为指导，树

<hr />

* 这是习近平在主持十八届中央政治局第六次集体学习时的讲话要点。

立尊重自然、顺应自然、保护自然的生态文明理念，坚持节约资源和保护环境的基本国策，坚持节约优先、保护优先、自然恢复为主的方针，着力树立生态观念、完善生态制度、维护生态安全、优化生态环境，形成节约资源和保护环境的空间格局、产业结构、生产方式、生活方式。

要正确处理好经济发展同生态环境保护的关系，牢固树立保护生态环境就是保护生产力、改善生态环境就是发展生产力的理念，更加自觉地推动绿色发展、循环发展、低碳发展，决不以牺牲环境为代价去换取一时的经济增长。

国土是生态文明建设的空间载体。要按照人口资源环境相均衡、经济社会生态效益相统一的原则，整体谋划国土空间开发，科学布局生产空间、生活空间、生态空间，给自然留下更多修复空间。要坚定不移加快实施主体功能区战略，严格按照优化开发、重点开发、限制开发、禁止开发的主体功能定位，划定并严守生态红线，构建科学合理的城镇化推进格局、农业发展格局、生态安全格局，保障国家和区域生态安全，提高生态服务功能。要牢固树立生态红线的观念。在生态环境保护问题上，就是要不能越雷池一步，否则就应该受到惩罚。

节约资源是保护生态环境的根本之策。要大力节约集约利用资源，推动资源利用方式根本转变，加强全过程节约管理，大幅降低能源、水、土地消耗强度，大力发展循环经济，促进生产、流通、消费过程的减量化、再利用、资源化。

要实施重大生态修复工程，增强生态产品生产能力。良好生态环境是人和社会持续发展的根本基础。人民群众对环境问题高度关注。环境保护和治理要以解决损害群众健康突出环境问题为重点，坚持预防为主、综合治理，强化水、大气、土壤等污染防治，着力推进重点流域和区域水污染防治，着力推进重点行业和重点区域大气污染治理。

只有实行最严格的制度、最严密的法治，才能为生态文明建设提供可靠保障。最重要的是要完善经济社会发展考核评价体系，把资源消耗、环境损害、生态效益等体现生态文明建设状况的指标纳入经济社会发展评价体系，使之成为推进生态文明建设的重要导向和约束。要建立责任追究制度，对那些不顾生态环境盲目决策、造成严重后果的人，必须追究其责任，而且应该终身追究。要加强生态文明宣传教育，增强全民节约意识、环保意识、生态意识，营造爱护生态环境的良好风气。

为子孙后代留下天蓝、
地绿、水清的生产生活环境 *

（2013 年 7 月 18 日）

值此生态文明贵阳国际论坛 2013 年年会开幕之际，我谨代表中国政府和人民，并以我个人的名义，向会议的召开致以热烈的祝贺！向出席会议的各国元首、政府首脑、联合国机构负责人以及专家学者、企业家等各方嘉宾，表示热烈的欢迎！

这次生态文明贵阳国际论坛年会以"建设生态文明：绿色变革与转型——绿色产业、绿色城镇、绿色消费引领可持续发展"为主题，凝聚了国际社会对生态文明建设的共同关注。相信通过与会嘉宾共同努力，会议的成果必将为保护全球生态环境作出积极贡献。

走向生态文明新时代，建设美丽中国，是实现中华民族伟大复兴的中国梦的重要内容。中国将按照尊重自然、顺应自然、保护自然的理念，贯彻节约资源和保护环境的基本国策，更加自觉地推动绿色发展、循环发展、低碳发展，把生态文明建设融入经济建设、政治建设、文化建设、社会建设各方面和全过

＊ 这是习近平致生态文明贵阳国际论坛 2013 年年会的贺信。

程，形成节约资源、保护环境的空间格局、产业结构、生产方式、生活方式，为子孙后代留下天蓝、地绿、水清的生产生活环境。

保护生态环境，应对气候变化，维护能源资源安全，是全球面临的共同挑战。中国将继续承担应尽的国际义务，同世界各国深入开展生态文明领域的交流合作，推动成果分享，携手共建生态良好的地球美好家园。

预祝会议取得圆满成功！

中华人民共和国主席　习近平

2013 年 7 月 18 日

九、推进国防和军队现代化

把国防和军队建设
不断推向前进 *

（2012 年 11 月 16 日）

军委班子和军队高级干部在领导国防和军队建设中肩负着重大历史责任。我们要始终保持清醒头脑，倍加珍惜一代代官兵不懈奋斗取得的巨大成就，倍加珍惜长期实践中积累的宝贵经验，倍加珍惜当前军队建设发展的大好局面，忠心耿耿为党和人民工作，努力把国防和军队建设不断推向前进。

必须把学习贯彻党的十八大精神作为首要政治任务抓紧抓好。各级要按照党中央、中央军委的部署，在全军迅速兴起学习贯彻党的十八大精神的热潮。要深入学习贯彻科学发展观，学习党关于新形势下国防和军队建设思想，牢固确立科学发展观在国防和军队建设中的指导地位，深刻把握新形势下国防和军队建设的特点规律。要认真总结胡主席[1]领导国防和军队建设创造的宝贵经验，把胡主席确定的军队建设的大政方针和各项战略决策落到实处。

必须毫不动摇坚持党对军队的绝对领导。保证党对军队的

＊ 这是习近平在中央军委扩大会议上的讲话要点。

绝对领导，关系我军性质和宗旨、关系社会主义前途命运、关系党和国家长治久安，是我军的立军之本和建军之魂。要始终把思想政治建设摆在军队各项建设首位，使坚持党对军队的绝对领导在官兵思想中深深扎根，确保全军在任何时候任何情况下都坚决听从党中央、中央军委指挥。要加强军队党的建设，确保党从思想上、政治上、组织上牢牢掌握部队。要坚持从政治上考察和使用干部，使枪杆子始终掌握在忠于党的可靠的人手中。要严肃政治纪律和组织纪律，坚决维护党中央、中央军委权威，确保政令军令畅通。

必须坚决完成各项军事斗争任务。全军要深刻认识军队在国家安全和发展战略全局中的重要地位和作用，坚持把国家主权和安全放在第一位，坚持军事斗争准备的龙头地位不动摇，全面提高信息化条件下威慑和实战能力，坚决维护国家主权、安全、发展利益。全军要坚持把军事训练摆在战略位置，不断提高部队实战化水平。

必须按照全面建设的思想努力推进军队的革命化现代化正规化建设。要坚持用全面的观点抓建设，推动军事、政治、后勤、装备等各领域工作全面发展，不断提高军队建设整体水平。必须认真贯彻新时期积极防御军事战略方针，积极推动军事战略创新发展，充分发挥军事战略对军队各项建设和工作的统揽作用。要深入贯彻国防和军队建设主题主线，在推动国防和军队建设科学发展上取得显著进步，在加快转变战斗力生成模式上取得实质性进展。要深入推进中国特色军事变革，努力构建中国特色现代军事力量体系。

必须始终保持我军光荣传统和优良作风。要继承和发扬毛主席[2]、邓主席[3]、江主席[4]、胡主席培育的光荣传统和优良作风，奋力推进国防和军队现代化。要引导官兵强化忧患意识、危机意识、使命意识，做到信念不动摇、思想不松懈、斗志不衰退、作风不涣散，始终保持坚定的革命意志和旺盛的战斗精神。要切实加强军队反腐倡廉建设。军队高级干部要旗帜鲜明反对腐败，带头遵守廉洁自律各项规定。

有党中央、中央军委的坚强领导，有全国人民的大力支持，有全军上下的团结奋斗，就一定能够实现国防和军队现代化的宏伟目标。

注　释

〔1〕胡主席，即胡锦涛。
〔2〕毛主席，即毛泽东。
〔3〕邓主席，即邓小平。
〔4〕江主席，即江泽民。

努力建设巩固国防和强大军队[*]

（2012 年 12 月 8 日、10 日）

全军要高举中国特色社会主义伟大旗帜，以邓小平理论、"三个代表"重要思想、科学发展观为指导，深入贯彻国防和军队建设主题主线，认真落实党的十八大关于国防和军队建设的战略部署，牢记坚决听党指挥是强军之魂，能打仗、打胜仗是强军之要，依法治军、从严治军是强军之基，全面加强革命化现代化正规化建设。

要坚持把思想政治建设摆在部队各项建设的首位，始终保持部队建设坚定正确的政治方向。坚持不懈用中国特色社会主义理论体系武装官兵，持续培育当代革命军人核心价值观[1]，大力弘扬我军光荣传统和优良作风，进一步打牢官兵高举旗帜、听党指挥、履行使命的思想政治基础。当前和今后一个时期，加强思想政治建设最重要的任务是学习宣传贯彻党的十八大精神。要注重联系实际，坚持学以致用，切实把党的十八大精神贯彻落实到推进部队建设、遂行军事任务的实践中。要坚持用打仗的标准推进军事斗争准备，不断强化官兵当兵打仗、带兵打仗、练兵打仗思想，坚持从实战需要出发从难从严训练部队，

＊ 这是习近平在广州战区考察工作时的讲话要点。

坚持以军事斗争准备为龙头带动现代化建设，全面提高部队以打赢信息化条件下局部战争能力为核心的完成多样化军事任务能力。要不折不扣落实依法治军、从严治军方针，培养部队严守纪律、令行禁止、步调一致的良好作风。要始终把工作重心放在基层，把部队建设和战斗力的基础打得更加牢固。

实现中华民族伟大复兴，是中华民族近代以来最伟大的梦想。可以说，这个梦想是强国梦，对军队来说，也是强军梦。我们要实现中华民族伟大复兴，必须坚持富国和强军相统一，努力建设巩固国防和强大军队。一是要牢记，坚决听党指挥是强军之魂，必须毫不动摇坚持党对军队的绝对领导，任何时候任何情况下都坚决听党的话、跟党走。二是要牢记，能打仗、打胜仗是强军之要，必须按照打仗的标准搞建设抓准备，确保我军始终能够召之即来、来之能战、战之必胜。三是要牢记，依法治军、从严治军是强军之基，必须保持严明的作风和铁的纪律，确保部队高度集中统一和安全稳定。在实现中华民族伟大复兴的征程中，英雄的人民军队一定能够发扬传统、继往开来，有效履行肩负的历史使命。

注　释

〔1〕当代革命军人核心价值观，主要内容是：忠诚于党，热爱人民，报效国家，献身使命，崇尚荣誉。

建设一支听党指挥、能打胜仗、作风优良的人民军队 *

（2013 年 3 月 11 日）

全军要深入贯彻落实党的十八大精神，高举中国特色社会主义伟大旗帜，以邓小平理论、"三个代表"重要思想、科学发展观为指导，牢牢把握党在新形势下的强军目标，全面加强军队革命化现代化正规化建设，为建设一支听党指挥、能打胜仗、作风优良的人民军队而奋斗。

建设一支听党指挥、能打胜仗、作风优良的人民军队，是党在新形势下的强军目标。听党指挥是灵魂，决定军队建设的政治方向；能打胜仗是核心，反映军队的根本职能和军队建设的根本指向；作风优良是保证，关系军队的性质、宗旨、本色。全军要准确把握这一强军目标，用以统领军队建设、改革和军事斗争准备，努力把国防和军队建设提高到一个新水平。要铸牢听党指挥这个强军之魂，坚持党对军队绝对领导的根本原则和人民军队的根本宗旨不动摇，确保部队绝对忠诚、绝对纯洁、绝对可靠，一切行动听从党中央和中央军委指挥。要扭住能打

---

* 这是习近平在第十二届全国人民代表大会第一次会议解放军代表团全体会议上的讲话要点。

仗、打胜仗这个强军之要，强化官兵当兵打仗、带兵打仗、练兵打仗思想，牢固树立战斗力这个唯一的根本的标准，按照打仗的要求搞建设、抓准备，确保部队召之即来、来之能战、战之必胜。作风优良是我军的鲜明特色和政治优势。要把改进作风工作引向深入，贯彻到军队建设和管理每个环节，真正在求实、务实、落实上下功夫，夯实依法治军、从严治军这个强军之基，保持人民军队长期形成的良好形象。

要统筹经济建设和国防建设，努力实现富国和强军的统一。进一步做好军民融合式发展这篇大文章，坚持需求牵引、国家主导，努力形成基础设施和重要领域军民深度融合的发展格局。要发扬艰苦奋斗精神，厉行勤俭节约，反对铺张浪费，把军费管好用好，使国防投入发挥最大效益。要弘扬拥政爱民、拥军优属的光荣传统，开展军民共建与和谐创建活动。地方各级党委和政府要关心支持国防和军队建设，加强国防教育，增强全民国防观念，使关心国防、热爱国防、建设国防、保卫国防成为全社会的思想共识和自觉行动。

十、丰富"一国两制"
实践和推进祖国统一

香港、澳门与祖国内地的命运始终紧密相连 *

（2012 年 12 月 20 日、2013 年 3 月 18 日、
2013 年 12 月 18 日）

一

新一届特别行政区政府就任以来，梁振英带领特别行政区
政府管治团队奋发进取、务实有为，中央对梁振英和特别行政
区政府的工作是肯定的，将继续坚定支持特别行政区政府依法
施政。

大家都很关心中央领导集体实现新老交替后，中央对香港、
澳门的方针政策会不会发生变化。今天，我想借此机会重申：
中央贯彻落实"一国两制"〔1〕、严格按照基本法办事的方针不会
变；支持行政长官和特别行政区政府依法施政、履行职责的决
心不会变；支持香港、澳门两个特别行政区发展经济、改善民生、
推进民主、促进和谐的政策也不会变。中共十八大提出的关于
港澳工作的大政方针，同中央长期以来对港澳工作的方针政策

---

* 这是习近平在会见香港特别行政区行政长官梁振英、澳门特别行政区行政长
官崔世安时的谈话要点。

是一脉相承的。关键是要全面准确理解和贯彻"一国两制"方针，切实尊重和维护基本法权威。

国家发展形势很好，全面建成小康社会、实现中华民族伟大复兴的壮丽前景已经展现在我们面前。我说过，实现中华民族伟大复兴是中华民族近代以来最伟大的梦想。我相信，广大香港同胞对此也是念兹在兹的。我也相信，具有强烈民族自尊心和自豪感的广大香港同胞，一定会同全国人民一道，为实现中华民族伟大复兴贡献力量。

（2012年12月20日在会见香港特别行政区
行政长官梁振英时的谈话要点）

二

今天是澳门回归祖国13周年的日子，首先请崔世安转达对澳门同胞的亲切问候和良好祝愿。当前澳门总体形势良好，崔世安和特别行政区政府团结社会各界人士共同努力，保持了澳门繁荣稳定和发展，中央对崔世安和特别行政区政府的工作是肯定的。

中央会一如既往贯彻执行"一国两制"、"澳人治澳"、高度自治的方针和澳门基本法，一如既往支持行政长官和特别行政区政府依法施政，一如既往支持澳门特别行政区发展经济、改善民生、推进民主、促进和谐。我们对国家和民族的未来充满信心，也坚信澳门各项事业一定会发展得更好。

（2012年12月20日在会见澳门特别行政区
行政长官崔世安时的谈话要点）

三

香港、澳门与祖国内地的命运始终紧密相连。实现中华民族伟大复兴的中国梦，需要香港、澳门与祖国内地坚持优势互补、共同发展，需要港澳同胞与内地人民坚持守望相助、携手共进。

梁振英提出"稳中求变"的施政理念，得到了广大香港市民认同。现在的关键是抓好落实。这既是行政长官和特区政府的责任，也有赖于香港社会各界一起努力。众人拾柴火焰高。希望香港社会各界紧密团结起来，支持行政长官和特区政府依法施政，共同开创香港更加美好的未来。

当前澳门正处于历史上比较好的时期。但未来发展也面临一些挑战。希望澳门特别行政区政府和社会各界增强忧患意识，利用有利时机和条件，研究解决制约发展的突出问题，为澳门长远发展夯实基础。

（2013 年 3 月 18 日在会见香港特别行政区
行政长官梁振英、澳门特别行政区行政长官
崔世安时的谈话要点）

四

你和特区政府认真贯彻稳中求变、民生为先的施政方针，着力解决经济社会发展中存在的突出问题，取得了初步成效。中央政府对你和特区政府的工作是充分肯定的。

中共十八届三中全会对全面深化改革作出了总体部署，这是事关国家发展的重大战略部署。在这个过程中，内地将发挥市场在资源配置中的决定性作用，更好发挥政府作用，这有利于扩大对港澳台的开放合作，内地和香港的交流合作将更加深入，香港将赢得更多发展机遇和更大发展空间。

中央政府在 2017 年香港特别行政区行政长官普选问题上的立场是一贯的、明确的。希望香港社会各界人士按照基本法规定和全国人大常委会决定务实讨论，凝聚共识，为顺利实现行政长官普选打下基础。

（2013 年 12 月 18 日在会见香港特别行政区行政长官梁振英时的谈话要点）

五

澳门保持良好发展态势，经济平稳增长，社会和谐稳定，市民安居乐业。中央政府对你和特区政府的工作是充分肯定的。当前，澳门要居安思危、谋划长远。如何在这些年快速发展的基础上求实创新，解决好发展过程中日益显现的矛盾和问题，探索澳门经济适度多元发展的路子，实现澳门持续发展，需要特区政府和澳门社会各界继续努力。

中共十八届三中全会对全面深化改革作出了总体部署，这是事关国家发展的重大战略部署。全国上下正在汇聚起全面深化改革的强大正能量，全国各族人民正在为实现"两个一百年"奋斗目标和中华民族伟大复兴的中国梦而团结奋斗。澳门的命

运始终与祖国内地紧密相连。在祖国内地发展进程中，澳门将
继续与祖国内地同进步、共发展。

（2013 年 12 月 18 日在会见澳门特别行政区
行政长官崔世安时的谈话要点）

注　　释

〔1〕"一国两制"，"一个国家，两种制度"的简称。是中国共产党和中
国政府关于实现祖国统一大业，解决台湾、香港、澳门问题的科学构想。基
本内容是：在祖国统一的前提下，国家的主体坚持社会主义制度，同时在台
湾、香港、澳门保持原有的资本主义制度和生活方式长期不变，享有高度的
自治权。按照这一构想，香港、澳门分别于 1997 年和 1999 年回归祖国。

共同开创中华民族美好未来 *

（2013 年 4 月 8 日、10 月 6 日）

一

大陆方面对推动两岸关系和平发展，决心是坚定的，方针政策是明确的。我们将保持对台大政方针的连续性，继续实施行之有效的各项政策，促进两岸关系发展不断取得新成就，更好造福两岸同胞。两岸同胞要真诚团结合作，共同为实现中华民族伟大复兴的中国梦而努力奋斗。

两岸全面直接双向"三通"〔1〕已经实现，尤其是两岸经济合作框架协议的签署和实施，开启了两岸经济关系新的发展阶段。"肯取势者可为人先，能谋势者必有所成。"对海峡两岸中国人来说，重要的是真正认识和切实把握历史机遇，顺应时代发展潮流，携手推动两岸关系和平发展，共同开创中华民族美好未来。

第一，希望本着两岸同胞一家人的理念促进两岸经济合作。两岸同胞同属中华民族，两岸经济同属中华民族经济。我们会

* 这是习近平在会见台湾两岸共同市场基金会荣誉董事长萧万长一行时的谈话要点。

230

更多考虑台湾同胞的需求和利益，积极促进在投资和经济合作领域加快给予台湾企业与大陆企业同等待遇，为深化两岸经济合作提供更广阔的空间。

第二，希望两岸加强经济领域高层次对话和协调，共同推动经济合作迈上新台阶。有必要更好发挥两岸经济合作框架协议内经济合作委员会的功能，加强形势、政策、发展规划沟通，增强经济合作的前瞻性和协调性。要加快拓展产业合作，扩大双向投资，深化金融服务业合作，探索新的合作途径。

第三，希望两岸加快经济合作框架协议后续协议商谈进程，提高经济合作制度化水平。两岸应该争取尽快签署服务贸易协议，力争在年内完成货物贸易、争端解决等议题的磋商。两岸可以适时务实探讨经济共同发展、区域经济合作进程相衔接的适当方式和可行途径，为两岸经济合作增添新的活力。

第四，希望两岸同胞团结合作，共同致力于实现中华民族伟大复兴。大陆和台湾取得的每一项发展成就，都值得两岸中国人自豪。两岸同胞共同推动两岸关系和平发展，就是在为实现中华民族伟大复兴作贡献。只要两岸凡事都从中华民族整体利益考虑，就一定能克服前进道路上的各种困难和阻碍，推动两岸关系和平发展不断取得新成就。

（2013年4月8日在会见台湾两岸共同市场
基金会荣誉董事长萧万长一行时的谈话要点）

二

两岸双方应该坚持走两岸关系和平发展的正确道路，倡导

"两岸一家亲"的理念，加强交流合作，共同促进中华民族伟大复兴。

要珍惜历史机遇，保持两岸关系和平发展良好势头。两岸民众都希望两岸关系取得更大进展。双方应该顺应民心、抓住机遇，促进两岸关系发展取得新成果。

增进两岸政治互信，夯实共同政治基础，是确保两岸关系和平发展的关键。着眼长远，两岸长期存在的政治分歧问题终归要逐步解决，总不能将这些问题一代一代传下去。我们已经多次表示，愿意在一个中国框架内就两岸政治问题同台湾方面进行平等协商，作出合情合理安排。对两岸关系中需要处理的事务，双方主管部门负责人也可以见面交换意见。

两岸经济同属中华民族经济，在亚太地区经济发展新形势下，双方只有加强合作，才能更好应对挑战。要加强两岸经济合作制度化建设，并更加重视促进产业合作。

（2013 年 10 月 6 日在会见台湾两岸共同市场
基金会荣誉董事长萧万长一行时的谈话要点）

注　　释

〔1〕"三通"，指台湾海峡两岸之间通航、通邮、通商。

从中华民族整体利益的高度
把握两岸关系大局 *

（2013 年 6 月 13 日）

过去 5 年，我们两党、两岸双方和两岸同胞共同努力，开辟了两岸关系和平发展的正确道路，推动两岸关系取得了重大进展。新形势下，中共中央将继续实行既定的大政方针，致力于巩固深化两岸关系和平发展，造福两岸同胞，造福中华民族。希望两党和两岸双方继续增强互信、保持良性互动，稳步推进两岸关系全面发展，巩固深化两岸关系和平发展各项基础，团结两岸同胞，共同为实现中华民族伟大复兴而努力。

今天，两岸关系已站在新的起点上，也面临着重要机遇。我们应该认真总结经验，清醒认识并主动因应形势发展变化，坚定不移走两岸关系和平发展道路，巩固和深化两岸关系和平发展的政治、经济、文化、社会基础，推动两岸关系不断取得新的成就。

第一，坚持从中华民族整体利益的高度把握两岸关系大局。我们坚持维护中华民族根本利益，维护包括台湾同胞在内的全

---

* 这是习近平在会见中国国民党荣誉主席吴伯雄一行时的谈话要点。

体中华儿女共同利益。从中华民族整体利益把握两岸关系大局，最根本的、最核心的是维护国家领土和主权完整。大陆和台湾虽然尚未统一，但同属一个中国，是不可分割的整体。国共两党理应坚持一个中国立场、共同维护一个中国框架。希望两党都本着对历史、对人民负责任的态度，以中华民族整体利益为重，把握好两岸关系和平发展大局，推动两岸关系沿着正确方向不断向前迈进。

第二，坚持在认清历史发展趋势中把握两岸关系前途。经过中华儿女不懈奋斗，中华民族伟大复兴展现出前所未有的光明前景。我们应该登高望远，看到时代发展、民族振兴大趋势，看到两岸关系和平发展已经成为中华民族伟大复兴的重要组成部分，摆脱不合时宜的旧观念束缚，明确振兴中华的共同奋斗目标。两岸关系发展是大势所趋，我们应该据此确定自己的路线图，继续往前走。我们两党应该以实现民族振兴、人民幸福为己任，促进两岸同胞团结合作，积极宣导"两岸一家人"的理念，汇集两岸中国人智慧和力量，在共同实现中华民族伟大复兴的进程中抚平历史创伤，谱写中华民族繁荣昌盛的崭新篇章。

第三，坚持增进互信、良性互动、求同存异、务实进取。增进互信，核心就是要在巩固和维护一个中国框架这一原则问题上形成更为清晰的共同认知和一致立场。良性互动，就是要加强沟通、平等协商、相向而行，相互释放善意，维护两岸关系来之不易的和平发展局面，合情合理解决彼此间的问题。求同存异，就是要本着同舟共济的精神，发挥政治智慧，聚集和扩大推动两岸关系发展的共识，妥善处理和管控分歧。务实进取，就是要本着实事求是的态度，坚持从实际出发，循序渐进，稳步向前，不因遇到困难而停滞，不被任何干扰所困惑，防止和避免出现倒退。两岸关系进入巩固和深化的新阶段，更需要我们双方保持积极进取精神，以更大勇气和决心面对和克服前进道路上的困难。希望双方共同努力，促进两岸关系发展取得更多积极成果，不断拓宽两岸关系和平发展的道路。

第四，坚持稳步推进两岸关系全面发展。首先要继续保持两岸关系大局稳定。"台独"分裂势力及其分裂活动仍然是对台海和平的现实威胁，必须继续反对和遏制任何形式的"台独"分裂主张和活动，不能有任何妥协。在两岸关系大局稳定的基础上，两岸各领域交流合作有着广阔空间。两岸双方应该为深化经济、科技、文化、教育等领域合作采取更多积极举措，提供更多政策支持，创造更加便利条件，以拓宽合作领域，提高合作水平，产生更大效益。我们要努力增进两岸民众福祉，让更多民众共享两岸关系和平发展成果，积极促进两岸同胞在厚植共同利益、弘扬中华文化的过程中，增进对两岸命运共同体的认知，增强民族自豪感，坚定振兴中华的共同信念。

共圆中华民族
伟大复兴的中国梦*

（2014 年 2 月 18 日）

尊敬的连战荣誉主席和夫人，
来自台湾各界的朋友们：

大家好！春节刚过，就见到连主席和各位老朋友、新朋友，很高兴。你们是我在马年见的第一批台湾客人，首先对你们的到来表示热烈的欢迎！给大家拜个晚年，祝大家马年吉祥、一马当先、马到成功！

我同连主席多次见面，是老朋友了。连主席有着深厚的民族情怀，长期积极推进两岸关系、追求民族振兴，我对此高度评价。

一年之计在于春。去年，连主席和朋友们也是在开春之时来访，为全年两岸关系发展开了个好头。两岸关系不断取得新进展，给两岸同胞带来了更多实惠，并且蕴含着新的发展契机。新的一年里，希望两岸双方秉持"两岸一家亲"的理念，顺势而为，齐心协力，推动两岸关系和平发展取得更多成果，造福两岸民众。

感谢连主席就两岸关系发表了很好的意见，对我很有启发。你们是台湾各界的代表性人士，借今天的场合，我想同大家谈谈心。

由于历史和现实的原因，两岸关系存在的很多问题一时不易解决，这也不要紧，我们共同努力解决，但不应让它们影响两岸同胞发展关系、合作交流。同时，两岸同胞是一家人，有着共同的血脉、共同的文化、共同的连结、共同的愿景，这是推动我们相互理解、携手同心、一起前进的重要力量。

第一，两岸同胞一家亲，谁也不能割断我们的血脉。台湾同胞崇敬祖先、爱土爱乡、淳朴率真、勤奋打拼，给我留下深刻印象。两岸同胞一家亲，根植于我们共同的血脉和精神，扎根于我们共同的历史和文化。我们大家都认为，两岸同胞同属中华民族，都传承中华文化。在台湾被侵占的 50 年间[1]，台湾同胞保持着强烈的中华民族意识和牢固的中华文化情感，打心眼里认同自己属中华民族。这是与生俱来、浑然天成的，是不可磨灭的。

回顾台湾走过的历史，回顾两岸同胞一路走来的历程，我有一个深切体会，那就是不管台湾遭遇什么风雨，不管两岸关系历经什么沧桑，两岸同胞始终心心相印、守望相助。这告诉了世人一个朴素的道理，那就是两岸同胞血浓于水。不论是几百年前跨越"黑水沟"[2]到台湾"讨生活"，还是几十年前迁徙到台湾，广大台湾同胞都是我们的骨肉天亲。大家同根同源、同文同宗，心之相系、情之相融，本是血脉相连的一家人。两岸走近、同胞团圆，是两岸同胞的共同心愿，没有什么力量能把我们割裂开来。

第二，两岸同胞命运与共，彼此没有解不开的心结。两岸同胞虽然隔着一道海峡，但命运从来都是紧紧连在一起的。民族强盛，是同胞共同之福；民族弱乱，是同胞共同之祸。经历了近代以来的这么多风风雨雨，我们对此都有很深刻的体会。

今年是甲午年。120年前的甲午，中华民族国力孱弱，导致台湾被外族侵占。这是中华民族历史上极为惨痛的一页，给两岸同胞留下了剜心之痛。在台湾被侵占的苦难岁月里，无数台湾同胞用鲜血和生命来证明自己是中国人，是中华民族大家庭中不可分离的成员。近60多年来，两岸虽然尚未统一，但我们同属一个国家、同属一个民族从来没有改变，也不可能改变。因为我们的血脉里流动的都是中华民族的血，我们的精神上坚守的都是中华民族的魂。

我知道，台湾同胞因自己的历史遭遇和社会环境，有着自己特定的心态，包括特殊的历史悲情心结，有着强烈的当家作主"出头天"的意识，珍视台湾现行的社会制度和生活方式，希望过上安宁幸福的生活。将心比心，推己及人，我们完全理解台湾同胞的心情。

对历史留给台湾同胞的伤痛，我们感同身受，因为这是中华儿女心头共同的创伤。把民族命运掌握在自己手中，做一个走到哪里都受到尊敬的堂堂中国人，是近代以来中华儿女为之奋斗的目标。我们有志一同。

熨平心里创伤需要亲情，解决现实问题需要真情，我们有耐心，更有信心。亲情不仅能疗伤止痛、化解心结，而且能实现心灵契合。我们尊重台湾同胞自己选择的社会制度和生活方式，也愿意首先同台湾同胞分享大陆发展的机遇。历史不能选择，但现在可以把握，未来可以开创。

第三，两岸同胞要齐心协力，持续推动两岸关系和平发展。5 年多来，两岸同胞共同选择了两岸关系和平发展道路，开创了前所未有的新局面，两岸同胞都从中得利。事实证明，这是一条维护两岸和平、促进共同发展、走向民族复兴、造福两岸同胞的正确道路。两岸同胞要坚定信心，排除一切干扰，沿着这条道路一步一个脚印走下去。

两岸关系和平发展对两岸同胞都有利，大家都不希望目前的好局面逆转。为此，两岸双方要巩固坚持"九二共识"〔3〕、反对"台独"的共同基础，深化维护一个中国框架的共同认知。这个基础是两岸关系之锚，锚定了，才能任凭风浪起、稳坐钓鱼台。只要这个基础得到坚持，两岸关系前景就会越来越光明。反之，如果这个基础被破坏，两岸关系就会重新回到动荡不安的老路上去。前不久，双方两岸事务主管部门负责人会面，达成积极共识，对推动两岸关系全面发展具有积极意义。

至于两岸之间长期存在的政治分歧问题，我们愿在一个中国框架内，同台湾方面进行平等协商，作出合情合理安排。有什么想法都可以交流。世界上的很多问题，解决起来都不可能毕其功于一役，但只要谈着就有希望。精诚所至，金石为开。我相信，两岸中国人有智慧找出解决问题的钥匙来。

众人拾柴火焰高。我们欢迎更多台湾同胞参与到推动两岸关系和平发展的行列中来，大家一起努力，出主意、想办法，凝聚更多智慧和力量，巩固和扩大两岸关系发展成果，使两岸关系和平发展成为不可阻挡的历史潮流，让广大台湾同胞特别是基层民众都能更多享受到两岸关系和平发展带来的好处。我们对台湾同胞一视同仁，无论是谁，不管他以前有过什么主张，只要现在愿意参与推动两岸关系和平发展，我们都欢迎。

第四，两岸同胞要携手同心，共圆中华民族伟大复兴的中国梦。实现中华民族伟大复兴，实现国家富强、民族振兴、人民幸福，是孙中山[4]先生的夙愿，是中国共产党人的夙愿，也是近代以来中国人的夙愿。我们说的中国梦，就是这个民族夙愿的生动表述。

正如连主席所说，中国梦与台湾的前途是息息相关的。中国梦是两岸共同的梦，需要大家一起来圆梦。兄弟同心，其利断金。[5]两岸同胞要相互扶持，不分党派，不分阶层，不分宗教，不分地域，都参与到民族复兴的进程中来，让我们共同的中国梦早日成真。

我们是真心诚意对待台湾同胞的，愿意认真听取各方意见。只要是有利于增进台湾同胞福祉的事，只要是有利于推动两岸关系和平发展的事，只要是有利于维护中华民族整体利益的事，我们都会尽最大努力办好，使广大台湾同胞在两岸关系和平发展中更多受益，让我们所有中国人都过上更加美好的生活。

最后，祝连主席和朋友们在大陆之行圆满顺利。

注　释

〔1〕1895年，中国在甲午战争中战败，被迫与日本签订《马关条约》，将台湾和澎湖列岛割让给日本。1945年，日本在第二次世界大战中战败，无条件投降，台湾和澎湖列岛重新归还中国。

〔2〕早期中国大陆移民乘船横渡台湾海峡入台需经澎湖水域，此处洋流

迅急，船难多发，海水颜色深暗，移民将这一水域视为危途，称为"黑水沟"，后泛指台湾海峡。

〔3〕"九二共识"，指1992年11月海峡两岸关系协会与台湾海峡交流基金会，就解决两岸事务性商谈中如何表述坚持一个中国原则的问题，达成的各自以口头方式表述"海峡两岸均坚持一个中国原则"的共识。

〔4〕孙中山（1866—1925），名文，号逸仙，广东香山（今广东中山）人。伟大的民族英雄、伟大的爱国主义者、中国民主革命的伟大先驱。他提出民族、民权、民生的三民主义政治纲领，率先发出"振兴中华"的呐喊，领导辛亥革命，推翻了统治中国几千年的君主专制制度。后在中国共产党和苏俄共产党、列宁的帮助下，改组中国国民党，实行联俄、联共、扶助农工三大政策，实现国共合作，把反帝反封建的民主革命推向前进。

〔5〕参见《周易·系辞上》。原文是："二人同心，其利断金。"

担当起开拓两岸关系前景、实现民族伟大复兴的重任[*]

（2014 年 5 月 7 日）

两岸关系和平发展是两岸同胞顺应历史潮流作出的共同选择。只要我们都从"两岸一家亲"的理念出发，将心比心，以诚相待，就没有什么心结不能化解，没有什么困难不能克服。

两岸关系和平发展大局稳定，经得起风浪考验。两岸关系风风雨雨几十年，总体趋势是向前发展的，这是历史的必然。和平发展是两岸同胞的共同追求，两岸共享其利、同受其惠。我们推动两岸关系和平发展的方针政策不会改变，促进两岸交流合作、互利共赢的务实举措不会放弃，团结台湾同胞共同奋斗的真诚热情不会减弱，制止"台独"分裂图谋的坚强意志不会动摇。我们真诚希望台湾社会安定、经济发展、民生改善，台湾同胞过上安宁幸福的生活。

两岸关系和平发展任重道远，需要加深两岸同胞相互信任。同胞有了互信，很多难题就容易找到解决办法。我们要积极创造条件，扩大两岸社会各界各阶层民众的接触面，面对面沟通，

---

[*] 这是习近平在会见亲民党主席宋楚瑜一行时的谈话要点。

242

心与心交流，不断增进理解，拉近心理距离。

两岸关系和平发展前景广阔，应该继续开拓进取。大陆全面深化改革和扩大对外开放，将为两岸经济合作带来强劲动力和有利条件。经济融合有利两岸互利双赢，任何时候都不应受到干扰。我们将深入了解台湾民众尤其是基层民众的现实需求，采取积极有效措施，照顾弱势群体，使更多台湾民众在两岸经济交流合作中受益。

两岸青少年身上寄托着两岸关系的未来。要多想些办法，多创造些条件，让他们多来往、多交流，感悟到两岸关系和平发展的潮流，感悟到中华民族伟大复兴的趋势，以后能够担当起开拓两岸关系前景、实现民族伟大复兴的重任。

希望亲民党坚持一个中国立场，继续反对"台独"分裂图谋，同台湾各界人士一道，坚定维护两岸关系和平发展大局，不断增进中华民族整体利益。

十一、走和平发展道路

更好统筹国内国际两个大局，夯实走和平发展道路的基础[*]

（2013 年 1 月 28 日）

走和平发展道路，是我们党根据时代发展潮流和我国根本利益作出的战略抉择。我们要以邓小平理论、"三个代表"重要思想、科学发展观为指导，加强战略思维，增强战略定力，更好统筹国内国际两个大局，坚持开放的发展、合作的发展、共赢的发展，通过争取和平国际环境发展自己，又以自身发展维护和促进世界和平，不断提高我国综合国力，不断让广大人民群众享受到和平发展带来的利益，不断夯实走和平发展道路的物质基础和社会基础。

中华民族是爱好和平的民族。消除战争，实现和平，是近代以后中国人民最迫切、最深厚的愿望。走和平发展道路，是中华民族优秀文化传统的传承和发展，也是中国人民从近代以后苦难遭遇中得出的必然结论。中国人民对战争带来的苦难有着刻骨铭心的记忆，对和平有着孜孜不倦的追求，十分珍惜和平安定的生活。中国人民怕的就是动荡，求的就是稳定，盼的

---

[*] 这是习近平在主持十八届中央政治局第三次集体学习时的讲话要点。

就是天下太平。

我们的和平发展道路来之不易，是新中国成立以来特别是改革开放以来，我们党经过艰辛探索和不断实践逐步形成的。我们党始终高举和平的旗帜，从来没有动摇过。在长期实践中，我们提出和坚持了和平共处五项原则，确立和奉行了独立自主的和平外交政策，向世界作出了永远不称霸、永远不搞扩张的庄严承诺，强调中国始终是维护世界和平的坚定力量。这些我们必须始终不渝坚持下去，永远不能动摇。

党的十八大明确提出了"两个一百年"的奋斗目标，我们还明确提出了实现中华民族伟大复兴的中国梦的奋斗目标。实现我们的奋斗目标，必须有和平国际环境。没有和平，中国和世界都不可能顺利发展；没有发展，中国和世界也不可能有持久和平。我们一定要抓住机遇，集中精力把自己的事情办好，使国家更加富强，使人民更加富裕，依靠不断发展起来的力量更好走和平发展道路。

世界潮流，浩浩荡荡，顺之则昌，逆之则亡。纵观世界历史，依靠武力对外侵略扩张最终都是要失败的。这就是历史规律。世界繁荣稳定是中国的机遇，中国发展也是世界的机遇。和平发展道路能不能走得通，很大程度上要看我们能不能把世界的机遇转变为中国的机遇，把中国的机遇转变为世界的机遇，在中国与世界各国良性互动、互利共赢中开拓前进。我们要坚持从我国实际出发，坚定不移走自己的路，同时我们要树立世界眼光，更好把国内发展与对外开放统一起来，把中国发展与世界发展联系起来，把中国人民利益同各国人民共同利益结合起来，不断扩大同各国的互利合作，以更加积极的姿态参与国际事务，共同应对全球性挑战，努力为全球发展作出贡献。

我们要坚持走和平发展道路，但决不能放弃我们的正当权益，决不能牺牲国家核心利益。任何外国不要指望我们会拿自己的核心利益做交易，不要指望我们会吞下损害我国主权、安全、发展利益的苦果。中国走和平发展道路，其他国家也都要走和平发展道路，只有各国都走和平发展道路，各国才能共同发展，国与国才能和平相处。我们要广泛深入宣传我国坚持走和平发展道路的战略思想，引导国际社会正确认识和对待我国的发展，中国发展绝不以牺牲别国利益为代价，我们绝不做损人利己、以邻为壑的事情，将坚定不移做和平发展的实践者、共同发展的推动者、多边贸易体制的维护者、全球经济治理的参与者。

走出一条和衷共济、
合作共赢的新路子 *

（2013 年 6 月 19 日、2014 年 5 月 19 日）

一

　　联合国承载着各国人民的期望，肩负着诸多重大使命。当今世界正在发生深刻复杂变化，解决全球性难题和挑战，需要联合国广大会员国携手努力。联合国要抓住和平与发展的主题，高举公平正义的旗帜，讲公道话，办公道事。零和思维已经过时，我们必须走出一条和衷共济、合作共赢的新路子。在这方面，联合国应该有所作为。

　　中国确立了"两个一百年"的奋斗目标，为未来国家发展绘制了宏伟蓝图。中国需要联合国，联合国也需要中国。中国重视联合国，将坚定地支持联合国。中国是联合国安理会常任理事国，这不仅是权力，更是一份沉甸甸的责任。中国有这个担当。中国将继续大力推动和平解决国际争端，支持联合国推进千年发展目标，愿同各方一道努力，共同应对气候变化等问

---

　　* 这是习近平在会见联合国秘书长潘基文时的谈话要点。

题，为世界和平、人类进步作出更大贡献。

（2013 年 6 月 19 日在会见联合国秘书长潘基文
时的谈话要点）

二

明年是世界反法西斯战争和中国人民抗日战争[1]胜利 70 周年，也是联合国成立 70 周年。国际社会要利用好这个重要契机，重申对多边主义的承诺，捍卫联合国宪章宗旨和原则，致力于加强联合国的作用。

国际社会应该共同努力，促进世界和平与发展。一是坚持政治解决冲突的方向。世界上热点问题不少，按下葫芦起了瓢。解决这些问题要既得理又得法，一味示强施压不行，外部武力干预更要不得，政治解决是唯一出路。联合国要高举这面旗帜。二是坚持实现共同发展的目标。联合国要发挥政治、道义优势、统筹协调作用，制定 2015 年后发展议程，以消除贫困为核心，实现可持续发展。中方希望今年 9 月举行的联合国气候变化峰会取得成功。三是坚持联合国在国际事务中的引导作用。在反恐问题上，联合国应该有更大作为，倡导鲜明的是非标准，推动国际社会坚决打击任何形式的恐怖主义。在网络问题上，联合国要发挥主渠道作用，讲规则、讲主权、讲透明，尊重各国在信息安全上的关切，实现共同治理。中国将继续坚定支持联合国工作。

（2014 年 5 月 19 日在会见联合国秘书长潘基文
时的谈话要点）

注　释

〔1〕抗日战争，指中国各族人民在中国共产党倡导的、以国民党和共产党合作为基础的抗日民族统一战线旗帜下，抗击日本帝国主义侵略的民族解放战争，是世界反法西斯战争的重要组成部分和东方主战场。以 1931 年九一八事变为起点，到 1945 年 9 月结束，经历了长达 14 年艰苦卓绝的斗争。中国人民抗日战争胜利，是近代以来中国抗击外敌入侵的第一次完全胜利，为世界反法西斯战争胜利作出了重大贡献。

坚持理性、协调、
并进的核安全观 *

（2014 年 3 月 24 日）

尊敬的吕特首相，

各位同事：

今天，我们共聚海牙，探讨加强核安全对策，意义十分重大。首先，我谨对吕特首相和荷兰政府为本次峰会所作的积极努力和周到安排，表示衷心的感谢！

上个世纪，原子的发现和核能的开发利用给人类发展带来了新的动力，极大增强了我们认识世界和改造世界的能力。同时，核能发展也伴生着核安全风险和挑战。人类要更好利用核能、实现更大发展，就必须应对好各种核安全挑战，维护好核材料和核设施安全。

各位同事！

加强核安全是一个持续进程。核能事业发展不停步，加强核安全的努力就不能停止。从 2010 年的华盛顿，到 2012 年的首尔，再到今天的海牙，核安全峰会承载着凝聚各国共识、深

---

* 这是习近平在荷兰海牙核安全峰会上的讲话。

化核安全努力的重要使命。我们要坚持理性、协调、并进的核安全观，把核安全进程纳入健康持续发展的轨道。

第一，发展和安全并重，以确保安全为前提发展核能事业。作为保障能源安全和应对气候变化的重要途径，和平利用核能事业，如同普罗米修斯带到人间的火种，为人类发展点燃了希望之火，拓展了美好前景。同时，如果不能有效保障核能安全，不能妥善应对核材料和核设施的潜在安全风险，就会给这一美好前景蒙上阴影，甚至带来灾难。要使核能事业发展的希望之火永不熄灭，就必须牢牢坚持安全第一原则。

我们要秉持为发展求安全、以安全促发展的理念，让发展和安全两个目标有机融合，使各国政府和核能企业认识到，任何以牺牲安全为代价的核能发展都难以持续，都不是真正的发展。只有采取切实举措，才能真正管控风险；只有实现安全保障，核能才能持续发展。

第二，权利和义务并重，以尊重各国权益为基础推进国际核安全进程。没有规矩，不成方圆。各国要切实履行核安全国际法律文书规定的义务，全面执行联合国安理会有关决议，巩固和发展现有核安全法律框架，为国际核安全努力提供制度保障和普遍遵循的指导原则。中国呼吁更多国家积极考虑批准核材料实物保护公约及其修订案、制止核恐怖主义行为国际公约。

各国国情不同，核能事业处于不同发展阶段，面临的核安全挑战也不尽相同。一把钥匙开一把锁。在强调各国履行有关国际义务的同时，也要尊重各国根据本国国情采取最适合自己的核安全政策和举措的权利，尊重各国保护核安全敏感信息的权利，坚持公平原则，本着务实精神，积极稳妥推进国际核安全进程。

第三，自主和协作并重，以互利共赢为途径寻求普遍核安全。核安全首先是国家课题，首要责任应该由各国政府承担。各国政府要知责任、负责任，强化核安全意识，培育核安全文化，加强机制建设，提升技术水平。这既是对自己负责，也是对世界负责。

核安全也是全球性课题。一个木桶的盛水量，是由最短的那块板决定的。一国核材料丢失，全世界都将面临威胁。实现普遍核安全，需要各国携手努力。我们要吸引更多国家加入国际核安全进程，使各国既从中受益，也为之作出贡献，争取实现核安全进程全球化。我们要加强交流、互鉴共享，有关多边机制和倡议要统筹协调、协同努力，争取做到即使不在同一起跑线上起跑，也不让一个伙伴掉队。

第四，治标和治本并重，以消除根源为目标全面推进核安全努力。核安全涉及不同层面，既包括实施科学有效管理，发展先进安全核能技术，也包括妥善应对核恐怖主义和核扩散。完善核安全政策举措，发展现代化和低风险的核能技术，坚持核材料供需平衡，加强防扩散出口控制，深化打击核恐怖主义的国际合作，是消除核安全隐患和核扩散风险的直接和有效途径。

治标还要治本。只有营造和平稳定的国际环境，发展和谐友善的国家关系，开展和睦开放的文明交流，才能从根源上解决核恐怖主义和核扩散问题，实现核能的持久安全和发展。

各位同事！

中国一向把核安全工作放在和平利用核能事业的首要位

置，按照最严格标准对核材料和核设施实施管理。发展核能事业50多年来，中国保持了良好的核安全记录。

荷兰哲人伊拉斯谟说过，预防胜于治疗。近几年，国际上发生的重大核事故为各国敲响了警钟，我们必须尽一切可能防止历史悲剧重演。

为防患于未然，中国全面采取了核安全保障举措。我们着力提高核安全技术水平，提高核安全应急能力，对全国核设施开展了全面安全检查，确保所有核材料和核设施得到有效安全保障。我们制定和实施了核安全中长期规划，完善国家核安全法规体系，正在制定国家核安全条例，扎实推进核安全工作机制化、法制化。

中国积极推动核安全国际合作。中国同美国合建的核安全示范中心举行了奠基仪式，工程建设进展顺利。这个中心将为地区乃至国际核安全技术交流合作作出贡献。中国在打击核材料非法贩运领域同俄罗斯和哈萨克斯坦等国开展一系列合作项目。中国支持在经济和技术可行的情况下，尽可能减少高浓铀使用，正在国际原子能机构框架内帮助加纳把一个使用高浓铀的研究堆改造为使用低浓铀燃料。中国向国际原子能机构核安全基金捐款，通过举办培训班等方式，提升亚太地区国家核安全能力。

各位同事！

光明前进一分，黑暗便后退一分。我们在核安全领域多作一份努力，恐怖主义就少一次可乘之机。为实现持久核安全，中国愿意继续作出自己的努力和贡献。

第一，中国将坚定不移增强自身核安全能力，继续致力于加强核安全政府监管能力建设，加大核安全技术研发和人力资源投入力度，坚持培育和发展核安全文化。

第二，中国将坚定不移参与构建国际核安全体系，同各国一道推动建立公平、合作、共赢的国际核安全体系，促进各国共享和平利用核能事业的成果。

第三，中国将坚定不移支持核安全国际合作，愿意为此分享技术和经验，贡献资源和平台，促进地区和国际核安全合作。中国支持国际原子能机构发挥主导作用，鼓励其帮助发展中国家提高核安全能力。中国将继续积极参与核安全活动，邀请国际原子能机构开展实物保护咨询服务。

第四，中国将坚定不移维护地区和世界和平稳定，坚持和平发展、合作共赢，通过平等对话和友好协商妥善处理矛盾和争端，同各国一道致力于消除核恐怖主义和核扩散存在的根源。

各位同事！

加强核安全，既是我们的共同承诺，也是我们的共同责任。让我们携手合作，使各国人民对实现持久核安全更有信心、对核能事业造福人类更有信心！

谢谢大家。

文明因交流而多彩，
文明因互鉴而丰富*

（2014 年 3 月 27 日）

文明因交流而多彩，文明因互鉴而丰富。文明交流互鉴，是推动人类文明进步和世界和平发展的重要动力。

推动文明交流互鉴，需要秉持正确的态度和原则。我认为，最重要的是坚持以下几点。

第一，文明是多彩的，人类文明因多样才有交流互鉴的价值。阳光有七种颜色，世界也是多彩的。一个国家和民族的文明是一个国家和民族的集体记忆。人类在漫长的历史长河中，创造和发展了多姿多彩的文明。从茹毛饮血到田园农耕，从工业革命到信息社会，构成了波澜壮阔的文明图谱，书写了激荡人心的文明华章。

"一花独放不是春，百花齐放春满园。"如果世界上只有一种花朵，就算这种花朵再美，那也是单调的。不论是中华文明，还是世界上存在的其他文明，都是人类文明创造的成果。

我参观过法国卢浮宫，也参观过中国故宫博物院，它们珍

---

* 这是习近平在联合国教科文组织总部演讲的一部分。

藏着千万件艺术珍品，吸引人们眼球的正是其展现的多样文明成果。文明交流互鉴不应该以独尊某一种文明或者贬损某一种文明为前提。中国人在2000多年前就认识到了"物之不齐，物之情也"[1]的道理。推动文明交流互鉴，可以丰富人类文明的色彩，让各国人民享受更富内涵的精神生活、开创更有选择的未来。

第二，文明是平等的，人类文明因平等才有交流互鉴的前提。各种人类文明在价值上是平等的，都各有千秋，也各有不足。世界上不存在十全十美的文明，也不存在一无是处的文明，文明没有高低、优劣之分。

我访问过世界上许多地方，最喜欢做的一件事情就是了解五大洲的不同文明，了解这些文明与其他文明的不同之处、独到之处，了解在这些文明中生活的人们的世界观、人生观、价值观。我到过代表古玛雅文明的奇琴伊察，也到过带有浓厚伊斯兰文明色彩的中亚古城撒马尔罕。我深深感到，要了解各种文明的真谛，必须秉持平等、谦虚的态度。如果居高临下对待一种文明，不仅不能参透这种文明的奥妙，而且会与之格格不入。历史和现实都表明，傲慢和偏见是文明交流互鉴的最大障碍。

第三，文明是包容的，人类文明因包容才有交流互鉴的动力。海纳百川，有容乃大。人类创造的各种文明都是劳动和智慧的结晶。每一种文明都是独特的。在文明问题上，生搬硬套、削足适履不仅是不可能的，而且是十分有害的。一切文明成果都值得尊重，一切文明成果都要珍惜。

历史告诉我们，只有交流互鉴，一种文明才能充满生命力。只要秉持包容精神，就不存在什么"文明冲突"，就可以实现文明和谐。这就是中国人常说的："萝卜青菜，各有所爱。"

中华文明经历了 5000 多年的历史变迁，但始终一脉相承，积淀着中华民族最深层的精神追求，代表着中华民族独特的精神标识，为中华民族生生不息、发展壮大提供了丰厚滋养。中华文明是在中国大地上产生的文明，也是同其他文明不断交流互鉴而形成的文明。

公元前 100 多年，中国就开始开辟通往西域的丝绸之路[2]。汉代张骞[3]于公元前 138 年和 119 年两次出使西域，向西域传播了中华文化，也引进了葡萄、苜蓿、石榴、胡麻、芝麻等西域文化成果。西汉时期，中国的船队就到达了印度和斯里兰卡，用中国的丝绸换取了琉璃、珍珠等物品。中国唐代是中国历史上对外交流的活跃期。据史料记载，唐代中国通使交好的国家多达 70 多个，那时候的首都长安里来自各国的使臣、商人、留学生云集成群。这个大交流促进了中华文化远播世界，也促进了各国文化和物产传入中国。15 世纪初，中国明代著名航海家郑和[4]七次远洋航海，到了东南亚很多国家，一直抵达非洲东海岸的肯尼亚，留下了中国同沿途各国人民友好交往的佳话。明末清初，中国人积极学习现代科技知识，欧洲的天文学、医学、数学、几何学、地理学知识纷纷传入中国，开阔中国人的知识视野。之后，中外文明交流互鉴更是频繁展开，这其中有冲突、矛盾、疑惑、拒绝，但更多是学习、消化、融合、创新。

佛教产生于古代印度，但传入中国后，经过长期演化，佛教同中国儒家文化和道家文化融合发展，最终形成了具有中国特色的佛教文化，给中国人的宗教信仰、哲学观念、文学艺术、礼仪习俗等留下了深刻影响。中国唐代玄奘[5]西行取经，历尽磨难，体现的是中国人学习域外文化的坚韧精神。根据他的故事演绎的神话小说《西游记》[6]，我想大家都知道。中国人根据中华文化发展了佛教思想，形成了独特的佛教理论，而且使佛教从中国传播到了日本、韩国、东南亚等地。

2000多年来，佛教、伊斯兰教、基督教等先后传入中国，中国音乐、绘画、文学等也不断吸纳外来文明的优长。中国传统画法同西方油画融合创新，形成了独具魅力的中国写意油画，徐悲鸿[7]等大师的作品受到广泛赞赏。中国的造纸术、火药、印刷术、指南针四大发明带动了世界变革，推动了欧洲文艺复兴。中国哲学、文学、医药、丝绸、瓷器、茶叶等传入西方，渗入西方民众日常生活之中。《马可·波罗游记》令无数人对中国心向往之。

大家都知道，中国有秦俑[8]，人们称之为"地下的军团"。法国总统希拉克参观之后说："不看金字塔，不算真正到过埃及。不看秦俑，不算真正到过中国。"1987年，这一尘封了2000多年的中华文化珍品被列入世界文化遗产。中国还有大量文明成果被教科文组织列入世界文化遗产、世界非物质文化遗产、世界记忆遗产名录。这里，我要对教科文组织为保存和传播中华文明作出的贡献，表示衷心的感谢！

当今世界，人类生活在不同文化、种族、肤色、宗教和不同社会制度所组成的世界里，各国人民形成了你中有我、我中有你的命运共同体。

中国人早就懂得了"和而不同"[9]的道理。生活在2500年前的中国史学家左丘明[10]在《左传》[11]中记录了齐国上大夫晏子[12]关于"和"的一段话："和如羹焉，水、火、醯、醢、盐、梅，以烹鱼肉。""声亦如味，一气，二体，三类，四物，五声，六律，七音，八风，九歌，以相成也。""若以水济水，谁能食之？若琴瑟之专一，谁能听之？"

世界上有 200 多个国家和地区，2500 多个民族和多种宗教。如果只有一种生活方式，只有一种语言，只有一种音乐，只有一种服饰，那是不可想象的。

雨果说，世界上最宽阔的是海洋，比海洋更宽阔的是天空，比天空更宽阔的是人的胸怀。对待不同文明，我们需要比天空更宽阔的胸怀。文明如水，润物无声。我们应该推动不同文明相互尊重、和谐共处，让文明交流互鉴成为增进各国人民友谊的桥梁、推动人类社会进步的动力、维护世界和平的纽带。我们应该从不同文明中寻求智慧、汲取营养，为人们提供精神支撑和心灵慰藉，携手解决人类共同面临的各种挑战。

1987 年，在中国陕西的法门寺，地宫中出土了 20 件美轮美奂的琉璃器，这是唐代传入中国的东罗马和伊斯兰的琉璃器。我在欣赏这些域外文物时，一直在思考一个问题，就是对待不同文明，不能只满足于欣赏它们产生的精美物件，更应该去领略其中包含的人文精神；不能只满足于领略它们对以往人们生活的艺术表现，更应该让其中蕴藏的精神鲜活起来。

注　释

〔1〕见《孟子·滕文公上》。

〔2〕中国古代经中亚通往南亚、西亚以及欧洲、北非的陆上贸易通道。因大量中国丝和丝织品多经此路西运，故称丝绸之路。

〔3〕张骞（？—前114），汉中成固（今陕西城固东）人。西汉大臣。为相约西域（汉代对玉门关、阳关以西地区统称西域）各民族共同抵御匈奴，先后于公元前138年、公元前119年两次奉命出使西域，远达今中亚地区，密切了中原与西域的联系，促进了丝绸之路的开辟。

〔4〕郑和（1371或1375—1433或1435），云南昆阳（今云南晋宁）人。明代航海家。明初入宫，后任内官监太监。1405年至1433年间，先后7次率领庞大船队出使亚非诸国，遍访东南亚、印度洋及红海沿岸的30多个国家和地区，曾远达非洲东海岸和伊斯兰教圣地麦加，史称郑和下西洋（明代称今文莱以西海域为西洋）。郑和的远航促进了中国与亚非国家的经济文化交流。

〔5〕玄奘（600或602—664），俗称唐僧，生于隋代，洛州缑氏（今河南偃师缑氏镇）人。唐代高僧，佛教经典翻译家、唯识宗创始人之一。13岁出家，后遍访名师，因感诸师所说不一，难得定论，决意西行取经。629年（一说为627年）前往今印度等地研习佛教典籍，645年回到长安。后译出佛经75部，共1335卷，并根据西行见闻写成《大唐西域记》一书。

〔6〕《西游记》，是吴承恩著的一部神话小说，描写了唐僧、孙悟空、猪八戒、沙和尚师徒四人去西天取经，沿途降妖伏魔取得真经的故事。《西游记》与《三国演义》、《水浒传》、《红楼梦》并称为中国四大古典文学名著。吴承恩（约1500—约1582），山阳（今江苏淮安）人。明代文学家。

〔7〕徐悲鸿（1895—1953），江苏宜兴人。中国画家、美术教育家。

〔8〕秦俑，指中国历史上第一个皇帝秦始皇嬴政（前259—前210）陵墓随葬的陶兵马雕塑群。1987年被列入《世界遗产名录》。

〔9〕见本卷《青年要自觉践行社会主义核心价值观》注〔10〕。

〔10〕左丘明（前556—前451），鲁国人。春秋时期史学家。

〔11〕《左传》，又称《左氏春秋》，相传为左丘明作，中国儒家经典之一。与《公羊传》、《穀梁传》同为解释《春秋》的三传之一。

〔12〕晏子（？—前500），即晏婴，夷维（今山东高密）人。春秋时期齐国大夫。

走和平发展道路
是中国人民对实现自身发展目标
的自信和自觉 *

（2014 年 3 月 28 日）

相互了解、相互理解是促进国家关系发展的基础性工程。了解越多，理解越深，交流合作的基础就越牢固、越广泛。

众所周知，经过改革开放 30 多年的快速发展，中国经济总量已经位居世界第二。面对中国的块头不断长大，有些人开始担心，也有一些人总是戴着有色眼镜看中国，认为中国发展起来了必然是一种"威胁"，甚至把中国描绘成一个可怕的"墨菲斯托"，似乎哪一天中国就要摄取世界的灵魂。尽管这种论调像天方夜谭一样，但遗憾的是，一些人对此却乐此不疲。这只能再次证明了一条真理：偏见往往最难消除。

纵观人类历史，把人们隔离开来的往往不是千山万水，不是大海深壑，而是人们相互认知上的隔膜。莱布尼茨说，唯有相互交流我们各自的才能，才能共同点燃我们的智慧之灯。

借此机会，我想以中国坚持走和平发展道路为题，就中

国改革发展谈点体会，希望有助于增进大家对中国的了解和理解。

中国早就向世界郑重宣示：中国坚定不移走和平发展道路，既通过维护世界和平发展自己，又通过自身发展维护世界和平。走和平发展道路，是中国对国际社会关注中国发展走向的回应，更是中国人民对实现自身发展目标的自信和自觉。这种自信和自觉，来源于中华文明的深厚渊源，来源于对实现中国发展目标条件的认知，来源于对世界发展大势的把握。

中华民族是爱好和平的民族。一个民族最深沉的精神追求，一定要在其薪火相传的民族精神中来进行基因测序。有着5000多年历史的中华文明，始终崇尚和平，和平、和睦、和谐的追求深深植根于中华民族的精神世界之中，深深溶化在中国人民的血脉之中。中国自古就提出了"国虽大，好战必亡"[1]的箴言。"以和为贵"、"和而不同"[2]、"化干戈为玉帛"、"国泰民安"、"睦邻友邦"、"天下太平"、"天下大同"等理念世代相传。中国历史上曾经长期是世界上最强大的国家之一，但没有留下殖民和侵略他国的记录。我们坚持走和平发展道路，是对几千年来中华民族热爱和平的文化传统的继承和发扬。

中国已经确定了未来发展目标，这就是到2020年国内生产总值和城乡居民人均收入比2010年翻一番、全面建成小康社会，到本世纪中叶建成富强民主文明和谐的社会主义现代化国家。我们形象地把这个目标概括为实现中华民族伟大复兴的中国梦。中国有13亿多人，只要道路正确，整体的财富水平和幸福指数可以迅速上升，但每个个体的财富水平和幸福指数的提高就不那么容易了。同样一桌饭，即使再丰盛，8个人吃和 80 个人吃、800 个人吃是完全不一样的。我们深知，在相当长时期内，中国仍然是世界上最大的发展中国家，提高 13 亿多人的生活水平和质量需要我们付出艰苦的努力。中国要聚精会神搞建设，需要两个基本条件，一个是和谐稳定的国内环境，一个是和平安宁的国际环境。

历史是最好的老师，它忠实记录下每一个国家走过的足迹，也给每一个国家未来的发展提供启示。从 1840 年鸦片战争到 1949 年新中国成立的 100 多年间，中国社会战火频频、兵燹不断，内部战乱和外敌入侵循环发生，给中国人民带来了不堪回首的苦难。仅日本军国主义发动的侵华战争，就造成了中国军民伤亡 3500 多万人的人间惨剧。这段悲惨的历史，给中国人留下了刻骨铭心的记忆。中国人历来讲求"己所不欲，勿施于人"[3]。中国需要和平，就像人需要空气一样，就像万物生长需要阳光一样。只有坚持走和平发展道路，只有同世界各国一道维护世界和平，中国才能实现自己的目标，才能为世界作出更大贡献。

中国民主革命的先行者孙中山先生说："世界潮流，浩浩荡荡，顺之则昌，逆之则亡。"历史告诉我们，一个国家要发展繁荣，必须把握和顺应世界发展大势，反之必然会被历史抛弃。什么是当今世界的潮流？答案只有一个，那就是和平、发展、合作、共赢。中国不认同"国强必霸"的陈旧逻辑。当今世界，殖民主义、霸权主义的老路还能走得通吗？答案是否定的。不仅走不通，而且一定会碰得头破血流。只有和平发展道路可以走得通。所以，中国将坚定不移走和平发展道路。

事实胜于雄辩。几十年来，中国始终坚持独立自主的和平外交政策，始终强调中国外交政策的宗旨是维护世界和平、促进共同发展。中国多次公开宣示，中国反对各种形式的霸权主义和强权政治，不干涉别国内政，永远不称霸，永远不搞扩张。我们在政策上是这样规定的、制度上是这样设计的，在实践中更是一直这样做的。当然，中国将坚定不移维护自己的主权、安全、发展利益，任何国家都不要指望我们会吞下损害中国主权、安全、发展利益的苦果。

总之，中国走和平发展道路，不是权宜之计，更不是外交辞令，而是从历史、现实、未来的客观判断中得出的结论，是思想自信和实践自觉的有机统一。和平发展道路对中国有利、对世界有利，我们想不出有任何理由不坚持这条被实践证明是走得通的道路。

注　　释

〔1〕见《司马法·仁本》。《司马法》又称《司马穰苴兵法》、《军礼司马法》，中国古代兵书，宋代被颁定为武学基本教材。

〔2〕见本卷《青年要自觉践行社会主义核心价值观》注〔10〕。

〔3〕见本卷《青年要自觉践行社会主义核心价值观》注〔22〕。

十二、推动构建新型大国关系

顺应时代前进潮流，
促进世界和平发展 *

（2013 年 3 月 23 日）

尊敬的托尔库诺夫院长，

尊敬的戈洛杰茨副总理，

老师们，同学们：

今天，有机会来到美丽的莫斯科国际关系学院，同各位老师、同学见面，感到十分高兴。

莫斯科国际关系学院是享誉世界的知名学府，名师荟萃，英才辈出，我对贵院在各领域取得的优异成绩，表示热烈的祝贺！

俄罗斯是中国的友好邻邦。这次访问俄罗斯，是我担任中国国家主席后第一次出访，是这次出访的第一站，也是时隔 3 年再次来到你们美丽富饶的国家。昨天，我同普京总统举行了富有成果的会谈，并共同出席了俄罗斯中国旅游年开幕式。

早春 3 月，意味着一个新的万物复苏季节的到来，意味着一个新的播种的时刻的到来。常言道，一年之计在于春。中俄

---

* 这是习近平在莫斯科国际关系学院的演讲。

双方把握这美好的早春时节，为两国关系和世界和平与发展辛勤耕耘，必将收获新的成果，造福两国人民和各国人民。

老师们、同学们！

国际关系学院是专门从事国际问题研究和教学的高等学府，相信你们对国际形势更加关注，更能感受到过去几十年国际社会沧海桑田般的巨大变化。我们所处的是一个风云变幻的时代，面对的是一个日新月异的世界。

——这个世界，和平、发展、合作、共赢成为时代潮流，旧的殖民体系土崩瓦解，冷战时期的集团对抗不复存在，任何国家或国家集团都再也无法单独主宰世界事务。

——这个世界，一大批新兴市场国家和发展中国家走上发展的快车道，十几亿、几十亿人口正在加速走向现代化，多个发展中心在世界各地区逐渐形成，国际力量对比继续朝着有利于世界和平与发展的方向发展。

——这个世界，各国相互联系、相互依存的程度空前加深，人类生活在同一个地球村里，生活在历史和现实交汇的同一个时空里，越来越成为你中有我、我中有你的命运共同体。

——这个世界，人类依然面临诸多难题和挑战，国际金融危机深层次影响继续显现，形形色色的保护主义明显升温，地区热点此起彼伏，霸权主义、强权政治和新干涉主义有所上升，军备竞争、恐怖主义、网络安全等传统安全威胁和非传统安全威胁相互交织，维护世界和平、促进共同发展依然任重道远。

我们希望世界变得更加美好，我们也有理由相信，世界会变得更加美好。同时，我们也清楚地知道，前途是光明的，道路是曲折的。车尔尼雪夫斯基曾经写道："历史的道路不是涅瓦大街上的人行道，它完全是在田野中前进的，有时穿过尘埃，有时穿过泥泞，有时横渡沼泽，有时行经丛林。"人类社会发展的历史证明，无论会遇到什么样的曲折，历史都总是按照自己的规律向前发展，没有任何力量能够阻挡历史前进的车轮。

世界潮流，浩浩荡荡，顺之则昌，逆之则亡。要跟上时代前进步伐，就不能身体已进入 21 世纪，而脑袋还停留在过去，停留在殖民扩张的旧时代里，停留在冷战思维、零和博弈的老框框内。

面对国际形势的深刻变化和世界各国同舟共济的客观要求，各国应该共同推动建立以合作共赢为核心的新型国际关系，各国人民应该一起来维护世界和平、促进共同发展。

我们主张，各国和各国人民应该共同享受尊严。要坚持国家不分大小、强弱、贫富一律平等，尊重各国人民自主选择发展道路的权利，反对干涉别国内政，维护国际公平正义。"鞋子合不合脚，自己穿了才知道"。一个国家的发展道路合不合适，只有这个国家的人民才最有发言权。

我们主张，各国和各国人民应该共同享受发展成果。每个国家在谋求自身发展的同时，要积极促进其他各国共同发展。世界长期发展不可能建立在一批国家越来越富裕而另一批国家却长期贫穷落后的基础之上。只有各国共同发展了，世界才能更好发展。那种以邻为壑、转嫁危机、损人利己的做法既不道德，也难以持久。

我们主张，各国和各国人民应该共同享受安全保障。各国要同心协力，妥善应对各种问题和挑战。越是面临全球性挑战，越要合作应对，共同变压力为动力、化危机为生机。面对错综复杂的国际安全威胁，单打独斗不行，迷信武力更不行，合作安全、集体安全、共同安全才是解决问题的正确选择。

随着世界多极化、经济全球化深入发展和文化多样化、社会信息化持续推进，今天的人类比以往任何时候都更有条件朝和平与发展的目标迈进，而合作共赢就是实现这一目标的现实途径。

世界的命运必须由各国人民共同掌握。各国主权范围内的事情只能由本国政府和人民去管，世界上的事情只能由各国政府和人民共同商量来办。这是处理国际事务的民主原则，国际社会应该共同遵守。

老师们、同学们！

去年11月，中国共产党召开了第十八次全国代表大会，明确了今后一个时期中国的发展蓝图，提出到2020年国内生产总值和城乡居民人均收入将在2010年的基础上翻一番，在中国共产党建党100年时全面建成小康社会，在新中国成立100年时建成富强民主文明和谐的社会主义现代化国家。同时，我们也清醒地认识到，作为拥有13亿多人口的发展中大国，中国在发展道路上面临的风险和挑战依然会很大、很严峻，要实现已确定的奋斗目标必须付出持续的艰辛努力。

实现中华民族伟大复兴，是近代以来中国人民最伟大的梦想，我们称之为"中国梦"，基本内涵是实现国家富强、民族振兴、人民幸福。中华民族历来爱好和平。近代以来，中国人民蒙受了外国侵略和内部战乱的百年苦难，深知和平的宝贵，最需要在和平环境中进行国家建设，以不断改善人民生活。中国将坚定不移走和平发展道路，致力于促进开放的发展、合作的发展、共赢的发展，同时呼吁各国共同走和平发展道路。中国始终奉行防御性的国防政策，不搞军备竞赛，不对任何国家构成军事威胁。中国发展壮大，带给世界的是更多机遇而不是什么威胁。我们要实现的中国梦，不仅造福中国人民，而且造福各国人民。

我们高兴地看到，中俄两国互为最大邻国，在国家发展蓝图上有很多契合之处。俄罗斯提出到 2020 年人均国内生产总值将达到或接近发达国家水平的目标，现在正在强国富民的道路上加快前进。我们衷心祝愿俄罗斯早日实现自己的奋斗目标。一个繁荣强大的俄罗斯，符合中国利益，也有利于亚太与世界和平稳定。

中俄关系是世界上最重要的一组双边关系，更是最好的一组大国关系。一个高水平、强有力的中俄关系，不仅符合中俄双方利益，也是维护国际战略平衡和世界和平稳定的重要保障。经过双方 20 多年不懈努力，中俄建立起全面战略协作伙伴关系，这种关系充分照顾对方利益和关切，给两国人民带来了实实在在的好处。我们两国彻底解决了历史遗留的边界问题，签署了《中俄睦邻友好合作条约》，为中俄关系长远发展奠定了坚实基础。

当前，中俄都处在民族复兴的重要时期，两国关系已进入互相提供重要发展机遇、互为主要优先合作伙伴的新阶段。对发展新形势下的中俄关系，我认为应该在以下几个方面多下功夫。

第一，坚定不移发展面向未来的关系。中俄世代友好、永不为敌，是两国人民共同心愿。我们双方要登高望远，统筹谋划两国关系发展。普京总统讲过："俄罗斯需要一个繁荣稳定的中国，中国也需要一个强大成功的俄罗斯。"我完全同意他的看法。我们两国共同发展，将给中俄全面战略协作伙伴关系提供更广阔发展空间，将为国际秩序和国际体系朝着公正合理的方向发展提供正能量。我们两国要永做好邻居、好朋友、好伙伴，以实际行动坚定支持对方维护本国核心利益，坚定支持对方发展复兴，坚定支持对方走符合本国国情的发展道路，坚定支持对方办好自己的事情。

第二，坚定不移发展合作共赢的关系。中俄国情不同、条件各异，彼此密切合作、取长补短可以起到一加一大于二的效果。去年，中俄贸易额达到882亿美元，人员交流达到330万人次，这些数字充分反映出中俄关系的巨大发展潜力和广阔发展前景。中俄两国的能源合作不断深化。继17世纪的"万里茶道"[1]之后，中俄油气管道成为联通两国新的"世纪动脉"。当前，我们两国正积极推动各自国家和地区发展战略相互对接，不断创造出更多利益契合点和合作增长点。我们要推动两国合作从能源资源向投资、基础设施建设、高技术、金融等领域拓展，从商品进出口向联合研发、联合生产转变，不断提高两国务实合作层次和水平。

第三，坚定不移发展两国人民友好关系。国之交在于民相亲。人民的深厚友谊是国家关系发展的力量源泉。这里，我想讲几个两国人民相互支持和帮助的事例。抗日战争时期，苏联飞行大队长库里申科来华同中国人民并肩作战，他动情地说："我像体验我的祖国的灾难一样，体验着中国劳动人民正在遭受的灾难。"他英勇牺牲在中国大地上。中国人民没有忘记这位英雄，一对普通的中国母子已为他守陵半个多世纪。2004年俄罗斯发生别斯兰人质事件[2]后，中国邀请部分受伤儿童赴华接受康复治疗，这些孩子在中国受到精心照料，俄方带队医生阿兰表示："你们的医生给孩子们这么大的帮助，我们的孩子会永远记住你们的。"2008年中国汶川特大地震[3]发生后，俄罗斯在第一时间向中国伸出援手，并邀请灾区孩子到俄罗斯远东等地疗养。3年前，我在符拉迪沃斯托克"海洋"全俄儿童中心，亲眼目睹了俄罗斯老师给予中国儿童的悉心照料和温馨关怀。中国孩子亲身体会到了俄罗斯人民的友爱和善良，这应验了大爱无疆这句中国人常说的话。这样的感人事迹还有很多，滋润着两国人民友谊之树枝繁叶茂。

中俄两国都具有悠久的历史、灿烂的文化，人文交流对增进两国人民友谊具有不可替代的作用。孔子、老子等中国古代思想家为俄罗斯人民所熟悉。中国老一辈革命家深受俄罗斯文化影响，我们这一代人也读了很多俄罗斯文学的经典作品。我年轻时就读过普希金、莱蒙托夫、屠格涅夫、陀思妥耶夫斯基、托尔斯泰、契诃夫等文学巨匠的作品，让我感受到俄罗斯文学的魅力。中俄两国文化交流有着深厚基础。

青年是国家的未来，是世界的未来，也是中俄友好事业的未来。这次访俄期间，我和普京总统共同宣布，两国将于2014年和2015年互办中俄青年友好交流年。中方还将邀请包括莫斯科国际关系学院学生在内的俄罗斯大学生代表团访华。在座各位同学是俄罗斯青年一代的精英。我期待着越来越多的中俄青年接过中俄友谊的接力棒，积极投身两国人民友好事业。

老师们、同学们！

俄罗斯有句谚语："大船必能远航。"中国有句古诗："长风破浪会有时，直挂云帆济沧海。"[4]我相信，在两国政府和人民共同努力下，中俄关系一定能够继续乘风破浪、扬帆远航，更好造福两国人民，更好促进世界和平与发展！

　　谢谢大家。

注　　释

　　〔1〕"万里茶道"，指明末清初晋商开辟的从中国福建起，到达俄罗斯恰克图，再在俄罗斯境内继续延伸到圣彼得堡的茶叶贸易路线，途经大小200多个城市，总长达1.3万公里，是与"丝绸之路"齐名的一条重要国际贸易通道。

　　〔2〕别斯兰人质事件，指2004年9月1日发生在俄罗斯南部北奥塞梯共和国别斯兰市第一中学的恐怖主义袭击事件，导致300多名人质死亡。

　　〔3〕汶川特大地震，指2008年5月12日14时28分04秒发生于中国四川省汶川县的里氏8.0级地震。震中位于汶川县映秀镇西偏南38°方向11公里处。地震造成的伤亡惨重，截至2008年9月25日，确认69227人遇难，374643人受伤，17923人失踪。地震造成的极重灾区和重灾区的直接经济损失达8451亿元人民币。

　　〔4〕见李白《行路难三首（其一）》。

构建中美新型大国关系[*]

(2013 年 6 月 7 日)

刚才，我同奥巴马总统进行了第一场会晤，就各自国家的内外政策、中美新型大国关系以及共同关心的重大国际和地区问题坦诚深入交换了意见，并达成重要共识。

我明确告诉奥巴马总统，中国将坚定不移走和平发展道路，坚定不移深化改革、扩大开放，努力实现中华民族伟大复兴的中国梦，努力促进人类和平与发展的崇高事业。

中国梦要实现国家富强、民族复兴、人民幸福，是和平、发展、合作、共赢的梦，与包括美国梦在内的世界各国人民的美好梦想相通。

我和奥巴马总统都认为，面对经济全球化迅速发展和各国同舟共济的客观需求，中美应该而且可以走出一条不同于历史上大国冲突对抗的新路。双方同意，共同努力构建新型大国关系，相互尊重，合作共赢，造福两国人民和世界人民。国际社会也期待中美关系能够不断改善和发展。中美两国合作好了，就可以做世界稳定的压舱石、世界和平的助推器。

双方同意加强各层次对话沟通，不断增进相互理解和信任。

---

* 这是习近平在同美国总统奥巴马共同会见记者时的讲话要点。

我和奥巴马总统将继续通过互访、会晤、通话、通信等方式保持密切联系。我邀请奥巴马总统适时来华举行新一轮会晤。我和奥巴马总统将尽早实现互访。双方团队将密切配合，确保新一轮中美战略与经济对话、人文交流高层磋商取得积极成果。中国国防部长和外交部长将应邀访美。

双方同意加强经贸、能源、环境、人文、地方等广泛领域合作，深化全方位利益交融格局；改善和发展两军关系，推进新型军事关系建设；加强宏观经济政策协调，在两国经济发展过程中拓展合作，推动亚太地区和全球经济强劲、可持续、平衡增长。

事在人为。我对中美建设新型大国关系抱有信心。第一，双方都有建设新型大国关系的政治意愿。第二，40多年双方合作的积累，使两国合作具有很好的基础。第三，双方建立了战略与经济对话、人文交流高层磋商等90多个对话沟通机制，为建设新型大国关系提供了机制保障。第四，双方建立了220多对友好省州和友好城市。中国有近19万学生在美留学，美国有2万多学生在华留学。建设中美新型大国关系具有深厚民意基础。第五，未来两国有着广泛的合作空间。

中美建设新型大国关系前无古人、后启来者。中美需要在加强对话、增加互信、发展合作、管控分歧的过程中，不断推进新型大国关系建设。

中华民族和美利坚民族都是伟大的民族，两国人民都是伟大的人民。我坚信，只要双方拿出决心和信心，保持耐心和智慧，既大处着眼、登高望远，又小处着手、积微成著，就一定能够完成这项事业。

　　中国是黑客攻击的受害国。中国是网络安全的坚定维护者。中美双方在网络安全上有共同关切。双方已商定在中美战略安全对话框架内成立网络工作组，并将加紧研究这个问题。双方应该消除猜忌、进行合作，使网络安全成为中美合作新亮点。

在亚欧大陆架起一座
友谊和合作之桥 *

（2014 年 4 月 1 日）

中国和欧洲虽然远隔万里，但都生活在同一个时间、同一个空间之内，生活息息相关。当前，中欧都处于发展的关键时期，都面临着前所未有的机遇和挑战。刚才，我说到我们希望同欧洲朋友一道，在亚欧大陆架起一座友谊和合作之桥。我们要共同努力建造和平、增长、改革、文明四座桥梁，建设更具全球影响力的中欧全面战略伙伴关系。

——我们要建设和平稳定之桥，把中欧两大力量连接起来。中国和欧盟面积占世界十分之一，人口占世界四分之一，在联合国安理会拥有 3 个常任理事国席位。要和平不要战争、要多边不要单边、要对话不要对抗是双方的共识。我们要加强在全球性问题上的沟通和协调，为维护世界和平稳定发挥关键性作用。文明文化可以传播，和平发展也可以传播。中国愿意同欧盟一道，让和平的阳光驱走战争的阴霾，让繁荣的篝火温暖世界经济的春寒，促进全人类走上和平发展、合作共赢的道路。

---

* 这是习近平在布鲁日欧洲学院演讲的一部分。

——我们要建设增长繁荣之桥，把中欧两大市场连接起来。中国和欧盟经济总量占世界三分之一，是世界最重要的两大经济体。我们要共同坚持市场开放，加快投资协定谈判，积极探讨自由贸易区建设，努力实现到2020年双方贸易额达到1万亿美元的宏伟目标。我们还要积极探讨把中欧合作和丝绸之路经济带建设结合起来，以构建亚欧大市场为目标，让亚欧两大洲人员、企业、资金、技术活起来、火起来，使中国和欧盟成为世界经济增长的双引擎。

——我们要建设改革进步之桥，把中欧两大改革进程连接起来。中国和欧盟都在经历人类历史上前所未有的改革进程，都在走前人没有走过的路。双方要加强在宏观经济、公共政策、区域发展、农村发展、社会民生等领域对话和合作，尊重双方的改革道路，借鉴双方的改革经验，以自身改革带动世界发展进步。

——我们要建设文明共荣之桥，把中欧两大文明连接起来。中国是东方文明的重要代表，欧洲则是西方文明的发祥地。正如中国人喜欢茶而比利时人喜爱啤酒一样，茶的含蓄内敛和酒的热烈奔放代表了品味生命、解读世界的两种不同方式。但是，茶和酒并不是不可兼容的，既可以酒逢知己千杯少，也可以品茶品味品人生。中国主张"和而不同"[1]，而欧盟强调"多元一体"。中欧要共同努力，促进人类各种文明之花竞相绽放。

无论国际风云如何变幻，中国始终支持欧洲一体化进程，始终支持一个团结、稳定、繁荣的欧盟在国际事务中发挥更大作用。中国即将发表第二份对欧盟政策文件，重申中国对欧盟和发展中欧关系的高度重视。去年，中欧共同制定了中欧合作

2020 战略规划，在近百个领域提出了一系列具有雄心的合作目标。双方应该一道努力，尽早把蓝图变为现实，让未来 10 年的中欧关系更加美好。

注　　释

〔1〕见本卷《青年要自觉践行社会主义核心价值观》注〔10〕。

十三、做好周边外交工作

共同建设"丝绸之路经济带"*

（2013 年 9 月 7 日）

2100 多年前，中国汉代的张骞肩负和平友好使命，两次出使中亚，开启了中国同中亚各国友好交往的大门，开辟出一条横贯东西、连接欧亚的丝绸之路。

我的家乡陕西，就位于古丝绸之路的起点。站在这里，回首历史，我仿佛听到了山间回荡的声声驼铃，看到了大漠飘飞的袅袅孤烟。这一切，让我感到十分亲切。

哈萨克斯坦这片土地，是古丝绸之路经过的地方，曾经为沟通东西方文明，促进不同民族、不同文化相互交流和合作作出过重要贡献。东西方使节、商队、游客、学者、工匠川流不息，沿途各国互通有无、互学互鉴，共同推动了人类文明进步。

古丝绸之路上的古城阿拉木图有一条冼星海[1]大道，人们传诵着这样一个故事。1941 年伟大卫国战争爆发，中国著名音乐家冼星海辗转来到阿拉木图。在举目无亲、贫病交加之际，哈萨克音乐家拜卡达莫夫接纳了他，为他提供了一个温暖的家。

在阿拉木图，冼星海创作了《民族解放》、《神圣之战》、《满江红》等著名音乐作品，并根据哈萨克民族英雄阿曼盖尔德的

---

* 这是习近平在纳扎尔巴耶夫大学演讲的一部分。

事迹创作出交响诗《阿曼盖尔德》，激励人们为抗击法西斯而战，受到当地人民广泛欢迎。

千百年来，在这条古老的丝绸之路上，各国人民共同谱写出千古传诵的友好篇章。两千多年的交往历史证明，只要坚持团结互信、平等互利、包容互鉴、合作共赢，不同种族、不同信仰、不同文化背景的国家完全可以共享和平，共同发展。这是古丝绸之路留给我们的宝贵启示。

20多年来，随着中国同欧亚国家关系快速发展，古老的丝绸之路日益焕发出新的生机活力，以新的形式把中国同欧亚国家的互利合作不断推向新的历史高度。

远亲不如近邻。中国同中亚国家是山水相连的友好邻邦。中国高度重视发展同中亚各国的友好合作关系，将其视为外交优先方向。

当前，中国同中亚国家关系发展面临难得机遇。我们希望同中亚国家一道，不断增进互信、巩固友好、加强合作，促进共同发展繁荣，为各国人民谋福祉。

——我们要坚持世代友好，做和谐和睦的好邻居。中国坚持走和平发展道路，坚定奉行独立自主的和平外交政策。我们尊重各国人民自主选择的发展道路和奉行的内外政策，决不干涉中亚国家内政。中国不谋求地区事务主导权，不经营势力范围。我们愿同俄罗斯和中亚各国加强沟通和协调，共同为建设和谐地区作出不懈努力。

——我们要坚定相互支持，做真诚互信的好朋友。在涉及国家主权、领土完整、安全稳定等重大核心利益问题上坚定相互支持，是中国同中亚各国战略伙伴关系的实质和重要内容。

我们愿同各国在双边和上海合作组织[2]框架内加强互信、深化合作，合力打击"三股势力"[3]、贩毒、跨国有组织犯罪，为地区经济发展和人民安居乐业创造良好环境。

——我们要大力加强务实合作，做互利共赢的好伙伴。中国和中亚国家都处在关键发展阶段，面对前所未有的机遇和挑战。我们都提出了符合本国国情的中长期发展目标。我们的战略目标是一致的，那就是确保经济长期稳定发展，实现国家繁荣富强和民族振兴。我们要全面加强务实合作，将政治关系优势、地缘毗邻优势、经济互补优势转化为务实合作优势、持续增长优势，打造互利共赢的利益共同体。

——我们要以更宽的胸襟、更广的视野拓展区域合作，共创新的辉煌。当前，世界经济融合加速发展，区域合作方兴未艾。欧亚地区已经建立起多个区域合作组织。欧亚经济共同体和上海合作组织成员国、观察员国地跨欧亚、南亚、西亚，通过加强上海合作组织同欧亚经济共同体合作，我们可以获得更大发展空间。

为了使我们欧亚各国经济联系更加紧密、相互合作更加深入、发展空间更加广阔，我们可以用创新的合作模式，共同建设"丝绸之路经济带"。这是一项造福沿途各国人民的大事业。我们可从以下几个方面先做起来，以点带面，从线到片，逐步形成区域大合作。

第一，加强政策沟通。各国可以就经济发展战略和对策进行充分交流，本着求同存异原则，协商制定推进区域合作的规划和措施，在政策和法律上为区域经济融合"开绿灯"。

第二，加强道路联通。上海合作组织正在协商交通便利化协定。尽快签署并落实这一文件，将打通从太平洋到波罗的海的运输大通道。在此基础上，我们愿同各方积极探讨完善跨境交通基础设施，逐步形成连接东亚、西亚、南亚的交通运输网络，为各国经济发展和人员往来提供便利。

第三，加强贸易畅通。丝绸之路经济带总人口近30亿，市场规模和潜力独一无二。各国在贸易和投资领域合作潜力巨大。各方应该就贸易和投资便利化问题进行探讨并作出适当安排，消除贸易壁垒，降低贸易和投资成本，提高区域经济循环速度和质量，实现互利共赢。

第四，加强货币流通。中国和俄罗斯等国在本币结算方面开展了良好合作，取得了可喜成果，也积累了丰富经验。这一好的做法有必要加以推广。如果各国在经常项下和资本项下实现本币兑换和结算，就可以大大降低流通成本，增强抵御金融风险能力，提高本地区经济国际竞争力。

第五，加强民心相通。国之交在于民相亲。搞好上述领域合作，必须得到各国人民支持，必须加强人民友好往来，增进相互了解和传统友谊，为开展区域合作奠定坚实民意基础和社会基础。

注　释

〔1〕冼星海（1905—1945），祖籍广东番禺（今广东广州），生于澳门。中国现代音乐家。

〔2〕上海合作组织，指中国、俄罗斯、哈萨克斯坦、吉尔吉斯斯坦、塔吉克斯坦和乌兹别克斯坦六国于2001年6月15日在上海宣布成立的政府间

国际组织。其前身是“上海五国”会晤机制。上海合作组织的宗旨是：加强成员国之间的互相信任与睦邻友好，发展成员国在政治、经济、科技、文化、教育、能源、交通、环保及其他领域的有效合作，维护和保障地区的和平、安全与稳定，推动建立民主、公正、合理的国际政治经济新秩序。每年举行一次成员国元首正式会晤，定期举行政府首脑会晤，轮流在各成员国举行。

〔3〕“三股势力”，指暴力恐怖势力、民族分裂势力、宗教极端势力。

共同建设
二十一世纪"海上丝绸之路"*

（2013 年 10 月 3 日）

中国和东盟国家山水相连、血脉相亲。今年是中国和东盟建立战略伙伴关系 10 周年，中国和东盟关系正站在新的历史起点上。

中方高度重视印尼在东盟的地位和影响，愿同印尼和其他东盟国家共同努力，使双方成为兴衰相伴、安危与共、同舟共济的好邻居、好朋友、好伙伴，携手建设更为紧密的中国—东盟命运共同体，为双方和本地区人民带来更多福祉。

为此，我们要着重从以下几个方面作出努力。

第一，坚持讲信修睦。人与人交往在于言而有信，国与国相处讲究诚信为本。中国愿同东盟国家真诚相待、友好相处，不断巩固政治和战略互信。

世界上没有放之四海而皆准的发展模式，也没有一成不变的发展道路。中国和东盟国家人民勇于变革创新，不断开拓进取，探索和开辟顺应时代潮流、符合自身实际的发展道路，为

＊ 这是习近平在印度尼西亚国会演讲的一部分。

经济社会发展打开了广阔前景。

我们应该尊重彼此自主选择社会制度和发展道路的权利，尊重各自推动经济社会发展、改善人民生活的探索和实践，坚定对对方战略走向的信心，在对方重大关切问题上相互支持，牢牢把握中国—东盟战略合作的大方向。

中国愿同东盟国家商谈缔结睦邻友好合作条约，共同绘就睦邻友好的美好蓝图。中国将一如既往支持东盟发展壮大，支持东盟共同体建设，支持东盟在区域合作中发挥主导作用。

第二，坚持合作共赢。"计利当计天下利。"[1]中国愿在平等互利的基础上，扩大对东盟国家开放，使自身发展更好惠及东盟国家。中国愿提高中国—东盟自由贸易区水平，争取使2020年双方贸易额达到1万亿美元。

中国致力于加强同东盟国家的互联互通建设。中国倡议筹建亚洲基础设施投资银行，愿支持本地区发展中国家包括东盟国家开展基础设施互联互通建设。

东南亚地区自古以来就是"海上丝绸之路"的重要枢纽，中国愿同东盟国家加强海上合作，使用好中国政府设立的中国—东盟海上合作基金，发展好海洋合作伙伴关系，共同建设21世纪"海上丝绸之路"。中国愿通过扩大同东盟国家各领域务实合作，互通有无、优势互补，同东盟国家共享机遇、共迎挑战，实现共同发展、共同繁荣。

第三，坚持守望相助。中国和东盟国家唇齿相依，肩负着共同维护地区和平稳定的责任。历史上，中国和东盟国家人民在掌握民族命运的斗争中曾经并肩战斗、风雨同舟。近年来，从应对亚洲金融危机到应对国际金融危机，从抗击印度洋海啸到抗击中国汶川特大地震灾害，我们各国人民肩并着肩、手挽着手，形成了强大合力。

我们应该摒弃冷战思维，积极倡导综合安全、共同安全、合作安全的新理念，共同维护本地区和平稳定。我们应该深化在防灾救灾、网络安全、打击跨国犯罪、联合执法等方面的合作，为本地区人民营造更加和平、更加安宁、更加温馨的地区家园。

中国愿同东盟国家进一步完善中国—东盟防长会议机制，就地区安全问题定期举行对话。

对中国和一些东南亚国家在领土主权和海洋权益方面存在的分歧和争议，双方要始终坚持以和平方式，通过平等对话和友好协商妥善处理，维护双方关系和地区稳定大局。

第四，坚持心心相印。"合抱之木，生于毫末；九层之台，起于累土"〔2〕。保持中国—东盟友谊之树长青，必须夯实双方关系的社会土壤。去年，中国和东盟国家人员往来达 1500 万人次，每周有 1000 多个航班往返于中国和东盟国家之间。交往多了，感情深了，心与心才能贴得更近。

我们要促进青年、智库、议会、非政府组织、社会团体等的友好交流，为中国—东盟关系发展提供更多智力支撑，增进人民了解和友谊。中国愿向东盟派出更多志愿者，支持东盟国家文化、教育、卫生、医疗等领域事业发展。中国倡议将 2014 年确定为中国—东盟文化交流年。今后 3 到 5 年，中国将向东盟国家提供 1.5 万个政府奖学金名额。

第五，坚持开放包容。"海纳百川，有容乃大。"在漫长历史进程中，中国和东盟国家人民创造了丰富多彩、享誉世界的辉煌文明。这里是充满多样性的区域，各种文明在相互影响中融合演进，为中国和东盟国家人民相互学习、相互借鉴、相互促进提供了重要文化基础。

我们要积极借鉴其他地区发展经验，欢迎域外国家为本地区发展稳定发挥建设性作用。同时，域外国家也应该尊重本地区的多样性，多做有利于本地区发展稳定的事情。中国—东盟命运共同体和东盟共同体、东亚共同体息息相关，应发挥各自优势，实现多元共生、包容共进，共同造福于本地区人民和世界各国人民。

一个更加紧密的中国—东盟命运共同体，符合求和平、谋发展、促合作、图共赢的时代潮流，符合亚洲和世界各国人民共同利益，具有广阔发展空间和巨大发展潜力。

注　　释

〔**1**〕于右任写给蒋经国的条幅。原文是："计利当计天下利，求名应求万世名。"于右任（1879—1964），陕西三原人。中国国民党元老。蒋经国（1910—1988），浙江奉化人。曾任中国国民党主席。

〔**2**〕见《老子》第六十四章。

坚持亲、诚、惠、容的
周边外交理念 *

（2013 年 10 月 24 日）

做好周边外交工作，是实现"两个一百年"奋斗目标、实现中华民族伟大复兴的中国梦的需要，要更加奋发有为地推进周边外交，为我国发展争取良好的周边环境，使我国发展更多惠及周边国家，实现共同发展。

新中国成立后，以毛泽东同志为核心的党的第一代中央领导集体，以邓小平同志为核心的党的第二代中央领导集体，以江泽民同志为核心的党的第三代中央领导集体，以胡锦涛同志为总书记的党中央，都高度重视周边外交，提出了一系列重要战略思想和方针政策，开创和发展了我国总体有利的周边环境，为我们继续做好周边外交工作打下了坚实基础。党的十八大以来，党中央在保持外交大政方针延续性和稳定性的基础上，积极运筹外交全局，突出周边在我国发展大局和外交全局中的重要作用，开展了一系列重大外交活动。

无论从地理方位、自然环境还是相互关系看，周边对我国

---

* 这是习近平在周边外交工作座谈会上的讲话要点。

都具有极为重要的战略意义。思考周边问题、开展周边外交要有立体、多元、跨越时空的视角。审视我国的周边形势，周边环境发生了很大变化，我国同周边国家的关系发生了很大变化，我国同周边国家的经贸联系更加紧密、互动空前密切。这客观上要求我们的周边外交战略和工作必须与时俱进、更加主动。

我国周边充满生机活力，有明显发展优势和潜力，我国周边环境总体上是稳定的，睦邻友好、互利合作是周边国家对华关系的主流。我们要谋大势、讲战略、重运筹，把周边外交工作做得更好。

我国周边外交的战略目标，就是服从和服务于实现"两个一百年"奋斗目标、实现中华民族伟大复兴，全面发展同周边国家的关系，巩固睦邻友好，深化互利合作，维护和用好我国发展的重要战略机遇期，维护国家主权、安全、发展利益，努力使周边同我国政治关系更加友好、经济纽带更加牢固、安全合作更加深化、人文联系更加紧密。

我国周边外交的基本方针，就是坚持与邻为善、以邻为伴，坚持睦邻、安邻、富邻，突出体现亲、诚、惠、容的理念。发展同周边国家睦邻友好关系是我国周边外交的一贯方针。要坚持睦邻友好，守望相助；讲平等、重感情；常见面，多走动；多做得人心、暖人心的事，使周边国家对我们更友善、更亲近、更认同、更支持，增强亲和力、感召力、影响力。要诚心诚意对待周边国家，争取更多朋友和伙伴。要本着互惠互利的原则同周边国家开展合作，编织更加紧密的共同利益网络，把双方利益融合提升到更高水平，让周边国家得益于我国发展，使我国也从周边国家共同发展中获得裨益和助力。要倡导包容的思想，强调亚太之大容得下大家共同发展，以更加开放的胸襟和更加积极的态度促进地区合作。这些理念，首先我们自己要身体力行，使之成为地区国家遵循和秉持的共同理念和行为准则。

做好新形势下周边外交工作，要从战略高度分析和处理问题，提高驾驭全局、统筹谋划、操作实施能力，全面推进周边外交。要着力维护周边和平稳定大局。走和平发展道路是我们党根据时代发展潮流和我国根本利益作出的战略抉择，维护周边和平稳定是周边外交的重要目标。

要着力深化互利共赢格局。统筹经济、贸易、科技、金融等方面资源，利用好比较优势，找准深化同周边国家互利合作的战略契合点，积极参与区域经济合作。要同有关国家共同努力，加快基础设施互联互通，建设好丝绸之路经济带、21 世纪海上丝绸之路。要以周边为基础加快实施自由贸易区战略，扩大贸易、投资合作空间，构建区域经济一体化新格局。要不断深化区域金融合作，积极筹建亚洲基础设施投资银行，完善区域金融安全网络。要加快沿边地区开放，深化沿边省区同周边国家的互利合作。

要着力推进区域安全合作。我国同周边国家毗邻而居，开展安全合作是共同需要。要坚持互信、互利、平等、协作的新安全观，倡导全面安全、共同安全、合作安全理念，推进同周边国家的安全合作，主动参与区域和次区域安全合作，深化有关合作机制，增进战略互信。

要着力加强对周边国家的宣传工作、公共外交、民间外交、人文交流，巩固和扩大我国同周边国家关系长远发展的社会和民意基础。关系亲不亲，关键在民心。要全方位推进人文交流，深入开展旅游、科教、地方合作等友好交往，广交朋友，广结善缘。要对外介绍好我国的内外方针政策，讲好中国故事，传播好中国声音，把中国梦同周边各国人民过上美好生活的愿望、同地区发展前景对接起来，让命运共同体意识在周边国家落地生根。

政策和策略是党的生命，也是外交工作的生命。做好外交工作，胸中要装着国内国际两个大局，国内大局就是"两个一百年"奋斗目标，实现中华民族伟大复兴的中国梦；国际大局就是为我国改革发展稳定争取良好外部条件，维护国家主权、安全、发展利益，维护世界和平稳定、促进共同发展。要找到利益的共同点和交汇点，坚持正确义利观，有原则、讲情谊、讲道义，多向发展中国家提供力所能及的帮助。要推进外交工作改革创新，加强外交活动的策划设计，力求取得最大效果。要做好外交工作的统筹兼顾，组织和协调好方方面面，注意发挥各自优势，把外交工作办得更好。

周边外交任务艰巨繁重，从事外交工作的同志们要增强责任感、使命感、紧迫感，牢记宗旨、提高本领、锤炼作风，讲奉献、敢担当、勇创新，更加积极有为地做好周边外交工作。

十四、加强与发展中国家团结合作

永远做可靠朋友和真诚伙伴 *

（2013 年 3 月 25 日）

尊敬的基奎特总统，

女士们，先生们，朋友们：

哈巴里[1]！哈巴里！今天，能够在坦桑尼亚尼雷尔国际会议中心同各位朋友见面，感到十分高兴和亲切。

这是我担任中国国家主席之后首次访问非洲，也是我第六次踏上非洲大陆。一踏上坦桑尼亚这片美丽的土地，我就感受到了坦桑尼亚人民对中国人民热情奔放的友情，坦桑尼亚政府和人民举行了特殊的隆重欢迎仪式。这不仅是对我和中国代表团的重视，更体现了中坦两国和两国人民深厚的传统友谊。

首先，我谨代表中国政府和人民，并以我个人的名义，向在座各位朋友，向兄弟的坦桑尼亚人民和非洲人民，致以诚挚的问候和良好的祝愿！我还要感谢基奎特总统和坦桑尼亚政府为我这次访问所作的精心安排和热情接待！

坦桑尼亚是人类发源地之一。坦桑尼亚人民有着光荣传统，为非洲人民赢得争取民族独立、反对种族隔离斗争的胜利作出了重要贡献。

---

* 这是习近平在坦桑尼亚尼雷尔国际会议中心的演讲。

近年来，在基奎特总统领导下，坦桑尼亚政局保持稳定，建设事业蒸蒸日上，在非洲和国际事务中发挥了重要作用。中国人民为你们取得的成就感到由衷的高兴，衷心祝愿兄弟的坦桑尼亚人民不断取得新的更大的成就。

来到非洲，总有两个突出印象。一是常来常新，每次非洲之行都能深切感受到这片大陆的新发展新变化，让人欢欣鼓舞。二是热情似火，非洲人民对中国人民发自内心的友好情谊，就像非洲的阳光那样温暖热烈，让人难以忘怀。

非洲有句谚语："河有源泉水才深。"中非友好交往源远流长。上世纪五六十年代，毛泽东、周恩来[2]等新中国第一代领导人和非洲老一辈政治家共同开启了中非关系新纪元。从那时起，中非人民在反殖反帝、争取民族独立和解放的斗争中，在发展振兴的道路上，相互支持、真诚合作，结下了同呼吸、共命运、心连心的兄弟情谊。

今天，在双方共同努力下，中非关系已经进入全面发展的快车道。双方成立了中非合作论坛[3]，构建起新型战略伙伴关系，各领域合作取得显著成果。2012年，中非贸易额接近2000亿美元，中非人员往来超过150万人次。截至去年，中国对非洲的直接投资累计超过150亿美元。今年是中国向非洲派出医疗队50周年，50年来累计派出1.8万人次的医疗人员，诊治了2.5亿人次的非洲患者。

非洲人民也给了中国人民大力支持和无私帮助。2008年北京奥运会火炬在达累斯萨拉姆传递过程中，坦桑尼亚人民像欢庆自己的节日一样，载歌载舞迎接奥运圣火，喜庆的画面深深定格在中国人民的脑海中。

中国汶川特大地震发生后，非洲国家纷纷伸出援手，有的国家自己也不富裕、人口不到200万，向地震灾区慷慨捐出200万欧元，相当于人均1欧元，这份情谊让中国人民备感温暖。

我们双方不断加强在国际和地区事务中的协调和配合，有力维护了发展中国家共同利益。中国人民和非洲人民的友谊和合作，已经成为中非关系的标志，在国际社会传为佳话。

过去半个多世纪的共同努力及其产生的丰富成果，为我们继续推进中非关系打下了坚实基础、积累了宝贵经验。

——这段历史告诉我们，中非关系不是一天就发展起来的，更不是什么人赐予的，而是我们双方风雨同舟、患难与共，一步一个脚印走出来的。饮水不忘挖井人。我们将永远铭记为中非关系发展披荆斩棘、呕心沥血的人们，不断从历史中汲取前进的动力。

——这段历史告诉我们，中非从来都是命运共同体，共同的历史遭遇、共同的发展任务、共同的战略利益把我们紧紧联系在一起。我们都把对方的发展视为自己的机遇，都在积极通过加强合作促进共同发展繁荣。

——这段历史告诉我们，中非关系的本质特征是真诚友好、相互尊重、平等互利、共同发展。我们双方谈得来，觉得相互平等；我们不把自己的意志强加给你们，你们也不把自己的意志强加给我们。中国为非洲发展提供了力所能及的帮助，中国更感谢非洲国家和非洲人民长期以来给予中国的大力支持和无私帮助，我们在事关对方核心利益的问题上，从来都是立场鲜明、毫不含糊地支持对方。

——这段历史告诉我们，中非关系要保持旺盛生命力，必须与时俱进、开拓创新。半个多世纪以来，在中非关系发展的每一个关键时期，我们双方都能登高望远，找到中非合作新的契合点和增长点，推动中非关系实现新的跨越。这种逢山开路、遇水架桥的开拓精神，是我们不断提高中非合作水平的重要法宝。

女士们、先生们！

当前，中非关系正站在新的历史起点上，具备天时、地利、人和的优势。作为"希望的大陆"、"发展的热土"，今天的非洲已经成为全球经济增长最快的地区之一，非洲雄狮正在加速奔跑，而中国也继续保持着良好发展势头。中非合作基础更加坚实、合作意愿更加强烈、合作机制更加完善，推进中非合作是双方人民共同心愿，是大势所趋、人心所向。

这里，我可以明确告诉各位朋友，新形势下，中非关系的重要性不是降低了而是提高了，双方共同利益不是减少了而是增多了，中方发展对非关系的力度不会削弱、只会加强。

第一，对待非洲朋友，我们讲一个"真"字。真朋友最可贵。中非传统友谊弥足珍贵，值得倍加珍惜。我们始终把发展同非洲国家的团结合作作为中国对外政策的重要基础，这一点绝不会因为中国自身发展和国际地位提高而发生变化。中国坚持国家不分大小、强弱、贫富一律平等，秉持公道、伸张正义，反对以大欺小、以强凌弱、以富压贫，反对干涉别国内政，将继续同非方在涉及对方核心利益和重大关切的问题上相互支持，继续在国际和地区事务中坚定支持非洲国家的正义立场，维护发展中国家共同利益。中国将继续坚定支持非洲自主解决本地区问题的努力，为促进非洲和平与安全作出更大贡献。

世界上没有放之四海而皆准的发展模式，各方应该尊重世界文明多样性和发展模式多样化。中国将继续坚定支持非洲国家探索适合本国国情的发展道路，加强同非洲国家在治国理政方面的经验交流，从各自的古老文明和发展实践中汲取智慧，促进中非共同发展繁荣。

家和万事兴。全非洲是一个命运与共的大家庭。今年是非洲统一组织成立 50 周年，对追求联合自强的非洲各国人民具有里程碑意义。中方真诚祝愿并坚定支持非洲在联合自强的道路上步子迈得更大一些，推动非洲和平与发展事业不断跨上新的台阶。

中方希望中非关系发展得越来越好，也希望其他国家同非洲关系发展得越来越好。非洲是非洲人的非洲，任何国家发展同非洲关系，都应该尊重非洲的尊严和自主性。

第二，开展对非合作，我们讲一个"实"字。中国不仅是合作共赢的倡导者，更是积极实践者。中国致力于把自身发展同非洲发展紧密联系起来，把中国人民利益同非洲人民利益紧密结合起来，把中国发展机遇同非洲发展机遇紧密融合起来，真诚希望非洲国家发展得更快一些，非洲人民日子过得更好一些。中国在谋求自身发展的同时，始终向非洲朋友提供力所能及的支持和帮助。特别是近些年来，中国加大了对非援助和合作力度。只要是中方作出的承诺，就一定会不折不扣落到实处。

中国将继续扩大同非洲的投融资合作，落实好 3 年内向非洲提供 200 亿美元贷款额度的承诺，实施好"非洲跨国跨区域基础设施建设合作伙伴关系"，加强同非洲国家在农业、制造业等领域的互利合作，帮助非洲国家把资源优势转化为发展优势，实现自主发展和可持续发展。

授人以鱼，更要授人以渔。中方将积极实施"非洲人才计划"，未来3年将为非洲国家培训3万名各类人才，提供1.8万个奖学金留学生名额，加强对非洲技术转让和经验共享。

随着中国经济实力和综合国力不断提高，中国将继续为非洲发展提供应有的、不附加任何政治条件的帮助。

第三，加强中非友好，我们讲一个"亲"字。中国人民和非洲人民有着天然的亲近感。"人生乐在相知心。"中非如何知心？我以为，很重要的一点就是要通过深入对话和实际行动获得心与心的共鸣。

中非关系的根基和血脉在人民，中非关系发展应该更多面向人民。近年来，随着中非关系发展，中非人民越走越近。一些非洲朋友活跃在中国文艺舞台上，成了中国家喻户晓的明星。中国电视剧《媳妇的美好时代》在坦桑尼亚热播，使坦桑尼亚观众了解到中国老百姓家庭生活的酸甜苦辣。

我听说了一个故事，有一对中国年轻人，他们从小就通过电视节目认识了非洲，对非洲充满了向往。后来他们结婚了，把蜜月旅行目的地选在了坦桑尼亚。在婚后的第一个情人节，他们背上行囊来到了坦桑尼亚，领略了这里的风土人情和塞伦盖蒂草原的壮美。回国后，他们把在坦桑尼亚的所见所闻发布在博客上，得到了数万次的点击和数百条回复。他们说，我们真的爱上了非洲，我们的心从此再也离不开这片神奇的土地。这个故事说明，中非人民有着天然的亲近感，只要不断加强人民之间的交流，中非人民友谊就一定能根深叶茂。

我们要更加重视中非人文交流，增进中非人民的相互了解和认知，厚植中非友好事业的社会基础。中非关系是面向未来的事业，需要一代又一代中非有志青年共同接续奋斗。双方应该积极推动青年交流，使中非友好事业后继有人，永葆青春和活力。

第四，解决合作中的问题，我们讲一个"诚"字。中国和非洲都处在快速发展过程中，相互认知需要不断与时俱进。中方坦诚面对中非关系面临的新情况新问题，对出现的问题，我们应该本着相互尊重、合作共赢的精神加以妥善解决。

我相信，机遇总比挑战大，办法总比困难多。中方已经并将继续同非洲国家一道，采取切实措施，妥善解决中非经贸合作中存在的问题，使非洲国家从合作中更多受益。同时，我们也真诚希望非洲国家为中国企业和公民在非洲开展合作提供相应的便利条件。

女士们、先生们！

新中国成立60多年来特别是改革开放30多年来，中国共产党领导中国人民成功开辟出中国特色社会主义道路，中国发展取得了历史性进步，经济总量已经跃升到世界第二位，综合国力显著增强，人民生活明显改善。作为有着13亿多人口的国家，中国用几十年的时间走完了发达国家几百年走过的发展历程，这其中的艰辛和曲折是可想而知的。

现在，中国基本国情仍然是人口多、底子薄、发展不平衡，经济总量虽大，但除以13亿多人口，人均国内生产总值还排在世界第九十位左右。根据联合国标准，中国还有1.28亿人生活在贫困线以下。让13亿多人民都过上富裕的日子，仍然还有很长的路要走，还需要付出长期的艰苦努力。随着中国不断发展，中国人民生活水平必将不断提高。但是，无论中国发展到哪一步，中国永远都把非洲国家当作自己的患难之交。

女士们、先生们！

中国的发展离不开世界、离不开非洲，世界和非洲的繁荣稳定也需要中国。中非虽然远隔重洋，但我们的心是相通的。联结我们的不仅是深厚的传统友谊、密切的利益纽带，还有我们各自的梦想。

13亿多中国人民正致力于实现中华民族伟大复兴的中国梦，10亿多非洲人民正致力于实现联合自强、发展振兴的非洲梦。中非人民要加强团结合作、加强相互支持和帮助，努力实现我们各自的梦想。我们还要同国际社会一道，推动实现持久和平、共同繁荣的世界梦，为人类和平与发展的崇高事业作出新的更大的贡献！

阿桑特尼萨那[4]！

注　释

〔1〕哈巴里，斯瓦希里语，意为"大家好"。

〔2〕周恩来（1898—1976），江苏淮安人。马克思主义者，中国无产阶级革命家、政治家、军事家和外交家，中国共产党和中华人民共和国的主要领导人之一，中国人民解放军的主要创建人之一。

〔3〕中非合作论坛，是中国与非洲友好国家间集体对话与合作的新平台，是促进南南合作的有效机制。第一届部长级会议于2000年10月在北京召开。北京峰会暨第三届部长级会议于2006年11月在北京召开。中国领导人和48个非洲国家的国家元首、政府首脑或代表出席。北京峰会通过《中非合作论坛北京峰会宣言》和《中非合作论坛——北京行动计划（2007至2009年）》两个成果文件，确立发展中非新型战略伙伴关系。

〔4〕阿桑特尼萨那，斯瓦希里语，意为"谢谢大家"。

推动中拉关系
实现新的更大发展 *

（2013 年 6 月 5 日）

再次踏上拉丁美洲这片充满生机和希望的大陆，更加感受到这里发展条件得天独厚，拉美正在迎来又一个发展的黄金时期。我们相信，拉美发展得越好，对世界就越好，对中国也越好。

当前，中拉关系正处于快速发展的重要机遇期。我们应该登高望远、与时俱进，巩固传统友谊，加强全方位交往，提高合作水平，推动中拉平等互利、共同发展的全面合作伙伴关系实现新的更大发展。

——政治上，中拉要坚持真诚友好，在涉及彼此核心利益和重大关切的问题上继续相互理解、相互支持。

——经济上，中拉要抓住双方转变经济发展方式带来的机遇，深挖合作潜力，创新合作模式，深化利益融合，建立持久稳定的互利经贸合作伙伴关系。

——人文上，中拉要加强文明对话和文化交流，不仅"各美其美"，而且"美人之美，美美与共"[1]，成为不同文明和谐

---

* 这是习近平在墨西哥参议院演讲的一部分。

共处、相互促进的典范。

希望中拉双方共同努力，早日建成中拉合作论坛，综合发挥双方各自优势，为推进中拉全面合作伙伴关系构筑更大平台，共同为亚太稳定繁荣增添更多正能量。

中国有句谚语，叫做"路遥知马力，日久见人心"。中拉关系的发展历程已经并将继续证明，双方关系发展是开放的发展、包容的发展、合作的发展、共赢的发展。

我们坚信，一个更高水平的中拉全面合作伙伴关系，必将更有力地促进双方共同发展，也有利于地区和世界的和平、稳定、繁荣。

注　释

〔1〕见费孝通《"美美与共"和人类文明》（《费孝通论文化自觉》，内蒙古人民出版社 2009 年版，第 262 页）。费孝通（1910—2005），江苏吴江人。中国社会学家、人类学家和社会活动家。曾任全国人大常委会副委员长、全国政协副主席。

弘扬丝路精神，深化中阿合作 *

（2014 年 6 月 5 日）

尊敬的贾比尔首相殿下，

阿盟秘书长阿拉比先生，各位代表团团长，

女士们，先生们，朋友们：

萨拉姆—阿莱孔[1]！大家好！今天，有机会同阿拉伯朋友欢聚一堂，共商中阿合作论坛[2]建设和中阿关系发展大计，感到十分高兴。首先，我谨代表中国政府和中国人民，并以我个人的名义，向与会各位嘉宾，表示热烈欢迎！向中阿合作论坛第六届部长级会议的召开，表示衷心祝贺！

同阿拉伯朋友见面，总有一见如故的感觉。这种亲近感缘于我们对待彼此的热情和真诚，也是缘于中阿两个民族的长期交往。

回顾中阿人民交往历史，我们就会想起陆上丝绸之路和海上香料之路。我们的祖先在大漠戈壁上"驰命走驿，不绝于时月"[3]，在汪洋大海中"云帆高张，昼夜星驰"[4]，走在了古代世界各民族友好交往的前列。甘英[5]、郑和、伊本·白图泰[6]是我们熟悉的中阿交流友好使者。丝绸之路把中国的造纸术、

---

* 这是习近平在中阿合作论坛第六届部长级会议开幕式上的讲话。

火药、印刷术、指南针经阿拉伯地区传播到欧洲，又把阿拉伯的天文、历法、医药介绍到中国，在文明交流互鉴史上写下了重要篇章。

千百年来，丝绸之路承载的和平合作、开放包容、互学互鉴、互利共赢精神薪火相传。中阿人民在维护民族尊严、捍卫国家主权的斗争中相互支持，在探索发展道路、实现民族振兴的道路上相互帮助，在深化人文交流、繁荣民族文化的事业中相互借鉴。

我们不会忘记，60年前的万隆会议[7]上，中国向尚未建交的阿拉伯国家承诺支持巴勒斯坦人民的斗争；40多年前，13个阿拉伯国家和非洲朋友一道，投票赞成新中国恢复联合国席位。我们不会忘记，近万名中国医生奔走在阿拉伯国家田野乡间，救死扶伤；而在四川汶川特大地震灾害发生后，最慷慨的援助来自阿拉伯兄弟。

女士们、先生们、朋友们！

未来10年，对中阿双方都是发展的关键时期。中国已经进入全面建成小康社会的决定性阶段。实现这个目标是实现中华民族伟大复兴中国梦的关键一步。我们为此作出全面深化改革的总体部署，着力点之一就是以更完善、更具活力的开放型经济体系，全方位、多层次发展国际合作，扩大同各国各地区的利益汇合、互利共赢。中东正在经历前所未有的大变动大调整，阿拉伯国家正在自主探索变革。实现民族振兴的共同使命和挑战，需要我们弘扬丝绸之路精神，为发展增动力，为合作添活力，不断深化全面合作、共同发展的中阿战略合作关系。

——弘扬丝路精神，就是要促进文明互鉴。人类文明没有高低优劣之分，因为平等交流而变得丰富多彩，正所谓"五色交辉，相得益彰；八音合奏，终和且平"[8]。中阿双方坚持以开放包容心态看待对方，用对话交流代替冲突对抗，创造了不同社会制度、不同信仰、不同文化传统的国家和谐相处的典范。中国将继续毫不动摇支持阿拉伯国家维护民族文化传统，反对一切针对特定民族和宗教的歧视和偏见。我们应该一道努力，倡导文明宽容，防止极端势力和思想在不同文明之间制造断层线。

——弘扬丝路精神，就是要尊重道路选择。"履不必同，期于适足；治不必同，期于利民。"[9]一个国家发展道路合不合适，只有这个国家的人民才最有发言权。正像我们不能要求所有花朵都变成紫罗兰这一种花，我们也不能要求有着不同文化传统、历史遭遇、现实国情的国家都采用同一种发展模式。否则，这个世界就太单调了。阿拉伯国家正在自主探索发展道路。我们愿意同阿拉伯朋友分享治国理政经验，从各自古老文明和发展实践中汲取智慧。

——弘扬丝路精神，就是要坚持合作共赢。中国追求的是共同发展。我们既要让自己过得好，也要让别人过得好。未来5年，中国将进口超过10万亿美元的商品，对外直接投资将超过5000亿美元。2013年，中国从阿拉伯国家进口商品1400亿美元，只占今后每年2万亿美元进口商品总额的7%，对阿拉伯国家直接投资22亿美元，只占今后每年1000亿美元对外直接投资总额的2.2%。差距也是潜力，更是机遇。中国愿意把自身发展同阿拉伯国家发展对接起来，为阿拉伯国家扩大就业、推进工业化、推动经济发展提供支持。

——弘扬丝路精神，就是要倡导对话和平。中国坚定支持中东和平进程，支持建立以 1967 年边界为基础、以东耶路撒冷为首都、享有完全主权的独立的巴勒斯坦国。希望有关各方采取切实措施，消除和谈障碍，尽快打破和谈僵局。中国尊重叙利亚人民合理诉求，支持尽快落实日内瓦公报，开启包容性政治过渡，实现叙利亚问题政治解决。中国高度关注叙利亚人道主义状况，为缓解人道灾难，将向在约旦、黎巴嫩等国的叙利亚难民提供新一批人道主义援助。中国支持建立中东无核武器区，反对任何改变中东政治版图的企图。中国将以建设性姿态参与地区事务，主持公道、伸张正义，同阿拉伯国家一道，推动通过对话找到各方关切的最大公约数，为妥善解决地区热点问题提供更多公共产品。

女士们、先生们、朋友们！

"一带一路"是互利共赢之路，将带动各国经济更加紧密结合起来，推动各国基础设施建设和体制机制创新，创造新的经济和就业增长点，增强各国经济内生动力和抗风险能力。

中国同阿拉伯国家因为丝绸之路相知相交，我们是共建"一带一路"的天然合作伙伴。

——中阿共建"一带一路"，应该坚持共商、共建、共享原则。共商，就是集思广益，好事大家商量着办，使"一带一路"建设兼顾双方利益和关切，体现双方智慧和创意。共建，就是各施所长，各尽所能，把双方优势和潜能充分发挥出来，聚沙成塔，积水成渊，持之以恒加以推进。共享，就是让建设成果更多更公平惠及中阿人民，打造中阿利益共同体和命运共同体。

——中阿共建"一带一路"，既要登高望远、也要脚踏实地。登高望远，就是要做好顶层设计，规划好方向和目标，构建"1+2+3"合作格局。"1"是以能源合作为主轴，深化油气领域全产业链合作，维护能源运输通道安全，构建互惠互利、安全可靠、长期友好的中阿能源战略合作关系。"2"是以基础设施建设、贸易和投资便利化为两翼，加强中阿在重大发展项目、标志性民生项目上的合作，为促进双边贸易和投资建立相关制度性安排。中方将鼓励中国企业自阿方进口更多非石油产品，优化贸易结构，争取中阿贸易额从去年的2400亿美元在未来10年增至6000亿美元。中方将鼓励中国企业投资阿拉伯国家能源、石化、农业、制造业、服务业等领域，争取中国对阿非金融类投资存量从去年的100亿美元在未来10年增至600亿美元以上。"3"是以核能、航天卫星、新能源三大高新领域为突破口，努力提升中阿务实合作层次。双方可以探讨设立中阿技术转移中心，共建阿拉伯和平利用核能培训中心，研究中国北斗卫星导航系统落地阿拉伯项目。

脚踏实地，就是要争取早期收获。阿拉伯谚语说："被行动证明的语言是最有力的语言。"只要中阿双方有共识、有基础的项目，如中国—海湾阿拉伯国家合作委员会自由贸易区、中国—阿联酋共同投资基金、阿拉伯国家参与亚洲基础设施投资银行筹建等，都应该加快协商和推进，争取成熟一项实现一项。"一带一路"建设越早取得实实在在的成果，就越能调动各方面积极性，发挥引领和示范效应。

——中阿共建"一带一路"，应该依托并增进中阿传统友谊。民心相通是"一带一路"建设的重要内容，也是关键基础。我在这里宣布，中阿双方决定把2014年和2015年定为中阿友好年，并在这一框架内举办一系列友好交流活动。我们也愿意同阿方扩大互办艺术节等文化交流活动规模，鼓励更多青年学生赴对方国家留学或交流，加强旅游、航空、新闻出版等领域合作。今后 3 年，我们将为阿拉伯国家再培训 6000 名各类人才，同阿方分享发展、减贫等方面经验，交流中方的先进适用技术。未来 10 年，我们将组织 10000 名中阿艺术家互访交流，推动并支持 200 家中阿文化机构开展对口合作，邀请并支持 500 名阿拉伯文化艺术人才来华研修。

女士们、先生们、朋友们!

成立中阿合作论坛，是我们着眼中阿关系长远发展作出的战略抉择。经过 10 年发展，论坛已经成为丰富中阿关系战略内涵、推进中阿务实合作的有效抓手。共建"一带一路"是论坛发展的新机遇新起点。抓住这个机遇，才能确保现在的发展不停步，将来的发展可持续。站在这个新起点上，才能获得更大发展空间，才能激发更为持久的发展动力。一言以蔽之，论坛建设要走在实处，当好支点。

——我们要依托论坛支点，加强政策沟通。我们应该彼此坦诚相待，不惧怕分歧、不回避问题，就各自外交政策和发展战略进行充分交流，增进政治互信，促进战略对接，为中阿合作提供政策助力。

——我们要依托论坛支点，深化务实合作。中阿发展禀赋互补性强，我们要充分用好资源共享的潜力和取长补短的空间，用最明白的语言对话，用最贴心的方式合作。集体合作不追求轰动一时，而更看重打基础、谋长远的举措。

——我们要依托论坛支点，不断开拓创新。论坛的生命力在于创新。我们双方要运用新思路、推出新举措、创建新机制，努力破解务实合作遇到的各种难题，以改革创新精神打破现实瓶颈、释放合作潜能。

女士们、先生们、朋友们！

中阿关系的快速发展，也把双方普通人的命运更加紧密地联结在一起。在我曾经工作过的浙江，就有这样一个故事。在阿拉伯商人云集的义乌市，一位名叫穆罕奈德的约旦商人开了一家地道的阿拉伯餐馆。他把原汁原味的阿拉伯饮食文化带到了义乌，也在义乌的繁荣兴旺中收获了事业成功，最终同中国姑娘喜结连理，把根扎在了中国。一个普通阿拉伯青年人，把自己的人生梦想融入中国百姓追求幸福的中国梦中，执着奋斗，演绎了出彩人生，也诠释了中国梦和阿拉伯梦的完美结合。

中华民族和阿拉伯民族创造了灿烂辉煌的文明，近代以来又都在时代变迁中经历过曲折，实现民族复兴始终是我们双方的追求。让我们携起手来，弘扬丝路精神，深化中阿合作，为中国梦和阿拉伯振兴而努力！为人类和平与发展的崇高事业而奋斗！

舒克拉[10]！谢谢！

注　释

〔1〕萨拉姆—阿莱孔，阿拉伯语，意为"你好"。

〔2〕中阿合作论坛，2004年1月30日成立，其宗旨是加强中国和阿拉伯国家对话与合作、促进和平与发展，成员由中国和阿盟22个成员国组成。

〔3〕见范晔《后汉书·西域传》。范晔（398—445），顺阳（今河南淅川

东南）人。南北朝时期史学家。

〔4〕见《天妃灵应之记》。《天妃灵应之记》俗称"郑和碑"，记述了郑和 7 次下西洋的经历。参见本卷《文明因交流而多彩，文明因互鉴而丰富》注〔4〕。

〔5〕甘英（生卒年不详），东汉使者。公元 97 年受命出使大秦国（罗马帝国），行至安息（今伊朗）西界的波斯湾，止步而还。这次出使虽未达大秦国，但增进了中国对中亚国家的了解。

〔6〕伊本·白图泰（1304—1377），摩洛哥人。旅行家。

〔7〕万隆会议，1955 年 4 月 18 日至 24 日，由印度、印度尼西亚、缅甸、锡兰（斯里兰卡）、巴基斯坦、中国等 29 个亚非国家和地区政府代表团在印度尼西亚万隆召开的会议。

〔8〕见冯友兰《国立西南联合大学纪念碑碑文》（《三松堂全集》第 14 卷，河南人民出版社 2000 年版，第 154 页）。冯友兰（1895—1990），河南唐河人。中国哲学家、哲学史家。

〔9〕见魏源《默觚·治篇五》。魏源（1794—1857），湖南邵阳县金潭（今属湖南隆回县）人。清代思想家、经史学者、诗人。

〔10〕舒克拉，阿拉伯语，意为"谢谢"。

2013 年 3 月 22 日，习近平在俄罗斯莫斯科克里姆林宫与俄罗斯总统
普京举行会谈。

2013 年 3 月 25 日，习近平在坦桑尼亚达累斯萨拉姆尼雷尔国际会议中心发表演讲。

2013年3月27日，习近平在南非德班出席金砖国家
领导人第五次会晤。

2013 年 4 月 7 日，习近平在海南博鳌同出席博鳌亚洲论坛 2013 年年会的外国领导人和国际组织负责人合影。

2013 年 6 月 3 日，正在哥斯达黎加进行国事访问的习近平和夫人彭丽媛走访当地农户萨莫拉一家。

2013年6月7日，习近平在美国加利福尼亚州安纳伯格庄园同美国总统奥巴马举行中美元首会晤。

2013 年 9 月 6 日，习近平在俄罗斯圣彼得堡出席二十国集团领导人第八次峰会。

2013 年 9 月 13 日，习近平在吉尔吉斯斯坦比什凯克出席上海合作组织成员国元首理事会第十三次会议。

2013年10月8日，习近平在印度尼西亚巴厘岛出席亚太经合组织
第二十一次领导人非正式会议。

2014 年 3 月 22 日，习近平和夫人彭丽媛在荷兰阿姆斯特丹出席荷兰
国王威廉—亚历山大举行的盛大国宴。

2014 年 3 月 26 日，习近平和夫人彭丽媛在法国参观里昂中法大学旧址，为中国—里昂关系促进中心、里昂中法大学历史博物馆揭牌。

2014 年 5 月 20 日，习近平在上海国际会议中心举行宴会，代表中国政府和人民，欢迎前来出席亚洲相互协作与信任措施会议第四次峰会的各国贵宾。

十五、积极参与多边事务

携手合作，共同发展 [*]

（2013 年 3 月 27 日）

尊敬的祖马总统，罗塞夫总统，普京总统，辛格总理，
女士们，先生们：

时隔两年再次来到彩虹之邦，心情十分愉快。我深深感受
到南非人民的热情好客和对金砖国家合作的积极支持。在这里，
我谨对祖马总统和南非政府为这次会晤所作的周到安排表示衷
心的感谢！

中国有句古话，志合者，不以山海为远[1]。我们来自世界
四大洲的 5 个国家，为了构筑伙伴关系、实现共同发展的宏伟
目标走到了一起，为了推动国际关系民主化、推进人类和平与
发展的崇高事业走到了一起。求和平、谋发展、促合作、图共赢，
是我们共同的愿望和责任。

我们要坚定维护国际公平正义，维护世界和平稳定。当今
世界并不安宁，各种全球性威胁和挑战层出不穷。金砖国家都
热爱和平、珍视和平。实现世界持久和平，让世界上每一个国
家都有和平稳定的社会环境，让每一个国家的人民都能安居乐
业，是我们的共同愿望。

---

* 这是习近平在金砖国家领导人第五次会晤时的主旨讲话。

不管国际风云如何变幻，我们都要始终坚持和平发展、合作共赢，要和平不要战争，要合作不要对抗，在追求本国利益时兼顾别国合理关切。

不管国际格局如何变化，我们都要始终坚持平等民主、兼容并蓄，尊重各国自主选择社会制度和发展道路的权利，尊重文明多样性，做到国家不分大小、强弱、贫富都是国际社会的平等成员，一国的事情由本国人民做主，国际上的事情由各国商量着办。

不管全球治理体系如何变革，我们都要积极参与，发挥建设性作用，推动国际秩序朝着更加公正合理的方向发展，为世界和平稳定提供制度保障。

我们要大力推动建设全球发展伙伴关系，促进各国共同繁荣。独木不成林。在经济全球化深入发展的时代条件下，金砖国家发展不能独善其身，必须在谋求本国发展的同时促进各国共同发展。

我们要努力发展经济、改善民生，做好自己的事情，为世界经济多添一些增长点。我们要推动各国加强宏观经济政策协调，改革国际货币金融体系，推动贸易和投资自由化便利化，促进全球经济更加强劲发展。

我们要共同参与国际发展议程的制定，充分利用人类积累的生产力和物质资源，完成联合国千年发展目标，缩小南北发展差距，促进全球发展更加平衡。今天会晤主题提出的"致力于发展、一体化和工业化的伙伴关系"，既是金砖国家的发展目标，也是金砖国家同非洲国家合作的重要方向。

我们要用伙伴关系把金砖各国紧密联系起来，下大气力推进经贸、金融、基础设施建设、人员往来等领域合作，朝着一体化大市场、多层次大流通、陆海空大联通、文化大交流的目标前进。

我们要共同支持非洲在谋求强劲增长、加快一体化、实现工业化方面作出的努力，促进非洲经济成为世界经济的新亮点。

我们要深化互利合作、谋求互利共赢。金砖国家30亿人要都过上好日子，全面实现人民对美好生活的向往，还有很长的路要走。这条路，主要靠各国自力更生，也需要金砖国家加强合作。

我们要继续增强五国政治互信和人民友谊，加强治国理政经验交流，共同推动工业化、信息化、城镇化、农业现代化进程，把握发展规律，创新发展理念，破解发展难题。要继续加强在联合国、二十国集团、国际经济金融机构等框架内的协调和配合，维护共同利益。

我们要把各国的政治共识转化为具体行动，积极推进金砖国家开发银行、外汇储备库等项目，加快各领域务实合作，夯实合作的经济社会基础，展现金砖国家内谋发展、外促合作的积极形象。

金砖国家刚刚成立5年，还处于起步发展阶段。我们要扎扎实实把自己的事情办好，把金砖国家合作伙伴关系发展好，把金砖国家合作机制建设好。只要我们坚定对自身发展道路的自信、对金砖国家合作的自信，不为任何风险所惧，不被任何干扰所惑，我们的事业一定能够兴旺发达。

各位同事！

大家都很关心中国的未来发展。面向未来，中国将相继朝着两个宏伟目标前进：一是到 2020 年国内生产总值和城乡居民人均收入比 2010 年翻一番，全面建成惠及十几亿人口的小康社会。二是到 2049 年新中国成立 100 年时建成富强民主文明和谐的社会主义现代化国家。

为了实现这两大目标，我们将继续把发展作为第一要务，把经济建设作为中心任务，继续推动国家经济社会发展。我们将坚持以人为本，全面推进经济建设、政治建设、文化建设、社会建设、生态文明建设，促进现代化建设各个方面、各个环节相协调，建设美丽中国。

这一发展是开放的发展，我们将坚持对外开放的基本国策，坚持互利共赢的开放战略，不断提高开放型经济水平。

这一发展是合作的发展，我们将坚持共同发展的理念，在平等互利的基础上开展同世界各国的经济技术合作，通过合作促进自身发展和各国共同发展。

为了实现这两大目标，我们需要良好外部环境。中国将继续奉行独立自主的和平外交政策，把中国人民利益同各国人民共同利益结合起来，继续同世界各国加强宏观经济政策协调，反对保护主义，改善全球经济治理，共同促进世界经济增长。

各位同事！

加强同金砖国家合作，始终是中国外交政策的优先方向之一。中国将继续同金砖国家加强合作，使金砖国家经济增长更加强劲、合作架构更加完善、合作成果更加丰富，为各国人民带来实实在在的利益，为世界和平与发展作出更大贡献！

谢谢大家。

注　释

〔1〕见葛洪《抱朴子·外篇》。葛洪（约281—341），自号抱朴子，丹阳句容（今属江苏）人。东晋道教理论家、医学家、炼丹家。《抱朴子》分《内篇》和《外篇》，集中反映了作者以道教养生为主、以儒学治世为辅的人生追求。

共同创造
亚洲和世界的美好未来 [*]

（2013 年 4 月 7 日）

尊敬的各位元首、政府首脑、议长、国际组织负责人、部长，
博鳌亚洲论坛理事会各位成员，

各位来宾，

女士们，先生们，朋友们：

椰风暖人，海阔天高。在这美好的季节里，同大家相聚在美丽的海南岛，参加博鳌亚洲论坛 2013 年年会，我感到十分高兴。

首先，我谨代表中国政府和人民，并以我个人的名义，对各位朋友的到来，表示诚挚的欢迎！对年会的召开，表示热烈的祝贺！

12 年来，博鳌亚洲论坛日益成为具有全球影响的重要论坛。在中国文化中，每 12 年是一个生肖[1]循环，照此说来，博鳌亚洲论坛正处在一个新的起点上，希望能更上一层楼。

本届年会以"革新、责任、合作：亚洲寻求共同发展"为主题，

＊ 这是习近平在博鳌亚洲论坛 2013 年年会上的主旨演讲。

很有现实意义。相信大家能够充分发表远见卓识，共商亚洲和世界发展大计，为促进本地区乃至全球和平、稳定、繁荣贡献智慧和力量。

当前，国际形势继续发生深刻复杂变化。世界各国相互联系日益紧密、相互依存日益加深，遍布全球的众多发展中国家、几十亿人口正在努力走向现代化，和平、发展、合作、共赢的时代潮流更加强劲。

同时，天下仍很不太平，发展问题依然突出，世界经济进入深度调整期，整体复苏艰难曲折，国际金融领域仍然存在较多风险，各种形式的保护主义上升，各国调整经济结构面临不少困难，全球治理机制有待进一步完善。实现各国共同发展，依然任重而道远。

亚洲是当今世界最具发展活力和潜力的地区之一，亚洲发展同其他各大洲发展息息相关。亚洲国家积极探索适合本国情况的发展道路，在实现自身发展的同时有力促进了世界发展。亚洲与世界其他地区共克时艰，合作应对国际金融危机，成为拉动世界经济复苏和增长的重要引擎，近年来对世界经济增长的贡献率已超过50%，给世界带来了信心。亚洲同世界其他地区的区域次区域合作展现出勃勃生机和美好前景。

当然，我们也清醒地看到，亚洲要谋求更大发展、更好推动本地区和世界其他地区共同发展，依然面临不少困难和挑战，还需要爬一道道的坡、过一道道的坎。

——亚洲发展需要乘势而上、转型升级。对亚洲来说，发展仍是头等大事，发展仍是解决面临的突出矛盾和问题的关键，迫切需要转变经济发展方式、调整经济结构，提高经济发展质量和效益，在此基础上不断提高人民生活水平。

——亚洲稳定需要共同呵护、破解难题。亚洲稳定面临着新的挑战，热点问题此起彼伏，传统安全威胁和非传统安全威胁都有所表现，实现本地区长治久安需要地区国家增强互信、携手努力。

——亚洲合作需要百尺竿头、更进一步。加强亚洲地区合作的机制和倡议很多，各方面想法和主张丰富多样，协调各方面利益诉求、形成能够保障互利共赢的机制需要更好增进理解、凝聚共识、充实内容、深化合作。

女士们、先生们、朋友们!

人类只有一个地球，各国共处一个世界。共同发展是持续发展的重要基础，符合各国人民长远利益和根本利益。我们生活在同一个地球村，应该牢固树立命运共同体意识，顺应时代潮流，把握正确方向，坚持同舟共济，推动亚洲和世界发展不断迈上新台阶。

第一，勇于变革创新，为促进共同发展提供不竭动力。长期以来，各国各地区在保持稳定、促进发展方面形成了很多好经验好做法。对这些好经验好做法，要继续发扬光大。同时，世间万物，变动不居。"明者因时而变，知者随世而制。"〔2〕要摒弃不合时宜的旧观念，冲破制约发展的旧框框，让各种发展活力充分迸发出来。要加大转变经济发展方式、调整经济结构力度，更加注重发展质量，更加注重改善民生。要稳步推进国际经济金融体系改革，完善全球治理机制，为世界经济健康稳定增长提供保障。亚洲历来具有自我变革活力，要勇做时代的弄潮儿，使亚洲变革和世界发展相互促进、相得益彰。

第二，同心维护和平，为促进共同发展提供安全保障。和平是人民的永恒期望。和平犹如空气和阳光，受益而不觉，失之则难存。没有和平，发展就无从谈起。国家无论大小、强弱、贫富，都应该做和平的维护者和促进者，不能这边搭台、那边拆台，而应该相互补台、好戏连台。国际社会应该倡导综合安全、共同安全、合作安全的理念，使我们的地球村成为共谋发展的大舞台，而不是相互角力的竞技场，更不能为一己之私把一个地区乃至世界搞乱。各国交往频繁，磕磕碰碰在所难免，关键是要坚持通过对话协商与和平谈判，妥善解决矛盾分歧，维护相互关系发展大局。

第三，着力推进合作，为促进共同发展提供有效途径。"一花独放不是春，百花齐放春满园。"世界各国联系紧密、利益交融，要互通有无、优势互补，在追求本国利益时兼顾他国合理关切，在谋求自身发展中促进各国共同发展，不断扩大共同利益汇合点。要加强南南合作和南北对话，推动发展中国家和发达国家平衡发展，夯实世界经济长期稳定发展基础。要积极创造更多合作机遇，提高合作水平，让发展成果更好惠及各国人民，为促进世界经济增长多作贡献。

第四，坚持开放包容，为促进共同发展提供广阔空间。"海纳百川，有容乃大。"我们应该尊重各国自主选择社会制度和发展道路的权利，消除疑虑和隔阂，把世界多样性和各国差异性转化为发展活力和动力。我们要秉持开放精神，积极借鉴其他地区发展经验，共享发展资源，推进区域合作。进入新世纪10多年来，亚洲地区内贸易额从8000亿美元增长到3万亿美元，亚洲同世界其他地区贸易额从1.5万亿美元增长到4.8万亿美元，这表明亚洲合作是开放的，区域内合作和同其他地区合作并行不悖，大家都从合作中得到了好处。亚洲应该欢迎域外国家为本地区稳定和发展发挥建设性作用，同时，域外国家也应该尊重亚洲的多样性特点和已经形成的合作传统，形成亚洲发展同其他地区发展良性互动、齐头并进的良好态势。

女士们、先生们、朋友们！

中国是亚洲和世界大家庭的重要成员。中国发展离不开亚洲和世界，亚洲和世界繁荣稳定也需要中国。

去年11月，中国共产党召开了第十八次全国代表大会，明确了中国今后一个时期的发展蓝图。我们的奋斗目标是，到2020年国内生产总值和城乡居民人均收入在2010年的基础上翻一番，全面建成小康社会；到本世纪中叶建成富强民主文明和谐的社会主义现代化国家，实现中华民族伟大复兴的中国梦。展望未来，我们充满信心。

我们也认识到，中国依然是世界上最大的发展中国家，中国发展仍面临着不少困难和挑战，要使全体中国人民都过上美好生活，还需要付出长期不懈的努力。我们将坚持改革开放不动摇，牢牢把握转变经济发展方式这条主线，集中精力把自己的事情办好，不断推进社会主义现代化建设。

"亲望亲好，邻望邻好。"中国将坚持与邻为善、以邻为伴，巩固睦邻友好，深化互利合作，努力使自身发展更好惠及周边国家。

我们将大力促进亚洲和世界发展繁荣。新世纪以来，中国同周边国家贸易额由1000多亿美元增至1.3万亿美元，已成为众多周边国家的最大贸易伙伴、最大出口市场、重要投资来源地。中国同亚洲和世界的利益融合达到前所未有的广度和深度。当前和今后一个时期，中国经济将继续保持健康发展势头，国内需求特别是消费需求将持续扩大，对外投资也将大幅增加。据测算，今后5年，中国将进口10万亿美元左右的商品，对外投资规模将达到5000亿美元，出境旅游有可能超过4亿人次。中国越发展，越能给亚洲和世界带来发展机遇。

我们将坚定维护亚洲和世界和平稳定。中国人民对战争和动荡带来的苦难有着刻骨铭心的记忆，对和平有着孜孜不倦的追求。中国将通过争取和平国际环境发展自己，又以自身发展维护和促进世界和平。中国将继续妥善处理同有关国家的分歧和摩擦，在坚定捍卫国家主权、安全、领土完整的基础上，努力维护同周边国家关系和地区和平稳定大局。中国将在国际和地区热点问题上继续发挥建设性作用，坚持劝和促谈，为通过对话谈判妥善处理有关问题作出不懈努力。

我们将积极推动亚洲和世界范围的地区合作。中国将加快同周边国家的互联互通建设，积极探讨搭建地区性融资平台，促进区域内经济融合，提高地区竞争力。中国将积极参与亚洲区域合作进程，坚持推进同亚洲之外其他地区和国家的区域次区域合作。中国将继续倡导并推动贸易和投资自由化便利化，加强同各国的双向投资，打造合作新亮点。中国将坚定支持亚洲地区对其他地区的开放合作，更好促进本地区和世界其他地区共同发展。中国致力于缩小南北差距，支持发展中国家增强自主发展能力。

女士们、先生们、朋友们！

亲仁善邻，是中国自古以来的传统。亚洲和世界和平发展、合作共赢的事业没有终点，只有一个接一个的新起点。中国愿同五大洲的朋友们携手努力，共同创造亚洲和世界的美好未来，造福亚洲和世界人民！

最后，预祝年会取得圆满成功！

注　　释

〔1〕生肖，指中国用以记人出生年份的 12 种动物，即鼠、牛、虎、兔、龙、蛇、马、羊、猴、鸡、狗、猪，12 年一轮换。

〔2〕见本卷《把宣传思想工作做得更好》注〔1〕。

共同维护和发展
开放型世界经济 *

（2013 年 9 月 5 日）

尊敬的普京总统，

各位同事：

很高兴在美丽的圣彼得堡同大家见面，共同讨论促进世界经济增长和就业之策。首先，我谨对普京总统和俄罗斯政府为本次峰会所作的积极努力和周到安排，表示衷心的感谢！

当前，世界经济逐步走出低谷，形势继续朝好的方向发展。同时，国际金融危机负面影响依然存在，一些国家经济尚未摆脱衰退，全球经济复苏依然有很长的路要走。

形势决定任务，行动决定成效。为此，我们要放眼长远，努力塑造各国发展创新、增长联动、利益融合的世界经济，坚定维护和发展开放型世界经济。

——发展创新，是世界经济可持续增长的要求。单纯依靠刺激政策和政府对经济大规模直接干预的增长，只治标、不治本，而建立在大量资源消耗、环境污染基础上的增长则更难以持久。要提高经济增长质量和效益，避免单纯以国内生产总值

---

* 这是习近平在二十国集团领导人峰会第一阶段会议上关于世界经济形势的发言。

增长率论英雄。各国要通过积极的结构改革激发市场活力，增强经济竞争力。

——增长联动，是世界经济强劲增长的要求。一个强劲增长的世界经济来源于各国共同增长。各国要树立命运共同体意识，真正认清"一荣俱荣、一损俱损"的连带效应，在竞争中合作，在合作中共赢。在追求本国利益时兼顾别国利益，在寻求自身发展时兼顾别国发展。不同国家相互帮助共同解决面临的突出问题，是世界经济发展的客观要求。让每个国家发展都能同其他国家增长形成联动效应，相互带来正面而非负面的外溢效应。

——利益融合，是世界经济平衡增长的需要。平衡增长不是转移增长的零和游戏，而是各国福祉共享的增长。各国要充分发挥比较优势，共同优化全球经济资源配置，完善全球产业布局，建设利益共享的全球价值链，培育普惠各方的全球大市场，实现互利共赢的发展。

塑造这样的世界经济，需要二十国集团各成员建设更加紧密的经济伙伴关系，肩负起应有的责任。

第一，采取负责任的宏观经济政策。各主要经济体要首先办好自己的事，确保自己的经济不出大的乱子。这是我们最起码的责任。我们要完善宏观经济政策协调机制，加强相互沟通和协调。

宏观微观经济政策和社会政策是一个整体，各国要用社会政策托底经济政策，为宏观微观经济政策执行创造条件。二十国集团财长和就业部长会议决定加强经济政策和就业政策的协调，是个正确的路子，要坚定不移走下去。

在这方面，中国采取的经济政策既对中国经济负责，也对世界经济负责。中国经济基本面良好，今年上半年国内生产总值增长 7.6%。中国也面临着地方政府债务、部分行业产能过剩等问题。这些问题处于可控范围之内，我们正在采取措施解决。

我们认识到，为了从根本上解决经济的长远发展问题，必须坚定推动结构改革，宁可将增长速度降下来一些。任何一项事业，都需要远近兼顾、深谋远虑，杀鸡取卵、竭泽而渔式的发展是不会长久的。

中国经济同世界经济高度融合。一个经济运行更稳定、增长质量更高、增长前景更可持续的中国，对世界经济发展是长期利好的。中国有条件有能力实现经济持续健康发展，为各国创造更广阔的市场和发展空间，为世界经济带来更多正面外溢效应。

第二，共同维护和发展开放型世界经济。"一花独放不是春，百花齐放春满园。"各国经济，相通则共进，相闭则各退。我们必须顺应时代潮流，反对各种形式的保护主义，统筹利用国际国内两个市场、两种资源。

我们要维护自由、开放、非歧视的多边贸易体制，不搞排他性贸易标准、规则、体系，避免造成全球市场分割和贸易体系分化。要探讨完善全球投资规则，引导全球发展资本合理流动，更加有效地配置发展资源。

第三，完善全球经济治理，使之更加公平公正。二十国集团是发达国家和发展中国家就国际经济事务进行充分协商的重要平台。我们要把二十国集团建设成稳定世界经济、构建国际金融安全网、改善全球经济治理的重要力量。

我们要继续改革国际金融机构，各有关国家要进一步抓紧落实好国际货币基金组织份额和治理改革方案。要制定反映各国经济总量在世界经济中权重的新份额公式。要继续加强国际金融市场监管，使金融体系真正依靠、服务、促进实体经济发展。要建设稳定、抗风险的国际货币体系，改革特别提款权货币篮子组成，加强国际和区域金融合作机制的联系，建立金融风险防火墙。

中国支持加强多边反避税合作，愿为健全国际税收治理机制尽一份力。

我想强调，为推动中国经济社会持续健康发展，中国将坚定不移推进改革。我们正在就全面深化改革进行总体研究，以统筹推进经济、政治、文化、社会、生态文明领域体制改革，进一步解放和发展社会生产力、解放和增加全社会创造活力。中国将加强市场体系建设，推进宏观调控、财税、金融、投资、行政管理等领域体制改革，更加充分地发挥市场在资源配置中的基础性作用。中国将努力深化利率和汇率市场化改革，增强人民币汇率弹性，逐步实现人民币资本项目可兑换。中国将坚持互利共赢的开放战略，深化投资、贸易体制改革，完善法律法规，为各国在华企业创造公平经营的法治环境，通过协商解决同相关国家的贸易争端。

各位同事！

只要我们携手努力，建设更紧密伙伴关系，二十国集团就会走得更稳、更好、更远，各国人民就会对世界经济更有信心、对未来生活更有信心。

谢谢大家。

弘扬"上海精神"，
促进共同发展[*]

（2013 年 9 月 13 日）

尊敬的阿坦巴耶夫总统，

尊敬的各位同事：

很高兴出席上海合作组织比什凯克峰会，感谢主席国吉尔吉斯斯坦为峰会顺利举行所做的精心准备和周到安排。一年来，吉方为推动本组织发展做了大量富有成效的工作，中方对此高度评价。

面对国际和地区形势的最新发展变化，并根据成员国维护稳定、发展经济、改善民生的共同诉求，本次峰会把落实《上海合作组织成员国长期睦邻友好合作条约》作为主题，并将批准《条约》实施纲要，规划本组织未来 5 年发展的宏伟蓝图，这将为本组织开辟更加广阔的发展前景。

当前，上海合作组织发展既面临难得机遇，也面临严峻挑战。"三股势力"、贩毒、跨国有组织犯罪威胁着本地区安全稳定。受国际金融危机影响，各国经济发展都不同程度遇到困难，

---

* 这是习近平在上海合作组织成员国元首理事会第十三次会议上的讲话。

进入调整期和恢复期。

对这些挑战，任何一个国家都难以独自应对。我们必须加强合作，联合自强。基于上述情况，我建议本组织在以下几方面加强合作。

第一，弘扬"上海精神"[1]。落实"上海精神"，不断增进成员国互信，在平等、协商、互谅互让的基础上开展互利合作，顺应和平与发展的时代潮流，符合各成员国人民利益和诉求。

我们要高举这面旗帜，切实落实《上海合作组织成员国长期睦邻友好合作条约》，真心实意推动本组织框架内各领域合作，使成员国成为和睦相处的好邻居、同舟共济的好朋友、休戚与共的好伙伴。

第二，共同维护地区安全稳定。安全稳定的环境是开展互利合作、实现共同发展繁荣的必要条件。要落实《打击恐怖主义、分裂主义和极端主义上海公约》及合作纲要，完善本组织执法安全合作体系，赋予地区反恐怖机构禁毒职能，并在此基础上建立应对安全威胁和挑战综合中心。

各成员国相关部门也应该建立日常信息沟通渠道，探讨联合行动方式，合力打击"三股势力"，为本地区各国人民生产生活创造良好环境。

阿富汗是本组织观察员国，阿富汗局势走向与本地区安全稳定息息相关。本组织应该支持阿富汗民族和解进程，帮助阿富汗早日实现和平稳定，共同维护地区安全。

第三，着力发展务实合作。务实合作是上海合作组织发展的物质基础和原动力。上海合作组织 6 个成员国和 5 个观察员国都位于古丝绸之路沿线。作为上海合作组织成员国和观察员国，我们有责任把丝绸之路精神传承下去，发扬光大。

一是开辟交通和物流大通道。尽快签署《国际道路运输便利化协定》。《协定》签署后，建议按照自愿原则广泛吸收观察员国参与，从而通畅从波罗的海到太平洋、从中亚到印度洋和波斯湾的交通运输走廊。

二是商谈贸易和投资便利化协定。在充分照顾各方利益和关切基础上寻求在贸易和投资领域广泛开展合作，充分发挥各成员国合作潜力，实现优势互补，促进共同发展繁荣。

三是加强金融领域合作。推动建立上海合作组织开发银行，为本组织基础设施建设和经贸合作项目提供融资保障和结算平台。同时，尽快设立上海合作组织专门账户，为本组织框架内项目研究和交流培训提供资金支持。用好上海合作组织银行联合体这一机制，加强本地区各国金融机构交流合作。

四是成立能源俱乐部。协调本组织框架内能源合作，建立稳定供求关系，确保能源安全，同时在提高能效和开发新能源等领域开展广泛合作。

五是建立粮食安全合作机制。在农业生产、农产品贸易、食品安全等领域加强合作，确保粮食安全。

第四，加强人文交流和民间交往，为上海合作组织发展打牢民意基础和社会基础。我们要在文化、教育、影视、卫生、体育、旅游等领域广泛开展合作。

中方在北京峰会上已经宣布未来10年为其他成员国提供3万名政府奖学金名额。我们愿意同各成员国密切合作，落实好这一项目。

中方将在上海政法学院设立"中国—上海合作组织国际司

法交流合作培训基地"，愿意利用这一平台为其他成员国培养司法人才。

传统医学是各方合作的新领域，中方愿意同各成员国合作建设中医医疗机构，充分利用传统医学资源为成员国人民健康服务。

根据各方达成的共识，中方已经率先成立上海合作组织睦邻友好合作委员会。建议各成员国和观察员国也成立类似社会团体，增进各国人民相互了解和传统友谊。

本次峰会发表的《比什凯克宣言》已就叙利亚问题阐述了上海合作组织成员国的立场。我愿在此强调，中方高度关注叙利亚局势，支持国际社会积极推动停火止暴、劝和促谈，呼吁叙利亚冲突双方通过政治途径解决危机。中方支持俄方提出的将叙利亚化学武器交由国际社会监管并销毁的建议，愿通过联合国安理会与有关各方加强沟通和协调，为推动政治解决叙利亚问题继续作出不懈努力。

谢谢各位。

注　　释

〔1〕"上海精神"，是在《上海合作组织成立宣言》中正式提出的。2001年6月15日，中国、哈萨克斯坦、吉尔吉斯斯坦、俄罗斯、塔吉克斯坦、乌兹别克斯坦六国元首在上海举行会晤，宣布成立上海合作组织，并发表《上海合作组织成立宣言》，确立以"互信、互利、平等、协商、尊重多样文明、谋求共同发展"为基本内容的"上海精神"，作为上海合作组织成员国之间发展相互关系的准则。

深化改革开放，
共创美好亚太 *

（2013 年 10 月 7 日）

尊敬的瓦尔达纳主席，

女士们，先生们，朋友们：

今天，这里高朋满座、群英荟萃。有机会同亚太工商界的朋友们相聚在美丽的天堂之岛，我感到十分高兴。

这里不仅是举世闻名的旅游胜地，也是巴厘进程、巴厘路线图等的诞生地。这次亚太经合组织领导人非正式会议在巴厘岛举行，承载着亚太和世界的期待。

当前，世界经济复苏艰难曲折，亚太经济保持了良好发展势头，同时也面临着新的挑战。人们期待这次会议能为本地区乃至全球经济增长注入新的活力。

女士们、先生们、朋友们！

世界经济仍然处于深度调整期，既有复苏迹象，也面临基础不稳、动力不足、速度不均的问题。主要发达经济体的结构性问题远未解决，加强宏观经济政策协调的必要性突出。新兴

---

* 这是习近平在亚太经合组织工商领导人峰会上的演讲。

市场经济体增速放缓，外部风险和挑战增加。世界贸易组织多哈回合谈判举步维艰，贸易和投资保护主义有新的表现。实现世界经济全面复苏和健康成长，将是一个长期而曲折的过程。

面对世界经济形势带来的新挑战，无论是发达经济体还是发展中经济体，都在努力寻求新的增长动力。

增长动力从哪里来？我的看法是，只能从改革中来，从调整中来，从创新中来。亚太一直是世界经济增长的重要引擎，在世界经济复苏缺乏动力的背景下，亚太经济体应该拿出敢为天下先的勇气，推动建立发展创新、增长联动、利益融合的开放型经济发展方式。只有这样，才能做到"山重水复疑无路，柳暗花明又一村"[1]，使亚太经济在世界经济复苏中发挥引领作用。

中国正在进行着这样的努力。上半年，中国经济同比增长7.6%，较之以往8%以上的增速确实有所放缓。一些朋友对中国经济前景有些担心，有的人提出了一些问题：中国经济会不会"硬着陆"？中国经济能不能持续健康发展？中国将如何应对？中国经济形势会给亚太带来什么影响？对此，我愿谈几点看法。

首先，我要强调的是，综合分析各方面情况，我对中国经济发展前景充满信心。

第一，信心来自于中国经济增速处在合理区间和预期目标内。中国经济增速从以前的两位数增长到2011年的9.3%和2012年的7.8%，再到今年上半年的7.6%，总体上实现了平稳过渡。7.6%的增长，在世界主要经济体中名列前茅。中国经济基本面是好的，经济增长及其他主要经济指标保持在预期目标之内，一切都在预料之中，没有什么意外发生。

中国经济增速有所趋缓是中国主动调控的结果。因为，实现我们确定的到 2020 年国内生产总值和城乡居民人均收入比 2010 年翻一番的目标，只要 7% 的增速就够了。我们在提出中长期发展目标时就充分进行了测算。同时，我们认识到，为了从根本上解决中国经济长远发展问题，必须坚定推动结构改革，宁可将增长速度降下来一些。任何一项事业，都需要远近兼顾、深谋远虑，杀鸡取卵、竭泽而渔式的发展是不会长久的。

第二，信心来自于中国经济发展质量和效益稳步提升。今年上半年，中国经济发展的特点是总体平稳、稳中有进。"稳"是指经济增长处在合理区间，"进"是指经济发展方式转变步伐加快。中国经济发展正在从以往过于依赖投资和出口拉动向更多依靠国内需求特别是消费需求拉动转变。从上半年经济数据看，结构调整的拉动作用正在显现，内需拉动经济增长 7.5 个百分点，其中消费拉动 3.4 个百分点。我们不再简单以国内生产总值增长率论英雄，而是强调以提高经济增长质量和效益为立足点。事实证明，这一政策是负责任的，既是对中国自身负责，也是对世界负责。

第三，信心来自于中国经济的强劲内生动力。中国经济发展的内生动力正在不断增加，并将继续增强。持续进行的新型城镇化，将为数以亿计的中国人从农村走向城市、走向更高水平的生活创造新空间。中国教育水平不断提高，新一代劳动者成长为素质更高、视野更广、技能更强的现代化、专业化人才。中国大力实施创新驱动发展战略，推动科技和经济紧密结合，推动科技创新和新兴产业发展。中国不断拓展的内需和消费市场，将释放巨大需求和消费动力。中国坚持以人为本的理念，推动发展成果惠及更广泛地区、更广大民众。这些都将转化为推动中国经济发展的强劲内在动力。

第四，信心来自于亚太发展的良好前景。在亚太各经济体共同努力下，亚太地区资金、信息、人员流动已经达到很高水平，产业分工日渐清晰，亚太大市场初具轮廓。正在酝酿的新科技革命和产业革命将为亚太地区积聚优势。亚太各经济体抗风险能力大大增强，汇率机制更加灵活，外汇储备水平显著提高，各种多边和双边金融安排为应对复杂局面提供了机制保障。中国对亚太发展前景抱有信心。受益于亚太经济增长大环境，中国实现了自身发展，同时又以自身发展为亚太经济增长作出了贡献。我相信，这一互动势头会越来越强劲，为亚太地区发展创造更多机遇。

我对中国经济持续健康发展抱着坚定信心。同时，我们对需求下滑、产能过剩、地方债务、影子银行等问题和挑战保持着清醒认识，对外部环境可能带来的冲击高度关注，正在采取稳妥应对举措，防患于未然。

女士们、先生们、朋友们！

中国经济已经进入新的发展阶段，正在进行深刻的方式转变和结构调整。这就要不断爬坡过坎、攻坚克难。这必然伴随调整的阵痛、成长的烦恼，但这些都是值得付出的代价。

彩虹往往出现在风雨之后。有句话说得好，没有比人更高的山，没有比脚更长的路。再高的山、再长的路，只要我们锲而不舍前进，就有达到目的的那一天。

中国要前进，就要全面深化改革开放。面对人民群众新期待，我们必须坚定改革开放信心，以更大的政治勇气和智慧、更有力的措施和办法推进改革开放，进一步解放思想、解放和发展社会生产力、解放和增强社会创造活力。

中国正在制定全面深化改革的总体方案，总的是要统筹推进经济、政治、文化、社会、生态文明建设等领域的改革，努力破解发展过程中出现的难题，消除经济持续健康发展的体制机制障碍，通过改革为经济发展增添新动力。

我们将完善基本经济制度，加强市场体系建设，推进宏观调控、财税、金融、投资领域体制改革，深化利率和汇率市场化改革，增强人民币汇率弹性，逐步实现人民币资本项目可兑换。我们将推进行政体制改革，进一步转变职能、简政放权，理顺政府和市场关系，更大程度更广范围发挥市场在资源配置中的基础性作用。我们将健全科技体制，提高科技创新能力，着力构建以企业为主体、市场为导向、产学研相结合的技术创新体系。我们将以保障和改善民生为重点，促进社会公平正义，推动实现更高质量的就业，深化收入分配制度改革，健全社会保障体系和基本公共服务体系。我们将加强生态环境保护，扎实推进资源节约，为人民创造良好生产生活环境，为应对全球气候变化作出新的贡献。

我们将实行更加积极主动的开放战略，完善互利共赢、多元平衡、安全高效的开放型经济体系，促进沿海内陆沿边开放优势互补，形成引领国际经济合作和竞争的开放区域，培育带动区域发展的开放高地。坚持出口和进口并重，推动对外贸易平衡发展；坚持"引进来"和"走出去"并重，提高国际投资合作水平；深化投资、贸易体制改革，完善法律法规，为各国在华企业创造公平经营的法治环境。我们将统筹双边、多边、区域次区域开放合作，加快实施自由贸易区战略，推动同周边国家互联互通。

我们认识到，改革是一场深刻的革命，涉及重大利益关系调整，涉及各方面体制机制完善。中国改革已进入攻坚期和深水区。这是因为，当前改革需要解决的问题格外艰巨，都是难啃的硬骨头，这个时候就要一鼓作气，瞻前顾后、畏葸不前不仅不能前进，而且可能前功尽弃。

中国是一个大国，决不能在根本性问题上出现颠覆性错误，一旦出现就无法挽回、无法弥补。我们的立场是胆子要大、步子要稳，既要大胆探索、勇于开拓，也要稳妥审慎、三思而后行。我们要坚持改革开放正确方向，敢于啃硬骨头，敢于涉险滩，敢于向积存多年的顽瘴痼疾开刀，切实做到改革不停顿、开放不止步。

女士们、先生们、朋友们！

亚太是个大家庭，中国是大家庭中的一员。中国发展离不开亚太，亚太繁荣也离不开中国。中国经济持续健康发展，将会给亚太发展带来更大机遇。

中国将坚定维护地区和平稳定，为亚太共赢夯实基础。我在今年博鳌亚洲论坛等多个场合说过，和平犹如空气和阳光，受益而不觉，失之则难存。没有和平，发展就是无源之水、无本之木。家和万事兴，中国是亚太大家庭的一员，愿意同所有家庭成员和睦相处、守望相助，也希望亚太各方能珍惜来之不易的和平稳定局面，共同推动建设一个持久和平、共同繁荣的和谐亚太。

中国将大力促进地区发展繁荣，为亚太共赢拓展机遇。中国是亚太许多经济体的最大贸易伙伴、最大出口市场、主要投资来源地。2012 年，中国对亚洲经济增长的贡献率已经超过 50%。截至 2012 年底，中国累计批准外商投资企业 76 万多家，外商直接投资约 1.3 万亿美元。中国已经同 20 个国家和地区签署了 12 个自由贸易协定，正在谈判的有 6 个，其中大多数自由贸易伙伴是亚太经合组织成员。今后 5 年，中国进口商品将超过 10 万亿美元，对外投资将超过 5000 亿美元，出境旅游将超过 4 亿人次。中国国内需求特别是消费和投资需求扩大，将给国外投资者带来更多合作机会。

中国将致力于构建横跨太平洋两岸、惠及各方的地区合作框架。太平洋之所以广大，是因为它没有任何自然阻隔，我们也不应该为它设定人为的阻隔。我们要发挥亚太经合组织引领和协调作用，秉持开放包容、互利共赢思想，加强宏观经济政策协调、促进区域自由贸易安排的协调，深化区域一体化进程，防止出现"意大利面碗"现象，推动在太平洋两岸构建更紧密伙伴关系，共谋亚太长远发展。

女士们、先生们、朋友们！

"浩渺行无极，扬帆但信风。"[2] 亚太是我们共同发展的空间，我们都是亚太这片大海中前行的风帆。亚太未来发展攸关亚太经合组织每个成员的利益。

中国对本次亚太经合组织领导人非正式会议充满期待，希望同亚太伙伴们携手同心，共同创建引领世界、惠及各方、造福子孙的美好亚太。对此，我愿分享 4 点愿景。

第一，亚太地区应该谋求共同发展。亚太各经济体联系紧密、利益交融，要充分发挥各自优势，优化经济资源配置，完善产业布局，建设利益共享的亚太价值链，培育普惠各方的亚太大市场。发达经济体应该为发展中经济体提供更多支持和帮助，后者也要迎头赶上。只有缩小发展差距，亚太才能水涨船高。

第二，亚太地区应该坚持开放发展。第二次世界大战结束后，全球有13个经济体实现25年多的高速增长，其共同特征就是采取开放政策。我们要顺应时代潮流，维护自由、开放、非歧视的多边贸易体制，反对各种形式的保护主义。我们要携手建设开放型经济和区域合作框架，以开放包容精神推进亚太自由贸易区建设。

第三，亚太地区应该推动创新发展。单纯依靠财政刺激政策和非常规货币政策的增长不可持续，建立在过度资源消耗和环境污染基础上的增长得不偿失。我们既要创新发展思路，也要创新发展手段。要打破旧的思维定式和条条框框，坚持绿色发展、循环发展、低碳发展。要不断提高创新能力，用创新培育新兴产业，用创新发掘增长动力，用创新提升核心竞争力。

第四，亚太地区应该寻求联动发展。亚太各经济体利益交融，命运与共，一荣俱荣，一损俱损。在这个动态平衡的链条中，每个经济体的发展都会对其他经济体产生连锁反应。我们要牢固树立亚太命运共同体意识，以自身发展带动他人发展，以协调联动最大限度发挥各自优势，传导正能量，形成各经济体良性互动、协调发展的格局。

当前，亚洲国家特别是新兴市场和发展中国家的基础设施建设融资需求巨大，特别是近来还面临经济下行风险增大和金融市场动荡等严峻挑战，有必要动员更多资金进行基础设施建设，以保持经济持续稳定增长，促进区域互联互通和经济一体化。为此，中国倡议筹建亚洲基础设施投资银行，愿向包括东盟国家在内的本地区发展中国家的基础设施建设提供资金支持。新的亚洲基础设施投资银行将与域内外现有多边开发银行一道，共同合作，相互补充，共同促进亚洲经济的持续稳定发展。

女士们、先生们、朋友们！

工商界是推动经济和贸易发展的主力军，也是推进亚太经合组织合作不可或缺的重要力量。中国高度重视工商界作用，愿意倾听工商界意见和建议，为工商界尤其是中小微企业深入便利参与经济发展和区域合作搭桥铺路。

今年8月，中国工商界成立了亚太经合组织中国工商理事会，为深入参与亚太经贸规则制定提供了机制保障，体现了中国工商界承担国际责任的积极态度。

朋友多了路好走。在座的许多工商界朋友，都是中国改革开放事业的参与者，是中国人民的老朋友。我们不会忘记老朋友，也愿结交新朋友。中国欢迎和鼓励各经济体特别是亚太经合组织成员企业来华投资兴业，积极参与中国改革开放。朋友越多，中国改革开放事业就越兴旺、越发达。

希望各位工商界朋友充分利用亚太经合组织平台，为改善亚太贸易和投资环境发出自己的声音；积极发挥工商界在市场信息、技术孵化、创新驱动等方面的优势，提出战略性和前瞻性建议，就推动贸易和投资自由化便利化、深化区域经济一体化、亚太经合组织未来发展等建言献策。

女士们、先生们、朋友们！

2014年中国将主办亚太经合组织领导人非正式会议及相

关活动。我们将以此为契机，面向未来，谋求建立更紧密伙伴关系，深化务实合作，推动亚太经合组织发挥更大引领作用，勾画亚太长远发展愿景。

希望在座的亚太工商界代表到时共赴北京，共商大事，一起见证亚太发展的又一重要时刻。

谢谢大家。

注　释

〔1〕见陆游《游山西村》。陆游（1125—1210），生于北宋，越州山阴（今浙江绍兴）人。南宋诗人。

〔2〕见尚颜《送朴山人归新罗》。尚颜（生卒年不详），唐代诗人。

积极树立亚洲安全观，
共创安全合作新局面 *

（2014 年 5 月 21 日）

各位来宾，各位同事，

女士们，先生们，朋友们：

感谢土耳其总统特别代表达武特奥卢外长刚才的发言。值此中方担任亚信主席国之际，我谨对各方特别是亚信倡议国哈萨克斯坦和前任主席国土耳其给予中方的信任和支持，表示衷心的感谢！

现在，我代表中华人民共和国发言。

今天，包括亚信成员国、观察员、峰会客人在内的 47 个国家和国际组织的领导人及代表相聚上海，大家围绕"加强对话、信任与协作，共建和平、稳定与合作的新亚洲"这一主题，共商安全合作大计，共谋长治久安良策，共襄发展繁荣盛举，对亚洲和世界安全都意义重大、影响深远。

今天的亚洲，拥有全世界 67% 的人口和三分之一的经济总量，是众多文明、民族的汇聚交融之地。亚洲和平发展同人

---

* 这是习近平在亚洲相互协作与信任措施会议第四次峰会上的讲话。

类前途命运息息相关，亚洲稳定是世界和平之幸，亚洲振兴是世界发展之福。

今天的亚洲，虽然面临的风险和挑战增多，但依然是世界上最具发展活力和潜力的地区，和平、发展、合作、共赢始终是地区形势主流，通过协商谈判处理分歧争端也是地区国家主要政策取向。亚洲在世界战略全局中的地位不断上升，在世界多极化、国际关系民主化进程中发挥着越来越重要的作用。亚洲良好局面来之不易，值得倍加珍惜。

今天的亚洲，区域经济合作方兴未艾，安全合作正在迎难而上，各种合作机制更加活跃，地区安全合作进程正处在承前启后的关键阶段。

"明者因时而变，知者随世而制。"〔1〕形势在发展，时代在进步。要跟上时代前进步伐，就不能身体已进入 21 世纪，而脑袋还停留在冷战思维、零和博弈的旧时代。我们认为，应该积极倡导共同、综合、合作、可持续的亚洲安全观，创新安全理念，搭建地区安全和合作新架构，努力走出一条共建、共享、共赢的亚洲安全之路。

共同，就是要尊重和保障每一个国家安全。亚洲多样性特点突出，各国大小、贫富、强弱很不相同，历史文化传统和社会制度千差万别，安全利益和诉求也多种多样。大家共同生活在亚洲这个大家园里，利益交融、安危与共，日益成为一荣俱荣、一损俱损的命运共同体。

安全应该是普遍的。不能一个国家安全而其他国家不安全，一部分国家安全而另一部分国家不安全，更不能牺牲别国安全谋求自身所谓绝对安全。否则，就会像哈萨克斯坦谚语说的那样："吹灭别人的灯，会烧掉自己的胡子。"

安全应该是平等的。各国都有平等参与地区安全事务的权利，也都有维护地区安全的责任。任何国家都不应该谋求垄断地区安全事务，侵害其他国家正当权益。

安全应该是包容的。应该把亚洲多样性和各国的差异性转化为促进地区安全合作的活力和动力，恪守尊重主权、独立和领土完整、互不干涉内政等国际关系基本准则，尊重各国自主选择的社会制度和发展道路，尊重并照顾各方合理安全关切。强化针对第三方的军事同盟不利于维护地区共同安全。

综合，就是要统筹维护传统领域和非传统领域安全。亚洲安全问题极为复杂，既有热点敏感问题又有民族宗教矛盾，恐怖主义、跨国犯罪、环境安全、网络安全、能源资源安全、重大自然灾害等带来的挑战明显上升，传统安全威胁和非传统安全威胁相互交织，安全问题的内涵和外延都在进一步拓展。

我们应该通盘考虑亚洲安全问题的历史经纬和现实状况，多管齐下、综合施策，协调推进地区安全治理。既要着力解决当前突出的地区安全问题，又要统筹谋划如何应对各类潜在的安全威胁，避免头痛医头、脚痛医脚。

对恐怖主义、分裂主义、极端主义这"三股势力"，必须采取零容忍态度，加强国际和地区合作，加大打击力度，使本地区人民都能够在安宁祥和的土地上幸福生活。

合作，就是要通过对话合作促进各国和本地区安全。有句谚语说得好："力量不在胳膊上，而在团结上。"要通过坦诚深入的对话沟通，增进战略互信，减少相互猜疑，求同化异、和睦相处。要着眼各国共同安全利益，从低敏感领域入手，积极培育合作应对安全挑战的意识，不断扩大合作领域、创新合作方式，以合作谋和平、以合作促安全。要坚持以和平方式解决争端，反对动辄使用武力或以武力相威胁，反对为一己之私挑起事端、激化矛盾，反对以邻为壑、损人利己。

亚洲的事情归根结底要靠亚洲人民来办，亚洲的问题归根结底要靠亚洲人民来处理，亚洲的安全归根结底要靠亚洲人民来维护。亚洲人民有能力、有智慧通过加强合作来实现亚洲和平稳定。

亚洲是开放的亚洲。亚洲国家在加强自身合作的同时，要坚定致力于同其他地区国家、其他地区和国际组织的合作，欢迎各方为亚洲安全和合作发挥积极和建设性作用，努力实现双赢、多赢、共赢。

可持续，就是要发展和安全并重以实现持久安全。"求木之长者，必固其根本；欲流之远者，必浚其泉源。"〔2〕发展是安全的基础，安全是发展的条件。贫瘠的土地上长不成和平的大树，连天的烽火中结不出发展的硕果。对亚洲大多数国家来说，发展就是最大安全，也是解决地区安全问题的"总钥匙"。

要建造经得起风雨考验的亚洲安全大厦，就应该聚焦发展主题，积极改善民生，缩小贫富差距，不断夯实安全的根基。要推动共同发展和区域一体化进程，努力形成区域经济合作和安全合作良性互动、齐头并进的大好局面，以可持续发展促进可持续安全。

女士们、先生们、朋友们！

亚信是亚洲覆盖范围最大、成员数量最多、代表性最广的地区安全论坛。20多年来，亚信以增进互信协作、促进亚洲安全稳定为己任，秉持协商一致原则，为加深理解、凝聚共识、深化合作作出了重要贡献。

当前，亚洲人民对和平稳定的渴望更加强烈，对携手应对安全挑战的需求更加迫切。

中方建议，推动亚信成为覆盖全亚洲的安全对话合作平台，并在此基础上探讨建立地区安全合作新架构。中方认为，可以考虑根据形势发展需要，适当增加亚信外长会乃至峰会频率，以加强对亚信的政治引领，规划好亚信发展蓝图。

中方建议，加强亚信能力和机制建设，支持完善亚信秘书处职能，在亚信框架内建立成员国防务磋商机制及各领域信任措施落实监督行动工作组，深化反恐、经贸、旅游、环保、人文等领域交流合作。

中方建议，通过举办亚信非政府论坛等方式，建立亚信各方民间交流网络，为广泛传播亚信安全理念、提升亚信影响力、推进地区安全治理奠定坚实社会基础。

中方建议，增强亚信的包容性和开放性，既要加强同本地区其他合作组织的协调和合作，也要扩大同其他地区和有关国际组织的对话和沟通，共同为维护地区和平稳定作出贡献。

中国将履行亚信主席国职责，同各方一道，进一步提升亚信地位和作用，携手开创亚洲安全合作新局面。

女士们、先生们、朋友们！

中国始终是维护地区和世界和平、促进共同发展的坚定力量。中国同印度、缅甸共同倡导的和平共处五项原则，日益成为指导国家间关系的基本准则。中国一贯致力于通过和平方式处理同有关国家的领土主权和海洋权益争端，已经通过友好协商同 14 个邻国中的 12 个国家彻底解决了陆地边界问题。中国积极参与地区安全合作，同有关国家发起成立上海合作组织，倡导互信、互利、平等、协作的新安全观，支持东盟、南盟、阿盟等在地区事务中发挥积极作用。中国同俄罗斯共同提出亚太安全与合作倡议，为巩固和维护亚太地区和平稳定发挥重要作用。中国推动六方会谈进程，支持阿富汗和平重建，为通过对话谈判解决国际和地区热点问题而不懈努力。中国同地区国家和国际社会合作应对亚洲金融危机和国际金融危机，为促进地区和世界经济增长作出了应有贡献。

中国坚定不移走和平发展道路，始终不渝奉行互利共赢的开放战略，在和平共处五项原则基础上发展同世界各国友好合作。中国和平发展始于亚洲、依托亚洲、造福亚洲。

"亲望亲好，邻望邻好。"中国坚持与邻为善、以邻为伴，坚持睦邻、安邻、富邻，践行亲、诚、惠、容理念，努力使自身发展更好惠及亚洲国家。中国将同各国一道，加快推进丝绸之路经济带和 21 世纪海上丝绸之路建设，尽早启动亚洲基础设施投资银行，更加深入参与区域合作进程，推动亚洲发展和安全相互促进、相得益彰。

"山积而高，泽积而长。"[3] 中国是亚洲安全观的积极倡导者，也是坚定实践者。中方将一步一个脚印加强同各方的安全对话和合作，共同探讨制定地区安全行为准则和亚洲安全伙伴计划，使亚洲国家成为相互信任、平等合作的好伙伴。中方愿意同地区国家建立常态化交流合作机制，共同打击"三股势力"；探讨建立亚洲执法安全合作论坛、亚洲安全应急中心等，深化执法安全合作，协调地区国家更好应对重大突发安全事件。中方倡议通过召开亚洲文明对话大会等方式，推动不同文明、不同宗教交流互鉴、取长补短、共同进步。

女士们、先生们、朋友们！

中国人民正在努力实现中华民族伟大复兴的中国梦，同时愿意支持和帮助亚洲各国人民实现各自的美好梦想，同各方一道努力实现持久和平、共同发展的亚洲梦，为促进人类和平与发展的崇高事业作出新的更大的贡献！

谢谢大家。

注　　释

〔1〕见本卷《把宣传思想工作做得更好》注〔1〕。

〔2〕见魏徵《谏太宗十思疏》。魏徵（580—643），先世是巨鹿下曲阳（今河北晋州西）人，后居相州内黄（今河南内黄西）。唐代政治家。

〔3〕见刘禹锡《唐故监察御史赠尚书右仆射王公神道碑铭》。

十六、密切党同人民群众联系

厉行勤俭节约，反对铺张浪费 *

（2013 年 1 月 17 日、2 月 22 日）

一

从文章反映的情况看，餐饮环节上的浪费现象触目惊心。广大干部群众对餐饮浪费等各种浪费行为特别是公款浪费行为反映强烈。联想到我国还有 1 亿多农村扶贫对象、几千万城市低保人口以及其他为数众多的困难群众，各种浪费现象的严重存在令人十分痛心。浪费之风务必狠刹！要加大宣传引导力度，大力弘扬中华民族勤俭节约的优秀传统，大力宣传节约光荣、浪费可耻的思想观念，努力使厉行节约、反对浪费在全社会蔚然成风。各级党政军机关、事业单位，各人民团体、国有企业，各级领导干部，都要率先垂范，严格执行公务接待制度，严格落实各项节约措施，坚决杜绝公款浪费现象。要采取针对性、操作性、指导性强的举措，加强监督检查，鼓励节约，整治浪费。

（2013 年 1 月 17 日在新华社《网民呼吁遏制餐饮环节"舌尖上的浪费"》上的批示）

---

* 这是习近平在新华社、人民日报有关材料上的两则批示。

二

中央要求厉行勤俭节约、反对铺张浪费，得到了广大干部群众衷心拥护。后续工作要不断跟上，坚决防止走过场、一阵风，切实做到一抓到底、善始善终。抓而不紧，抓而不实，抓而不常，等于白抓。一段时间以来，社会各方面就此积极建言献策，不少意见值得重视。要梳理采纳合理意见，总结我们自己的经验教训，借鉴国内外有益做法。下一步，关键是要抓住制度建设这个重点，以完善公务接待、财务预算和审计、考核问责、监督保障等制度为抓手，努力建立健全立体式、全方位的制度体系，以刚性的制度约束、严格的制度执行、强有力的监督检查、严厉的惩戒机制，切实遏制公款消费中的各种违规违纪违法现象。

（2013 年 2 月 22 日在人民日报《专家学者
对遏制公款吃喝的分析和建议》等材料上
的批示）

群众路线
是党的生命线和根本工作路线 *

（2013 年 6 月 18 日）

群众路线是我们党的生命线和根本工作路线。开展党的群众路线教育实践活动，是我们党在新形势下坚持党要管党、从严治党的重大决策，是顺应群众期盼、加强学习型服务型创新型马克思主义执政党建设的重大部署，是推进中国特色社会主义的重大举措，对保持党的先进性和纯洁性、巩固党的执政基础和执政地位，对全面建成小康社会，具有重大而深远的意义。

第一，开展党的群众路线教育实践活动，是实现党的十八大确定的奋斗目标的必然要求。党的十八大提出，在中国共产党成立 100 年时全面建成小康社会，在新中国成立 100 年时建成富强民主文明和谐的社会主义现代化国家。党的十八大之后，党中央又提出实现中华民族伟大复兴的中国梦。实现党的十八大确定的奋斗目标和中国梦，要求全党同志必须有优良作风。

---

* 这是习近平在党的群众路线教育实践活动工作会议上讲话的一部分。

　　什么是优良作风？优良作风就是我们党历来坚持的理论联系实际、密切联系群众、批评和自我批评以及艰苦奋斗、求真务实等作风。在革命、建设、改革长期实践中，我们党始终要求全党同志坚持光荣传统、发扬优良作风，为党和人民事业不断从胜利走向胜利提供了重要保障。

　　特别是在改革开放历史新时期，我们清醒地认识到，随着改革不断深入和对外开放不断扩大，党必将面临前所未有的风险和挑战，党的作风建设始终是摆在我们面前的一项重大而紧迫的任务，抓作风建设一丝都不能放松、一刻都不能停顿。

　　改革开放初期，邓小平同志就强调："在目前的历史转变时期，问题堆积成山，工作百端待举，加强党的领导，端正党的作风，具有决定的意义。"[1]以邓小平同志为核心的党的第二代中央领导集体、以江泽民同志为核心的党的第三代中央领导集体、以胡锦涛同志为总书记的党中央都高度重视作风建设，这些年来先后开展了整党[2]、"三讲"教育[3]、保持共产党员先进性教育[4]、深入学习实践科学发展观活动[5]等。我们党始终强调，执政党的党风关系党的形象，关系人心向背，关系党和国家生死存亡；加强和改进党的作风建设，核心问题是保持党同人民群众的血肉联系；马克思主义执政党的最大危险就是脱离群众。

　　回过头来看，党的十一届三中全会以来，由于我们党重新确立了解放思想、实事求是的思想路线，始终高度重视抓作风建设，始终高度重视保持党同人民群众的血肉联系，全党精神面貌和作风状况焕然一新，为改革开放和社会主义现代化建设顺利推进提供了重要保障。

　　历史和现实都告诉我们，密切联系群众，是党的性质和宗旨的体现，是中国共产党区别于其他政党的显著标志，也是党发展壮大的重要原因；能否保持党同人民群众的血肉联系，决定着党的事业的成败。

我们党来自人民、植根人民、服务人民，党的根基在人民、血脉在人民、力量在人民。失去了人民拥护和支持，党的事业和工作就无从谈起。党要继续经受住执政考验、改革开放考验、市场经济考验、外部环境考验，就必须始终密切联系群众。在任何时候任何情况下，与人民同呼吸共命运的立场不能变，全心全意为人民服务的宗旨不能忘，群众是真正英雄的历史唯物主义观点不能丢，始终坚持立党为公、执政为民。

现在，我们要实现党的十八大确定的奋斗目标和中国梦，必须紧紧依靠人民，充分调动最广大人民的积极性、主动性、创造性。开展党的群众路线教育实践活动，就是要使全党同志牢记并恪守全心全意为人民服务的根本宗旨，以优良作风把人民紧紧凝聚在一起，为实现党的十八大确定的目标任务和中国梦而努力奋斗。

第二，开展党的群众路线教育实践活动，是保持党的先进性和纯洁性、巩固党的执政基础和执政地位的必然要求。保持党的先进性和纯洁性，巩固党的执政基础和执政地位，是党的建设面临的根本问题和时代课题。

我们多次讲，党的先进性和党的执政地位都不是一劳永逸、一成不变的，过去先进不等于现在先进，现在先进不等于永远先进；过去拥有不等于现在拥有，现在拥有不等于永远拥有。这是用辩证唯物主义和历史唯物主义观察问题得出的结论。保持党的先进性和纯洁性、巩固党的执政基础和执政地位靠什么？最重要的就是靠坚持党的群众路线、密切联系群众。

得民心者得天下，失民心者失天下，人民拥护和支持是党执政的最牢固根基。人心向背关系党的生死存亡。党只有始终与人民心连心、同呼吸、共命运，始终依靠人民推动历史前进，才能做到哪怕"黑云压城城欲摧"[6]，"我自岿然不动"[7]，安如泰山、坚如磐石。开展党的群众路线教育实践活动，就是要把为民务实清廉的价值追求深深植根于全党同志的思想和行动中，夯实党的执政基础，巩固党的执政地位，增强党的创造力凝聚力战斗力，使保持党的先进性和纯洁性、巩固党的执政基础和执政地位具有广泛、深厚、可靠的群众基础。

第三，开展党的群众路线教育实践活动，是解决群众反映强烈的突出问题的必然要求。总体上看，当前各级党组织和党员、干部贯彻执行党的群众路线情况是好的，党群干群关系也是好的，广大党员、干部在改革发展稳定各项工作中冲锋陷阵、忘我奉献，发挥了先锋模范作用，赢得了广大人民群众肯定和拥护。这是主流，必须充分肯定。

同时，我们必须看到，面对世情、国情、党情的深刻变化，精神懈怠危险、能力不足危险、脱离群众危险、消极腐败危险更加尖锐地摆在全党面前，党内脱离群众的现象大量存在，一些问题还相当严重，集中表现在形式主义、官僚主义、享乐主义和奢靡之风这"四风"上。

在形式主义方面，主要是知行不一、不求实效，文山会海、花拳绣腿，贪图虚名、弄虚作假。有的不认真学习党的理论和做好工作所需要的知识，学了也是为应付场面，蜻蜓点水，浅尝辄止，不求甚解，无心也无力在实践中认真运用。有的习惯于以会议落实会议、以文件落实文件，热衷于造声势、出风头，把安排领导出场讲话、组织发新闻、上电视作为头等大事，最后工作却不了了之。有的抓工作不讲实效，不下功夫解决存在的矛盾和问题，难以给领导留下印象的事不做，形不成多大影响的事不做，工作汇报或年终总结看上去不漂亮的事不做，仪式一场接着一场，总结一份接着一份，评奖一个接着一个，最后都是"客里空"〔8〕。有的下基层调研走马观花，下去就是为了出出镜、露露脸，坐在车上转，隔着玻璃看，只看"门面"和"窗口"，不看"后院"和"角落"，群众说是"调查研究隔层纸，政策执行隔座山"。有的明知报上来的是假情况、假数字、假典型，也听之任之，甚至通过挖空心思造假来粉饰太平。

在官僚主义方面，主要是脱离实际、脱离群众，高高在上、漠视现实，唯我独尊、自我膨胀。有的对实际情况不了解不关注，不愿深入困难艰苦地区，不愿帮助基层和群众解决实际问题，甚至不愿同基层和普通群众打交道，怕给自己添麻烦，工作上敷衍塞责、推诿扯皮、得过且过。有的不顾地方实际和群众意愿，喜欢拍脑袋决策、拍胸脯表态，盲目铺摊子、上项目，最后拍屁股走人，留下一堆后遗症。有的对上吹吹拍拍、曲意逢迎，对下吆五喝六、横眉竖目，门难进、脸难看、事难办，甚至不给钱不办事，收了钱乱办事。有的对待上级部署囫囵吞枣、断章取义，执行上级决定照本宣科、等因奉此，或者照猫画虎、生搬硬套，以前怎么做就怎么做，别人怎么做就怎么做，完全不顾本地本部门实际情况。有的官气十足、独断专行，老子天下第一，一切都要自己说了算，拒绝批评帮助，容不下他人，听不得不同意见。

在享乐主义方面，主要是精神懈怠、不思进取，追名逐利、贪图享受，讲究排场、玩风盛行。有的意志消沉、信念动摇，奉行及时行乐的人生哲学，"今朝有酒今朝醉"[9]，"人生得意须尽欢"[10]。有的追求物质享受，情趣低俗，玩物丧志，沉湎花天酒地，热衷灯红酒绿，纵情声色犬马。有的拈轻怕重，安于现状，不愿吃苦出力，满足于现有学识和见解，陶醉于已经取得的成绩，不立新目标，缺乏新动力，"清茶报纸二郎腿，闲聊旁观混光阴"。

在奢靡之风方面，主要是铺张浪费、挥霍无度，大兴土木、节庆泛滥，生活奢华、骄奢淫逸，甚至以权谋私、腐化堕落。有的修建豪华气派的办公大楼，甚至占地上百亩、耗资几个亿，搞得富丽堂皇，吃喝玩乐一应俱全。有的热衷于造节办节，节庆泛滥成灾，动辄花费几百万、几千万，劳民伤财啊！有的热衷于个人享受，住房不厌其大其多，车子不厌其豪华，菜肴不厌其精美，穿戴讲究名牌，对超出规定的生活待遇安之若素，还总嫌不够。有的要求超规格接待，住高档酒店，吃山珍海味，喝美酒佳酿，觥筹交错之后还要"意思意思"。有的兜里揣着价值不菲的会员卡、消费卡，在高档会馆里乐不思蜀，在高级运动场所流连忘返，在名山秀水间朝歌夜弦，在异国风情中醉生梦死，有的甚至到境外赌博场所挥金如土啊！有的作风不检点，甚至道德败坏、生活放荡，不以为耻、反以为荣。

我讲这些情况，就是要全党都警醒起来。如果任由这些问题蔓延开来，后果不堪设想，那就有可能发生毛泽东同志所形象比喻的"霸王别姬"[11]了。更为严重的是，我们一些同志对这些问题见怪不怪，甚至觉得理所当然，"久入鲍肆而不闻其臭"〔12〕。这就更加危险了。

我们一定要牢记"奢靡之始，危亡之渐"〔13〕的古训，对作风之弊、行为之垢来一次大排查、大检修、大扫除，切实解决人民群众反映强烈的突出问题。

注　释

〔1〕见邓小平《坚持四项基本原则》(《邓小平文选》第2卷，人民出版社1994年版，第178页)。

〔2〕整党，指中国共产党从1983年冬季至1987年，对党的作风和组织进行的一次全面整顿，根本任务是统一思想、整顿作风、加强纪律、纯洁组织。

〔3〕"三讲"教育，指中国共产党从1998年11月至2000年12月，在县级以上党政领导班子、领导干部中开展的以讲学习、讲政治、讲正气为主要内容的党性党风教育。

〔4〕保持共产党员先进性教育，指中国共产党从2005年1月至2006年6月，在全党开展的以实践"三个代表"重要思想为主要内容的保持共产党员先进性教育活动。教育活动涉及全党7000多万党员、350多万个基层组织。

〔5〕深入学习实践科学发展观活动，指中国共产党从2008年9月至2010年2月，在全党开展的以县级以上领导班子和党员领导干部为重点，全体党员参加的深入学习实践科学发展观活动。

〔6〕见李贺《雁门太守行》。李贺(790—816)，祖籍陇西，生于福昌(今河南宜阳)。唐代诗人。

〔7〕见毛泽东《西江月·井冈山》(《毛泽东诗词集》，中央文献出版社2003年版，第13页)。

〔8〕苏联卫国战争时期考涅楚克的剧作《前线》中有一个捕风捉影、捏造事实的记者，名"客里空"。后被用来泛指虚构、浮夸的不良报道作风。

〔9〕见罗隐《自遣》。罗隐（833—919），杭州新城（今浙江富阳）人。唐代文学家。

〔10〕见李白《将进酒》。

〔11〕秦末反秦将领项羽（自称西楚霸王），性格独断，听不进不同意见，导致在楚汉战争中失败，被困于垓下。项羽与妃子虞姬对饮，慷慨悲歌。虞姬举袂作舞，拔剑自刎。项羽引兵突围至乌江，自刎而死。"霸王别姬"在这里比喻独断专行，脱离群众，最终垮台。参见司马迁《史记·项羽本纪》。

〔12〕参见《孔子家语·六本》。原文是："与不善人居，如入鲍鱼之肆，久而不闻其臭，亦与之化矣。"

〔13〕见《新唐书·褚遂良传》。《新唐书》是记载中国唐代历史的纪传体史书。

准确把握
党的群众路线教育实践活动的
指导思想和目标要求 *

（2013 年 6 月 18 日）

中央对这次教育实践活动的指导思想、目标任务、基本原则、方法步骤作出了明确规定。贯彻落实好中央要求，必须高举中国特色社会主义伟大旗帜，全面贯彻落实党的十八大精神，以马克思列宁主义、毛泽东思想、邓小平理论、"三个代表"重要思想、科学发展观为指导，贯彻好党的十八大以来中央作出的重大工作部署和要求，紧紧围绕保持和发展党的先进性和纯洁性，以为民务实清廉为主要内容，切实加强全体党员马克思主义群众观点和党的群众路线教育，把贯彻落实中央八项规定[1]精神作为切入点，着力解决突出问题。关键要把握好以下几方面要求。

第一，牢牢把握目标任务。历次党内集中教育活动的实践告诉我们，要使活动取得成功，确定一个合适的目标十分重要。

既然开展活动，当然要取得成效，而且成效越多越好。同

---

* 这是习近平在党的群众路线教育实践活动工作会议上讲话的一部分。

时，我们也要实事求是，这次活动为时一年，具体到一个单位也就 3 个月，不能要求一下子就把党内存在的所有矛盾和问题都解决了，很多矛盾和问题仍然要靠经常性工作来解决。这里面有一个伤其十指和断其一指的关系问题。基于这个考虑，中央反复研究，决定把这次教育实践活动的主要任务聚焦到作风建设上，集中解决形式主义、官僚主义、享乐主义和奢靡之风这"四风"问题。

为什么要聚焦到"四风"上呢？因为这"四风"是违背我们党的性质和宗旨的，是当前群众深恶痛绝、反映最强烈的问题，也是损害党群干群关系的重要根源。党内存在的其他问题都与这"四风"有关，或者说是这"四风"衍生出来的。"四风"问题解决好了，党内其他一些问题解决起来也就有了更好条件。党的十八大之后，中央政治局首先抓改进工作作风，也是这个考虑。我们要通过教育实践活动，巩固和扩大前一段作风建设的成果。

解决"四风"问题，要对准焦距、找准穴位、抓住要害，不能"走神"，不能"散光"。反对形式主义，要着重解决工作不实的问题，教育引导党员、干部改进学风文风会风，改进工作作风，在大是大非面前敢于担当、敢于坚持原则，真正把心思用在干事业上，把功夫下到察实情、出实招、办实事、求实效上。反对官僚主义，要着重解决在人民群众利益上不维护、不作为的问题，教育引导党员、干部深入实际、深入基层、深入群众，坚持民主集中制，虚心向群众学习，真心对群众负责，热心为群众服务，诚心接受群众监督，坚决整治消极应付、推诿扯皮、侵害群众利益的问题。反对享乐主义，要着重克服及时行乐思想和特权现象，教育引导党员、干部牢记"两个务必"[2]，克己奉公，勤政廉政，保持昂扬向上、奋发有为的精神状态。反对奢靡之风，要着重狠刹挥霍享乐和骄奢淫逸的不良风气，教育引导党员、干部坚守节约光荣、浪费可耻的思想观念，做到艰苦朴素、精打细算，勤俭办一切事情。解决"四风"问题，要从实际出发，抓住主要矛盾，什么问题突出就着重解决什么问题，什么问题紧迫就抓紧解决什么问题，找准靶子，有的放矢，务求实效。

第二，认真贯彻总要求。延安整风[3]时，毛泽东同志提出要集中整治主观主义、宗派主义、党八股[4]，并说要做对于这些东西的肃清工作和打扫工作是不容易的，要重重地给患病者一个刺激，使患者为之一惊，出一身汗，然后好好叫他们治疗。这次教育实践活动借鉴延安整风经验，明确提出"照镜子、正衣冠、洗洗澡、治治病"的总要求。这4句话、12个字，概括起来就是要自我净化、自我完善、自我革新、自我提高，说起来简洁明了，但真正做到就不那么容易了。

照镜子，主要是以党章为镜，对照党的纪律、群众期盼、先进典型，对照改进作风要求，在宗旨意识、工作作风、廉洁自律上摆问题、找差距、明方向。镜子可以照自己，也可以照他人，这次主要是照自己。现实生活中，有的同志总是自我感觉良好，懒得照镜子；有的同志明知自己有问题，怕照镜子；有的同志只愿看到自己光鲜的一面，习惯于化妆后才照镜子；还有的同志喜欢拿着镜子照别人，认为自己美得不得了，人家都是丑八怪。这几种现象都不符合共产党人的修养。党员、干部要敢照镜子、勤照镜子，特别是对缺点和错误要多往深处、细处照，使之纤毫毕现，这样才能找出差距、修身正己。

正衣冠，主要是在照镜子的基础上，按照为民务实清廉的要求，勇于正视缺点和不足，严明党的纪律特别是政治纪律，敢于触及思想、正视矛盾和问题，从自己做起，从现在改起，端正行为，自觉把党性修养正一正、把党员义务理一理、把党纪国法紧一紧，保持共产党人良好形象。正衣冠往往一天一次不够，需要"吾日三省吾身"〔5〕。正视和解决自身存在的问题需要勇气，但这样做最主动。"祸患常积于忽微，而智勇多困于所溺。"〔6〕养成勤正衣冠的习惯，能收到防微杜渐之效，能有效避免"积羽沉舟，群轻折轴"〔7〕。

洗洗澡，主要是以整风的精神开展批评和自我批评，深入分析发生问题的原因，清洗思想和行为上的灰尘，既要解决实际问题，更要解决思想问题，保持共产党人政治本色。人每天都在接触灰尘，所以要经常洗澡，打点肥皂，用丝瓜瓤搓一搓，用水冲一冲，洗干净了，就神清气爽了。同样，我们的思想和行为也会沾上灰尘，也会受到政治微生物的侵袭，因此也需要"洗澡"，既去灰去泥、放松身心，又舒张毛孔、促进新陈代谢，做到干干净净做事、清清白白做人。有些人对自己思想和行为上的灰尘总想掩饰，不愿意"洗澡"。对这样的人，同志们、组织上要帮助他们"洗洗澡"。

治治病，主要是坚持惩前毖后、治病救人方针，区别情况、对症下药，对作风方面存在问题的党员、干部进行教育提醒，对问题严重的进行查处，对不正之风和突出问题进行专项治理。人的身体有了毛病，就要看医生，就要打针吃药，重了还要动手术。人的思想和作风有了毛病，也必须抓紧治。如果讳疾忌医，就可能小病拖成大病，由病在表皮发展到病入膏肓，最终无药可治，正所谓"禁微则易，救末者难"[8]。各级党组织要采取有力措施，帮助有问题的党员、干部找准"病症"，对症下药，该吃中药的吃中药，该吃西药的吃西药，或者中西医结合，该动手术的动手术，切实体现从严治党的要求。

第三，以整风精神开展批评和自我批评。批评和自我批评是我们党的优良传统，是增强党组织战斗力、维护党的团结统一的有效武器。为什么说要以整风精神来抓？因为党内脱离群众的种种问题特别是"四风"问题都是顽症，要真正解决问题，就要有抛开面子、揭短亮丑的勇气，有动真碰硬、敢于交锋的精神，有深挖根源、触动灵魂的态度。现在，批评和自我批评这个"利器"在很多地方变成了"钝器"，锈迹斑斑，对问题触及不到、触及不深，就像鸡毛掸子打屁股不痛不痒，有的甚至把自我批评变成了自我表扬，相互批评变成了相互吹捧。这次教育实践活动，要在批评和自我批评上好好下一番功夫。

要开好民主生活会。各级党组织要教育党员、干部坚持"团结——批评——团结"的公式，打消自我批评怕丢面子、批评上级怕穿小鞋、批评同级怕伤和气、批评下级怕丢选票等顾虑，既深刻剖析和检查自己，又开展诚恳的相互批评，触及思想和灵魂，既红红脸、出出汗，又明确整改方向。无论批评还是自我批评，都要实事求是、出于公心、与人为善，不搞"鸵鸟政策"，不马虎敷衍，不文过饰非，不发泄私愤。忠言逆耳，良药苦口。对批评意见，要本着有则改之、无则加勉的态度，决不能用"批评"抵制批评，搞无原则的纷争。

群众的眼睛是雪亮的。党员、干部身上的问题，群众看得最清楚、最有发言权。要坚持开门搞活动，一开始就扎下去听取群众意见和建议，每个环节都组织群众有序参与，让群众监督和评议，切忌"自说自话、自弹自唱"，不搞闭门修炼、体内循环。

第四，坚持领导带头。经常听到这样的议论，说一些问题长期得不到解决，表现在基层，根子在上层，上面害病、下面吃药。确实，脱离群众的种种问题，主要表现在领导机关、领导班子、领导干部中。这次活动要以县处级以上领导机关、领导班子、领导干部为重点。常言道，先禁己身而后人，打铁还需自身硬。中央决定中央政治局先行开展这次活动，目的就是要起示范带动作用。县处级以上各级领导机关、领导班子、领导干部一定要当好表率。

各级领导干部既是活动的组织者、推进者、监督者，更是活动的参与者，要以普通党员身份把自己摆进去，力争认识高一层、学习深一步、实践先一着、剖析解决突出问题好一筹。

自我剖析准不准、深不深、严不严，是对领导干部能不能起好示范带动作用的重要检验。无私者无畏。各级领导干部要放下架子，虚心听取下级、基层和党员、群众的意见，以树立标杆、向我看齐的态度检查自己，认真查摆个人、领导班子、本地区本部门在作风方面存在的突出问题，深刻剖析问题症结和原因，把整改的方向和具体措施明确亮出来，切忌查摆问题见事不见人、对人不对己、避重而就轻。有了这样的底气和决心，批评和自我批评就能开展起来，解决突出问题就会有好效果，一级做给一级看就能落到实处。

第五，注重建立长效机制。保持党同人民群众的血肉联系是一个永恒课题，作风问题具有反复性和顽固性，不可能一蹴而就、毕其功于一役，更不能一阵风、刮一下就停，必须经常抓、长期抓。我们既要立足当前、切实解决群众反映强烈的突出问题，又要着眼长远、建立健全促进党员、干部坚持为民务实清廉的长效机制。

经过多年探索和实践，我们在贯彻群众路线、密切联系群众方面有了比较系统的制度规定，大多行之有效、群众认可，要继续坚持。中央对这次教育实践活动有一些新的要求，各地区各部门也会创造出一些新鲜经验，要把中央要求、实际需要、新鲜经验结合起来，制定新的制度，完善已有的制度，废止不适用的制度。不管建立和完善什么制度，都要本着于法周延、于事简便的原则，注重实体性规范和保障性规范的结合和配套，确保针对性、操作性、指导性强。

制度一经形成，就要严格遵守，坚持制度面前人人平等、执行制度没有例外，坚决维护制度的严肃性和权威性，坚决纠正有令不行、有禁不止的各种行为，使制度真正成为党员、干部联系和服务群众的硬约束，使贯彻党的群众路线真正成为党员、干部的自觉行动。

注　释

〔1〕中央八项规定，指中共十八届中央政治局关于改进工作作风、密切联系群众的八项规定。主要内容是：改进调查研究、精简会议活动、精简文件简报、规范出访活动、改进警卫工作、改进新闻报道、严格文稿发表、厉行勤俭节约。

〔2〕"两个务必"，指"务必使同志们继续地保持谦虚、谨慎、不骄、不躁的作风，务必使同志们继续地保持艰苦奋斗的作风"。这是毛泽东在中共七届二中全会的报告中提出的。当时，中国共产党即将夺取全国政权。毛泽东以此告诫全党，要经受住执政的考验，防止出现骄傲自满、贪图享受、脱离群众导致人亡政息的危险。

〔3〕延安整风，指中国共产党自 1942 年春至 1945 年春在全党范围内开展的一次马克思主义的思想教育运动。主要内容是：反对主观主义以整顿学风，反对宗派主义以整顿党风，反对党八股以整顿文风。

〔4〕八股，即八股文，是中国明清科举考试制度所规定的一种特殊文体。它内容空洞，专讲形式，玩弄文字。这种文章的每一个段落都要死守在固定的格式里面，连字数都有一定的限制，人们只是按照题目的字义敷衍成文。党八股是指中国革命队伍中某些人在写文章、发表演说或者做其他宣传工作的时候，对事物不加分析，只是搬用一些革命的名词和术语，言之无物，空话连篇。

〔5〕见《论语·学而》。

〔6〕见欧阳修《新五代史·伶官传》。欧阳修（1007—1072），吉州永丰（今属江西）人。北宋政治家、文学家。

〔7〕见司马迁《史记·张仪列传》。

〔8〕见范晔《后汉书·丁鸿传》。

树立和发扬
"三严三实"的作风*

（2014年3月9日）

作风建设永远在路上。如果前热后冷、前紧后松，就会功亏一篑。各级领导干部都要树立和发扬好的作风，既严以修身、严以用权、严以律己，又谋事要实、创业要实、做人要实。严以修身，就是要加强党性修养，坚定理想信念，提升道德境界，追求高尚情操，自觉远离低级趣味，自觉抵制歪风邪气。严以用权，就是要坚持用权为民，按规则、按制度行使权力，把权力关进制度的笼子里，任何时候都不搞特权、不以权谋私。严以律己，就是要心存敬畏、手握戒尺，慎独慎微、勤于自省，遵守党纪国法，做到为政清廉。谋事要实，就是要从实际出发谋划事业和工作，使点子、政策、方案符合实际情况、符合客观规律、符合科学精神，不好高骛远，不脱离实际。创业要实，就是要脚踏实地、真抓实干，敢于担当责任，勇于直面矛盾，善于解决问题，努力创造经得起实践、人民、历史检验的实绩。做人要实，就是要对党、对组织、对人民、对同志忠诚

---

* 这是习近平在参加第十二届全国人民代表大会第二次会议安徽代表团审议时的讲话要点。

老实，做老实人、说老实话、干老实事，襟怀坦白，公道正派。
要发扬钉钉子精神，保持力度、保持韧劲，善始善终、善作善成，
不断取得作风建设新成效。

十七、推进反腐倡廉建设

把权力关进制度的笼子里 *

（2013 年 1 月 22 日）

全党同志要按照党的十八大的部署，坚持以邓小平理论、"三个代表"重要思想、科学发展观为指导，坚持标本兼治、综合治理、惩防并举、注重预防方针，更加科学有效地防治腐败，坚定不移把党风廉政建设和反腐败斗争引向深入。

实现党的十八大确定的各项目标任务，实现"两个一百年"目标，实现中华民族伟大复兴的中国梦，必须把我们党建设好。党风廉政建设和反腐败斗争，是党的建设的重大任务。为政清廉才能取信于民，秉公用权才能赢得人心。改革开放 30 多年来，以邓小平同志为核心的党的第二代中央领导集体、以江泽民同志为核心的党的第三代中央领导集体、以胡锦涛同志为总书记的党中央始终把党风廉政建设和反腐败斗争作为重要任务来抓，旗帜是鲜明的，措施是有力的，成效是明显的，为保持和发展党的先进性和纯洁性发挥了重大作用，为我们党领导改革开放和社会主义现代化建设提供了有力保证。

我们党员干部队伍的主流始终是好的。同时，我们也要清醒地看到，当前一些领域消极腐败现象仍然易发多发，一些重

---

* 这是习近平在第十八届中央纪律检查委员会第二次全体会议上的讲话要点。

大违纪违法案件影响恶劣，反腐败斗争形势依然严峻，人民群众还有许多不满意的地方。党风廉政建设和反腐败斗争是一项长期的、复杂的、艰巨的任务。反腐倡廉必须常抓不懈，拒腐防变必须警钟长鸣，关键就在"常"、"长"二字，一个是要经常抓，一个是要长期抓。我们要坚定决心，有腐必反、有贪必肃，不断铲除腐败现象滋生蔓延的土壤，以实际成效取信于民。

我们党是靠革命理想和铁的纪律组织起来的马克思主义政党，纪律严明是党的光荣传统和独特优势。党面临的形势越复杂、肩负的任务越艰巨，就越要加强纪律建设，越要维护党的团结统一，确保全党统一意志、统一行动、步调一致前进。严明党的纪律，首要的就是严明政治纪律。严明政治纪律就要从遵守和维护党章入手。遵守党的政治纪律，最核心的，就是坚持党的领导，坚持党的基本理论、基本路线、基本纲领、基本经验、基本要求，同党中央保持高度一致，自觉维护中央权威。在指导思想和路线方针政策以及关系全局的重大原则问题上，全党必须在思想上政治上行动上同党中央保持高度一致。各级党组织和领导干部要牢固树立大局观念和全局意识，正确处理保证中央政令畅通和立足实际创造性开展工作的关系，任何具有地方特点的工作部署都必须以贯彻中央精神为前提。要防止和克服地方和部门保护主义、本位主义，决不允许"上有政策、下有对策"，决不允许有令不行、有禁不止，决不允许在贯彻执行中央决策部署上打折扣、做选择、搞变通。每一个共产党员特别是领导干部都要牢固树立党章意识，自觉用党章规范自己的一言一行，在任何情况下都要做到政治信仰不变、政治立场不移、政治方向不偏。党的各级组织要自觉担负起执行和维护政治纪律的责任，加强对党员遵守政治纪律的教育。党的各级纪律检查机关要把维护党的政治纪律放在首位，加强对政治纪律执行情况的监督检查。

工作作风上的问题绝对不是小事，如果不坚决纠正不良风气，任其发展下去，就会像一座无形的墙把我们党和人民群众隔开，我们党就会失去根基、失去血脉、失去力量。抓改进工作作风，各项工作都很重要，但最根本的是要坚持和发扬艰苦奋斗精神。改进工作作风的任务非常繁重，八项规定是一个切入口和动员令。八项规定既不是最高标准，更不是最终目的，只是我们改进作风的第一步，是我们作为共产党人应该做到的基本要求。"善禁者，先禁其身而后人。"[1]各级领导干部要以身作则、率先垂范，说到的就要做到，承诺的就要兑现。要坚持勤俭办一切事业，坚决反对讲排场比阔气，坚决抵制享乐主义和奢靡之风。要大力弘扬中华民族勤俭节约的优秀传统，大力宣传节约光荣、浪费可耻的思想观念，努力使厉行节约、反对浪费在全社会蔚然成风。各地区各部门要不折不扣执行改进工作作风相关规定，把要求落实到每一项工作、每一个环节之中。作风是否确实好转，要以人民满意为标准。要广泛听取群众意见和建议，自觉接受群众评议和社会监督。群众不满意的地方就要及时整改。中央纪委、监察部和各级纪检监察机关要加大检查监督力度，执好纪、问好责、把好关。要以踏石留印、抓铁有痕的劲头抓下去，善始善终、善作善成，防止虎头蛇尾，让全党全体人民来监督，让人民群众不断看到实实在在的成效和变化。

坚定不移惩治腐败，是我们党有力量的表现，也是全党同志和广大群众的共同愿望。我们党严肃查处一些党员干部包括高级干部严重违纪问题的坚强决心和鲜明态度，向全党全社会表明，我们所说的不论什么人，不论其职务多高，只要触犯了党纪国法，都要受到严肃追究和严厉惩处，决不是一句空话。从严治党，惩治这一手决不能放松。要坚持"老虎"、"苍蝇"一起打，既坚决查处领导干部违纪违法案件，又切实解决发生在群众身边的不正之风和腐败问题。要坚持党纪国法面前没有例外，不管涉及到谁，都要一查到底，决不姑息。要继续全面加强惩治和预防腐败体系建设，加强反腐倡廉教育和廉政文化建设，健全权力运行制约和监督体系，加强反腐败国家立法，加强反腐倡廉党内法规制度建设，深化腐败问题多发领域和环节的改革，确保国家机关按照法定权限和程序行使权力。要加强对权力运行的制约和监督，把权力关进制度的笼子里，形成不敢腐的惩戒机制、不能腐的防范机制、不易腐的保障机制。各级领导干部都要牢记，任何人都没有法律之外的绝对权力，任何人行使权力都必须为人民服务、对人民负责并自觉接受人民监督。要加强对一把手的监督，认真执行民主集中制，健全施政行为公开制度，保证领导干部做到位高不擅权、权重不谋私。

反腐倡廉建设，必须反对特权思想、特权现象。共产党员永远是劳动人民的普通一员，除了法律和政策规定范围内的个人利益和工作职权以外，所有共产党员都不得谋求任何私利和特权。这个问题不仅是党风廉政建设的重要内容，而且是涉及党和国家能不能永葆生机活力的大问题。要采取得力措施，坚决反对和克服特权思想、特权现象。

抓好党风廉政建设和反腐败斗争，必须全党动手。各级党委对职责范围内的党风廉政建设负有全面领导责任。要坚持和完善反腐败领导体制和工作机制，发挥好纪检、监察、司法、审计等机关和部门的职能作用，共同推进党风廉政建设和反腐败斗争。要支持纪检监察机关开展工作，关心爱护纪检监察干部。特别要注意保护那些党性强、敢于坚持原则的同志，为他们开展工作创造条件。各级纪检监察机关要加强干部队伍建设，提高履行职责能力和水平，更好发挥监督检查作用。

注　　释

〔**1**〕见荀悦《申鉴·政体》。荀悦（148—209），颍川颍阴（今河南许昌）人。东汉哲学家、史学家。

运用历史智慧
推进反腐倡廉建设 *

（2013 年 4 月 19 日）

　　历史的经验值得注意，历史的教训更应引以为戒。面对复杂多变的国际形势和艰巨繁重的改革发展稳定任务，实现"两个一百年"奋斗目标，实现中华民族伟大复兴的中国梦，必须坚持党要管党、从严治党，积极借鉴我国历史上优秀廉政文化，不断提高党的领导水平和执政水平、提高拒腐防变和抵御风险能力，确保党始终成为中国特色社会主义事业的坚强领导核心。

　　深入推进党风廉政建设和反腐败斗争，需要坚持发扬我们党在反腐倡廉建设长期实践中积累的成功经验，需要积极借鉴世界各国反腐倡廉的有益做法，也需要积极借鉴我国历史上反腐倡廉的宝贵遗产。研究我国反腐倡廉历史，了解我国古代廉政文化，考察我国历史上反腐倡廉的成败得失，可以给人以深刻启迪，有利于我们运用历史智慧推进反腐倡廉建设。

　　我们党把党风廉政建设和反腐败斗争提到关系党和国家生死存亡的高度来认识，是深刻总结了古今中外的历史教训的。

＊ 这是习近平在主持十八届中央政治局第五次集体学习时的讲话要点。

核心的问题是党要始终紧紧依靠人民，始终保持同人民群众的血肉联系，一刻也不脱离群众。要做到这一点，就必须下最大气力解决好消极腐败问题，确保党始终同人民心连心、同呼吸、共命运。

中央提出抓作风建设，反对形式主义、官僚主义、享乐主义，反对奢靡之风，就是提出了一个抓反腐倡廉建设的着力点，提出了一个夯实党执政的群众基础的切入点。全党同志一定要从这样的政治高度来认识这个问题，从思想上警醒起来，牢记"两个务必"，坚定不移转变作风，坚定不移反对腐败，切实做到踏石留印、抓铁有痕，不断以反腐倡廉的新进展新成效取信于民。

要大力加强反腐倡廉教育和廉政文化建设，坚持依法治国和以德治国相结合。从思想道德抓起具有基础性作用，思想纯洁是马克思主义政党保持纯洁性的根本，道德高尚是领导干部做到清正廉洁的基础。我们要教育引导广大党员、干部坚定理想信念、坚守共产党人精神家园，不断夯实党员干部廉洁从政的思想道德基础，筑牢拒腐防变的思想道德防线。要抓好思想理论建设、抓好党性教育和党性修养、抓好道德建设，教育引导广大党员、干部认真学习和实践马克思列宁主义、毛泽东思想、中国特色社会主义理论体系，牢固树立正确的世界观、权力观、事业观，模范践行社会主义荣辱观[1]，以理论上的坚定保证行动上的坚定，以思想上的清醒保证用权上的清醒，不断增强宗旨意识，始终保持共产党人的高尚品格和廉洁操守。

制度问题更带有根本性、全局性、稳定性、长期性。关键是要健全权力运行制约和监督体系，让人民监督权力，让权力在阳光下运行，把权力关进制度的笼子里。要更加科学有效地防治腐败，全面推进惩治和预防腐败体系建设，提高反腐败法律制度执行力，让法律制度刚性运行。要加强对典型案例的剖析，深化腐败问题多发领域和环节的改革，最大限度减少体制缺陷和制度漏洞，通过深化改革不断铲除腐败现象滋生蔓延的土壤。

反腐倡廉必须常抓不懈，拒腐防变必须警钟长鸣。要牢记"蠹众而木折，隙大而墙坏"[2]的道理，保持惩治腐败的高压态势，做到有案必查、有腐必惩，坚持"老虎"、"苍蝇"一起打，切实维护人民合法权益，努力做到干部清正、政府清廉、政治清明。

注　释

〔1〕2006年3月4日，胡锦涛在参加全国政协十届四次会议民盟、民进界委员联组讨论时提出以"八荣八耻"为主要内容的社会主义荣辱观。"八荣八耻"即以热爱祖国为荣、以危害祖国为耻，以服务人民为荣、以背离人民为耻，以崇尚科学为荣、以愚昧无知为耻，以辛勤劳动为荣、以好逸恶劳为耻，以团结互助为荣、以损人利己为耻，以诚实守信为荣、以见利忘义为耻，以遵纪守法为荣、以违法乱纪为耻，以艰苦奋斗为荣、以骄奢淫逸为耻。

〔2〕见《商君书·修权》。《商君书》是战国中后期商鞅及其后学的代表作，是研究商鞅一派法律思想的主要依据。商鞅（约前390—前338），卫国人。战国中期政治家、思想家，法家学派的主要代表人物。曾主持秦国变法，对旧的奴隶制进行了比较彻底的改革，确立了新的封建制，使秦国迅速富强起来，史称"商鞅变法"。

深入推进党风廉政建设
和反腐败斗争*

（2014 年 1 月 14 日）

坚持党要管党、从严治党，强化党对党风廉政建设和反腐败工作统一领导，强化反腐败体制机制创新和制度保障，加强思想政治教育，严明党的纪律，坚持不懈纠正"四风"，保持惩治腐败高压态势，努力取得人民群众比较满意的进展和成效。

2013 年，党中央高度重视党风廉政建设和反腐败斗争，中央纪委按照党中央决策部署，在强化党的纪律特别是政治纪律约束、强化执纪监督、强化查办腐败案件等方面攥紧拳头打出去，形成了鲜明的工作特点。经过各级党委、政府和纪检监察机关共同努力，党风廉政建设和反腐败斗争取得了新进展。我们坚持从中央政治局做起，以上带下，发挥了表率作用；坚持以解决突出问题为切入口，扶正祛邪，取得明显进展；坚决查处腐败案件，坚持"老虎"、"苍蝇"一起打，形成了对腐败分子的高压态势；坚持促进权力规范运行，强化监督，加强和改进巡视工作，畅通人民群众举报和监督渠道，得到了广大干部群

---

* 这是习近平在第十八届中央纪律检查委员会第三次全体会议上的讲话要点。

众积极评价。

在肯定成绩的同时，我们也要看到，滋生腐败的土壤依然存在，反腐败形势依然严峻复杂，一些不正之风和腐败问题影响恶劣、亟待解决。全党同志要深刻认识反腐败斗争的长期性、复杂性、艰巨性，以猛药去疴、重典治乱的决心，以刮骨疗毒、壮士断腕的勇气，坚决把党风廉政建设和反腐败斗争进行到底。

建立健全惩治和预防腐败体系是国家战略和顶层设计。中央印发了《建立健全惩治和预防腐败体系 2013—2017 年工作规划》，这是开展党风廉政建设和反腐败工作的指导性文件，各级党委要认真执行，把这项重大政治任务贯穿到改革发展稳定各项工作之中。

解决好保持党同人民群众的血肉联系问题，不可能一劳永逸，不可能一蹴而就，要常抓不懈。我们开了个好头，要一步一步深化下去。抓作风建设，首先要坚定理想信念，牢记党的性质和宗旨，牢记党对干部的要求。作为党的干部，就是要讲大公无私、公私分明、先公后私、公而忘私，只有一心为公、事事出于公心，才能坦荡做人、谨慎用权，才能光明正大、堂堂正正。作风问题都与公私问题有联系，都与公款、公权有关系。公款姓公，一分一厘都不能乱花；公权为民，一丝一毫都不能私用。领导干部必须时刻清楚这一点，做到公私分明、克己奉公、严格自律。

坚决反对腐败，防止党在长期执政条件下腐化变质，是我们必须抓好的重大政治任务。反腐败高压态势必须继续保持，坚持以零容忍态度惩治腐败。对腐败分子，发现一个就要坚决查处一个。要抓早抓小，有病就马上治，发现问题就及时处理，不能养痈遗患。要让每一个干部牢记"手莫伸，伸手必被捉"[1]的道理。"见善如不及，见不善如探汤。"[2]领导干部要心存敬畏，不要心存侥幸。

要以深化改革推进党风廉政建设和反腐败斗争，改革党的纪律检查体制，完善反腐败体制机制，增强权力制约和监督效果，保证各级纪委监督权的相对独立性和权威性。要强化制约，科学配置权力，形成科学的权力结构和运行机制。要强化监督，着力改进对领导干部特别是一把手行使权力的监督，加强领导班子内部监督。要强化公开，依法公开权力运行流程，让广大干部群众在公开中监督，保证权力正确行使。要落实党委的主体责任和纪委的监督责任，强化责任追究，不能让制度成为纸老虎、稻草人。党委、纪委或其他相关职能部门都要对承担的党风廉政建设责任做到守土有责。各项改革举措要体现惩治和预防腐败要求，同防范腐败同步考虑、同步部署、同步实施，堵塞一切可能出现的腐败漏洞，保障改革健康顺利推进。

遵守党的纪律是无条件的，要说到做到，有纪必执，有违必查，不能把纪律作为一个软约束或是束之高阁的一纸空文。党的各级组织要加强对党员、干部遵守政治纪律的教育，党的各级纪律检查机关要把维护党的政治纪律放在首位，确保全党在思想上政治上行动上同党中央保持高度一致。

党的力量来自组织，组织能使力量倍增。加强组织纪律性必须增强党性。党性说到底就是立场问题。我们共产党人特别是领导干部都应该心胸开阔、志存高远，始终心系党、心系人民、心系国家，自觉坚持党性原则。全党同志要强化党的意识，牢记自己的第一身份是共产党员，第一职责是为党工作，做到忠诚于组织，任何时候都与党同心同德。全党同志要强化组织意识，时刻想到自己是党的人，是组织的一员，时刻不忘自己应尽的义务和责任，相信组织、依靠组织、服从组织，自觉接受组织安排和纪律约束，自觉维护党的团结统一。

民主集中制、党内组织生活制度等党的组织制度都非常重要，必须严格执行。各级领导班子和领导干部都要严格执行请示报告制度。要切实加强组织管理，引导党员、干部正确对待组织的问题，言行一致、表里如一，讲真话，讲实话，讲心里话，接受党组织教育和监督。要切实执行组织纪律，不能搞特殊、有例外，各级党组织要敢抓敢管，使纪律真正成为带电的高压线。

党中央作出的决策部署，党的组织、宣传、统战、政法等部门要贯彻落实，人大、政府、政协、法院、检察院的党组织要贯彻落实，事业单位、人民团体等的党组织也要贯彻落实，党组织要发挥作用。各方面党组织应该对党委负责、报告工作，在党委统一领导下尽心尽力做好自身职责范围内的工作。

注　释

〔1〕见陈毅《七古·手莫伸》(《陈毅诗词选集》，人民文学出版社 1977年版，第 155 页)。陈毅 (1901—1972)，四川乐至人。中国无产阶级革命家、军事家、政治家，中国人民解放军创建人和领导人之一，中华人民共和国元帅。

〔2〕见《论语·季氏》。

十八、提高党的领导水平

发扬钉钉子的精神，
一张好的蓝图一干到底 [*]

（2013 年 2 月 28 日）

　　面对改革发展稳定的艰巨繁重任务，各级领导班子和领导干部一定要按照中央要求，牢记"空谈误国，实干兴邦"，积极进取，奋发有为，做出经得起实践、人民、历史检验的实绩。在改革开放和社会主义现代化建设的广阔天地里，大家都是想干事的，都有干事的热情，都想干出一番事业，以不辜负党和人民的信任。然而，在这个过程中，我们要牢记一个道理，政贵有恒。为官一方，为政一时，当然要大胆开展工作、锐意进取，同时也要保持工作的稳定性和连续性。党的十八大确定了全面建成小康社会和全面深化改革开放的目标，对新的时代条件下推进中国特色社会主义事业作出了全面部署，对全面提高党的建设科学化水平提出了明确要求。全党全国就是要通过扎扎实实努力，锲而不舍把党的十八大精神落到实处。依此类推，对党的十一届三中全会以来的路线方针政策，对邓小平理论、"三个代表"重要思想、科学发展观，对中央作出的仍然有效

---

　　* 这是习近平在中共十八届二中全会第二次全体会议上讲话的一部分。

的各项重大战略部署，我们都要一以贯之地贯彻。地方和部门工作也一样，要真正做到一张好的蓝图一干到底，切实干出成效来。我们要有钉钉子的精神，钉钉子往往不是一锤子就能钉好的，而是要一锤一锤接着敲，直到把钉子钉实钉牢，钉牢一颗再钉下一颗，不断钉下去，必然大有成效。如果东一榔头西一棒子，结果很可能是一颗钉子都钉不上、钉不牢。我们要有"功成不必在我"的精神。一张好的蓝图，只要是科学的、切合实际的、符合人民愿望的，大家就要一茬一茬接着干，干出来的都是实绩，广大干部群众都会看在眼里、记在心里。当然，实践是不断发展的，我们的认识和工作也要与时俱进，看准了的要及时调整和完善，但不要换一届领导就兜底翻，更不要为了显示所谓政绩去另搞一套，不要空洞的新口号满天飞。很多时候，有没有新面貌，有没有新气象，并不在于制定一打一打的新规划，喊出一个一个的新口号，而在于结合新的实际，用新的思路、新的举措，脚踏实地把既定的科学目标、好的工作蓝图变为现实。要树立正确政绩观，多做打基础、利长远的事，不搞脱离实际的盲目攀比，不搞劳民伤财的"形象工程"、"政绩工程"，求真务实，真抓实干，勇于担当，真正做到对历史和人民负责。

依靠学习走向未来 *

（2013 年 3 月 1 日）

我们党历来重视抓全党特别是领导干部的学习，这是推动党和人民事业发展的一条成功经验。在每一个重大转折时期，面对新形势新任务，我们党总是号召全党同志加强学习；而每次这样的学习热潮，都能推动党和人民事业实现大发展大进步。改革开放伊始，党中央就强调，实现四个现代化是一场深刻的伟大的革命。在这场伟大的革命中，我们是在不断地解决新的矛盾中前进的。因此，全党同志一定要善于学习，善于重新学习。同过去相比，我们今天学习的任务不是轻了，而是更重了。这是由我们面临的形势和任务决定的。

当前，全党面临的一个重要课题，就是如何正确认识和妥善处理我国发展起来后不断出现的新情况新问题。现在，我们遇到的问题中，有些是老问题，或者是我们长期努力解决但还没有解决好的问题，或者是有新的表现形式的老问题，但大量是新出现的问题。新问题每时每刻都在出现，而且多数又是我们过去不熟悉或者不太熟悉的。出现这样的状况，是由世情、

---

* 这是习近平在中央党校建校 80 周年庆祝大会暨 2013 年春季学期开学典礼上讲话的主要部分。

国情、党情的发展变化引起的。不论是新问题还是老问题，不论是长期存在的老问题还是改变了表现形式的老问题，要认识好、解决好，唯一的途径就是增强我们自己的本领。增强本领就要加强学习，既把学到的知识运用于实践，又在实践中增长解决问题的新本领。

实现党的十八大提出的各项目标任务，应对复杂多变的国际形势，把握改革发展稳定大局，做好方方面面的工作，对我们的本领提出了新的要求。我们党在革命、建设、改革各个历史时期都遇到了种种艰难险阻，我们的事业成功都是经过艰辛探索、艰苦奋斗取得的。想一帆风顺推进我们的事业，想顺顺当当实现我们的奋斗目标，那是不可能的。可以预见，在今后的前进道路上，来自各方面的困难、风险、挑战肯定还会不断出现，关键看我们有没有克服它们、战胜它们、驾驭它们的本领。

从总体上看，与今天我们党和国家事业发展的要求相比，我们的本领有适应的一面，也有不适应的一面。特别是随着形势和任务不断发展，我们适应的一面正在下降，不适应的一面正在上升。如果不抓紧增强本领，久而久之，我们就难以胜任领导改革开放和社会主义现代化建设的繁重任务。延安时期，我们党就注意到"本领恐慌"问题。当时，党中央曾明确指出，我们的队伍里有一种恐慌，不是经济恐慌，也不是政治恐慌，而是本领恐慌。过去学的本领只有一点点，今天用一些，明天用一些，渐渐告罄了。我们现在是不是也面临这样一种状态呢？我看是的。很多同志有做好工作的真诚愿望，也有干劲，但缺乏新形势下做好工作的本领，面对新情况新问题，由于不懂规律、不懂门道、缺乏知识、缺乏本领，还是习惯于用老思路老套路来应对，蛮干盲干，结果是虽然做了工作，有时做得还很辛苦，但不是不对路子，就是事与愿违，甚至搞出一些南辕北辙的事情来。这就叫新办法不会用，老办法不管用，硬办法不敢用，软办法不顶用。我看这种状态，在党内相当一个范围、相当一个时期都是存在的。因此，全党同志特别是各级领导干部，都要有本领不够的危机感，都要努力增强本领，都要一刻不停地增强本领。只有全党本领不断增强了，"两个一百年"的奋斗目标才能实现，中华民族伟大复兴的中国梦才能梦想成真。

本领不是天生的，是要通过学习和实践来获得的。当今时代，知识更新周期大大缩短，各种新知识、新情况、新事物层出不穷。有人研究过，18世纪以前，知识更新速度为90年左右翻一番；20世纪90年代以来，知识更新加速到3至5年翻一番。近50年来，人类社会创造的知识比过去3000年的总和还要多。还有人说，在农耕时代，一个人读几年书，就可以用一辈子；在工业经济时代，一个人读十几年书，才够用一辈子；到了知识经济时代，一个人必须学习一辈子，才能跟上时代前进的脚步。如果我们不努力提高各方面的知识素养，不自觉学习各种科学文化知识，不主动加快知识更新、优化知识结构、拓宽眼界和视野，那就难以增强本领，也就没有办法赢得主动、赢得优势、赢得未来。因此，全党同志特别是各级领导干部都要有加强学习的紧迫感。

正是从这样的战略高度出发，党的十八大提出了建设学习型、服务型、创新型马克思主义执政党的重大任务。把学习型放在第一位，是因为学习是前提，学习好才能服务好，学习好才有可能进行创新。既然我们都是领导干部，都担负着党和人民交付的职责，就要不断提高自己、丰富自己，兢兢业业做好工作，不断提高工作水平和质量。从这个角度讲，领导干部学习不学习不仅仅是自己的事情，本领大小也不仅仅是自己的事情，而是关乎党和国家事业发展的大事情。这也就是古人所说的"学者非必为仕，而仕者必为学"[1]。只有加强学习，才能增强工作的科学性、预见性、主动性，才能使领导和决策体现时代性、把握规律性、富于创造性，避免陷入少知而迷、不知而盲、无知而乱的困境，才能克服本领不足、本领恐慌、本领落后的问题。否则，"盲人骑瞎马，夜半临深池"[2]，虽勇气可嘉，却是鲁莽和不可取的，不仅不能在工作中打开新局面，而且有迷失方向、落后于时代的危险。

我们正在从事的中国特色社会主义事业是伟大而波澜壮阔的，是前人没有做过的。因此，我们的学习应该是全面的、系统的、富有探索精神的，既要抓住学习重点，也要注意拓展学习领域；既要向书本学习，也要向实践学习；既要向人民群众学习，向专家学者学习，也要向国外有益经验学习。学习有理论知识的学习，也有实践知识的学习。

首先要认真学习马克思主义理论，这是我们做好一切工作的看家本领，也是领导干部必须普遍掌握的工作制胜的看家本领。毛泽东同志曾经提出，"如果我们党有一百个至二百个系统地而不是零碎地、实际地而不是空洞地学会了马克思列宁主义的同志，就会大大地提高我们党的战斗力量"[3]。这个任务，今天依然很现实地摆在我们党面前。只有学懂了马克思列宁主义、毛泽东思想、邓小平理论、"三个代表"重要思想、科学发展观，特别是领会了贯穿其中的马克思主义立场、观点、方法，才能心明眼亮，才能深刻认识和准确把握共产党执政规律、社会主义建设规律、人类社会发展规律，才能始终坚定理想信念，才能在纷繁复杂的形势下坚持科学指导思想和正确前进方向，才能带领人民走对路，才能把中国特色社会主义不断推向前进。

学习党的路线方针政策和国家法律法规，这是领导干部开展工作要做的基本准备，也是很重要的政治素养。不掌握这些，你根据什么制定决策、解决问题呀？就很可能会在工作中出这样那样的毛病。各级领导干部还要认真学习党史、国史，知史爱党，知史爱国。要了解我们党和国家事业的来龙去脉，汲取我们党和国家的历史经验，正确了解党和国家历史上的重大事件和重要人物。这对正确认识党情、国情十分必要，对开创未来也十分必要，因为历史是最好的教科书。

经济、政治、历史、文化、社会、科技、军事、外交等方面的知识，领导干部要结合工作需要来学习，不断提高自己的知识化、专业化水平。要坚持干什么学什么、缺什么补什么，有针对性地学习掌握做好领导工作、履行岗位职责所必备的各种知识，努力使自己真正成为行家里手、内行领导。各种文史知识，中国优秀传统文化，领导干部也要学习，以学益智，以学修身。中国传统文化博大精深，学习和掌握其中的各种思想精华，对树立正确的世界观、人生观、价值观很有益处。古人所说的"先天下之忧而忧，后天下之乐而乐"[4]的政治抱负，"位卑未敢忘忧国"[5]、"苟利国家生死以，岂因祸福避趋之"[6]的报国情怀，"富贵不能淫，贫贱不能移，威武不能屈"[7]的浩然正气，"人生自古谁无死，留取丹心照汗青"[8]、"鞠躬尽瘁，死而后已"[9]的献身精神等，都体现了中华民族的优秀传统文化和民族精神，我们都应该继承和发扬。领导干部还应该了解一些文学知识，通过提高文学鉴赏能力和审美能力，陶冶情操，培养高尚的生活情趣。许多老一辈革命家都有很深厚的文学素养，在诗词歌赋方面有很高的造诣。总之，学史可以看成败、鉴得失、知兴替；学诗可以情飞扬、志高昂、人灵秀；学伦理可以知廉耻、懂荣辱、辨是非。我们不仅要了解中国的历史文化，还要睁眼看世界，了解世界上不同民族的历史文化，去其糟粕，取其精华，从中获得启发，为我所用。

领导干部学习，要正确把握学习的方向。忽视了马克思主义所指引的方向，学习就容易陷入盲目状态甚至误入歧途，就容易在错综复杂的形势中无所适从，就难以抵御各种错误思潮。没有正确方向，不仅学不到有益的知识，还很容易被一些天花乱坠、脱离实际甚至荒唐可笑、极其错误的东西所迷惑、所俘虏。

学习的目的全在于运用。领导干部加强学习，根本目的是增强工作本领、提高解决实际问题的水平。"空谈误国，实干兴邦"，说的就是反对学习和工作中的"空对空"。战国赵括[10]"纸上谈兵"、两晋学士"虚谈废务"的历史教训大家都要引为鉴戒。读书是学习，使用也是学习，并且是更重要的学习。领导干部要发扬理论联系实际的马克思主义学风，带着问题学，拜人民为师，做到干中学、学中干，学以致用、用以促学、学用相长，千万不能夸夸其谈、陷于"客里空"。

兴趣是激励学习的最好老师。"知之者不如好之者，好之者不如乐之者。"[11]讲的就是这个道理。领导干部应该把学习作为一种追求、一种爱好、一种健康的生活方式，做到好学乐学。有了学习的浓厚兴趣，就可以变"要我学"为"我要学"，变"学一阵"为"学一生"。学习和思考、学习和实践是相辅相成的，正所谓"学而不思则罔，思而不学则殆"〔12〕。你脑子里装着问题了，想解决问题了，想把问题解决好了，就会去学习，就会自觉去学习。要"博学之，审问之，慎思之，明辨之，笃行之"〔13〕。学习要善于挤时间。经常听有的同志说自己想学习，但"工作太忙，没有时间学习"。听上去好像有些道理，但这绝不是放松学习的理由。中央强调要转变工作作风，能不能多一点学习、多一点思考，少一点无谓的应酬、少一点形式主义的东西，这也是转变工作作风的重要内容。群众说，现在，有的干部学风不浓、玩风太盛。这样"以其昏昏，使人昭昭"〔14〕是不行的！是要贻误工作、贻误大事的！不注意学习，忙于事务，思想就容易僵化、庸俗化。学习需要沉下心来，贵在持之以恒，重在学懂弄通，不能心浮气躁、浅尝辄止、不求甚解。领导干部一定要把学习放在很重要的位置上，如饥似渴地学习，哪怕一天挤出半小时，即使读几页书，只要坚持下去，必定会积少成多、积沙成塔，积跬步以至千里。

总之，好学才能上进。中国共产党人依靠学习走到今天，也必然要依靠学习走向未来。我们的干部要上进，我们的党要上进，我们的国家要上进，我们的民族要上进，就必须大兴学习之风，坚持学习、学习、再学习，坚持实践、实践、再实践。

注　释

〔1〕参见《荀子·大略》。原文是："学者非必为仕，而仕者必如学。"

〔2〕见刘义庆《世说新语·排调》。刘义庆（403—444），彭城（今江

苏徐州）人。南朝宋国文学家。《世说新语》是古代小说集，主要记载汉末至东晋士大夫的言谈、轶事。

〔3〕见毛泽东《中国共产党在民族战争中的地位》（《毛泽东选集》第2卷，人民出版社1991年版，第533页）。

〔4〕见本卷《创新正当其时，圆梦适得其势》注〔3〕。

〔5〕见陆游《病起书怀》。

〔6〕见林则徐《赴戍登程口占示家人》。林则徐（1785—1850），福建侯官（今福建福州）人。清代鸦片战争时期主张严禁鸦片、抵抗西方侵略的爱国政治家。

〔7〕见《孟子·滕文公下》。

〔8〕见文天祥《过零丁洋》。文天祥（1236—1283），吉州庐陵（今江西吉安）人。南宋大臣、文学家，抗元名将。

〔9〕参见诸葛亮《后出师表》。原文是："鞠躬尽力，死而后已。"

〔10〕赵括（？—前260），战国时期赵国将领。他空谈兵法，却无实战经验。公元前260年，在长平（今山西高平西北）被秦将白起用计包围，突围不成被射死。赵军40余万人被俘坑杀。

〔11〕见《论语·雍也》。

〔12〕见本卷《青年要自觉践行社会主义核心价值观》注〔36〕。

〔13〕见本卷《青年要自觉践行社会主义核心价值观》注〔39〕。

〔14〕见《孟子·尽心下》。

"治大国若烹小鲜"*

（2013 年 3 月 19 日）

我会见一些国家的领导人时，他们感慨说，中国这么大的国家怎么治理呢？的确，中国有 13 亿人口，治理不易，光是把情况了解清楚就不易。我常说，了解中国是要花一番功夫的，只看一两个地方是不够的。中国有 960 万平方公里，56 个民族，13 亿人口，了解中国要切忌"盲人摸象"。

中国有句古话，"宰相必起于州部，猛将必发于卒伍"[1]。我们现在的干部遴选机制也是一级一级的，比如，我在农村干过，担任过大队党支部书记，在县、市、省、中央都工作过。干部有了丰富的基层经历，就能更好树立群众观点，知道国情，知道人民需要什么，在实践中不断积累各方面经验和专业知识，增强工作能力和才干。这是做好工作的基本条件。

老百姓的衣食住行，社会的日常运行，国家机器的正常运转，执政党的建设管理，都有大量工作要做。对我来讲，人民把我放在这样的工作岗位上，就要始终把人民放在心中最高的位置，牢记人民重托，牢记责任重于泰山。这样一个大国，这样多的人民，这么复杂的国情，领导者要深入了解国情，了解人民所思所盼，要有"如履薄冰，如临深渊"[2]的自觉，要有

---

* 这是习近平在接受金砖国家媒体联合采访时答问的一部分。

"治大国若烹小鲜"〔3〕的态度，丝毫不敢懈怠，丝毫不敢马虎，必须夙夜在公、勤勉工作。人民是我们力量的源泉。只要与人民同甘共苦，与人民团结奋斗，就没有克服不了的困难，就没有完成不了的任务。

至于工作量，你们可以想像。担任这样的职务，基本没有自己的时间。工作千头万绪。当然，我会区分轻重缓急。"众人拾柴火焰高。"我们有一个既有分工又有协作的中央领导集体，有一套比较有效的工作机制，大家各负其责，共同把工作做好。

尽管工作很忙，但"偷得浮生半日闲"〔4〕，只要有时间，我就同家人在一起。

我爱好挺多，最大的爱好是读书，读书已成为我的一种生活方式。我也是体育爱好者，喜欢游泳、爬山等运动，年轻时喜欢足球和排球。巴西再度举办世界杯足球赛，我表示祝贺。体育竞赛特别是足球比赛的魅力就在于不可预测。上届世界杯有章鱼保罗，不知道明年还有没有可以预测未来的章鱼？巴西足球队有主场之利，我祝巴西队好运。

注　释

〔1〕见《韩非子·显学》。韩非（约前280—前233），战国末期法家学说的集大成者和法家学派的主要代表。他的著作收集在《韩非子》一书中。

〔2〕参见《诗经·小雅·小旻》。原文是："战战兢兢，如临深渊，如履薄冰。"

〔3〕见《老子》第六十章。

〔4〕见李涉《题鹤林寺僧舍》。李涉（生卒年不详），洛阳（今属河南）人。唐代诗人。

着力培养选拔
党和人民需要的好干部 *

（2013 年 6 月 28 日）

当前，全党全国各族人民正在为全面建成小康社会、实现中华民族伟大复兴的中国梦而团结奋斗。面对复杂多变的国际形势和艰巨繁重的国内改革发展稳定任务，我们必须准备进行具有许多新的历史特点的伟大斗争。这是党的十八大报告中的一句话。"新的历史特点"这个概念，含义是很深刻的，是全面审视和判断国内国际两个大局发展大势得出的重要判断。

进行具有许多新的历史特点的伟大斗争，实现党的十八大确定的各项目标任务，关键在党，关键在人。关键在党，就要确保党在发展中国特色社会主义历史进程中始终成为坚强领导核心。关键在人，就要建设一支宏大的高素质干部队伍。

我们党历来高度重视选贤任能，始终把选人用人作为关系党和人民事业的关键性、根本性问题来抓。治国之要，首在用人。也就是古人说的："尚贤者，政之本也。"[1] "为政之要，莫先于用人。"[2]

---

* 这是习近平在全国组织工作会议上讲话的一部分。

近年来，各级党委和组织部门贯彻执行党的干部路线，选人用人主流是好的，但也存在这样那样的一些问题，如果不能很好解决，就会涣散党心、冷了人心。

现在，大家想得比较多、议得比较多的有3个问题：怎样是好干部？怎样成长为好干部？怎样把好干部用起来？正确回答和解决这3个问题，我们的干部工作就能做得更好。

第一个问题，怎样是好干部？这本来是一个十分清楚的问题，党章有明确要求。然而，由于受选人用人上的不正之风的影响，由于一些地方选出来的干部素质和能力明显不合格，甚至出了一些"带病提拔"、违规提拔的干部，致使不少同志对这个问题的认识模糊了。这也说明我们的组织工作还大有可改进之处，因为如果选来选去使大家对好干部的标准都弄不清了，那显然是选出来的一些人不仅没有起到标杆作用，反而起了反作用。这个问题要引起深思！

好干部的标准，大的方面说，就是德才兼备。同时，好干部的标准又是具体的、历史的。不同历史时期，对干部德才的具体要求有所不同。革命战争年代，对党忠诚、英勇善战、不怕牺牲的干部就是好干部。社会主义革命和建设时期，懂政治、懂业务、又红又专的干部就是好干部。改革开放初期，拥护党的十一届三中全会确定的路线方针政策，有知识、懂专业、锐意改革的干部就是好干部。现在，我们提出政治上靠得住、工作上有本事、作风上过得硬、人民群众信得过等具体要求，突出了好干部标准的时代内涵。

概括起来说，好干部要做到信念坚定、为民服务、勤政务实、敢于担当、清正廉洁。信念坚定，党的干部必须坚定共产主义远大理想，真诚信仰马克思主义，矢志不渝为中国特色社会主义而奋斗，坚持党的基本理论、基本路线、基本纲领、基本经验、基本要求不动摇。为民服务，党的干部必须做人民公仆，忠诚于人民，以人民忧乐为忧乐，以人民甘苦为甘苦，全心全意为人民服务。勤政务实，党的干部必须勤勉敬业、求真务实、真抓实干、精益求精，创造出经得起实践、人民、历史检验的实绩。敢于担当，党的干部必须坚持原则、认真负责，面对大是大非敢于亮剑，面对矛盾敢于迎难而上，面对危机敢于挺身而出，面对失误敢于承担责任，面对歪风邪气敢于坚决斗争。清正廉洁，党的干部必须敬畏权力、管好权力、慎用权力，守住自己的政治生命，保持拒腐蚀、永不沾的政治本色。这些说起来大家都明白，但要真正做到就不那么容易了。

这几条都很重要，一段时间以来，我在不同场合都强调了这些要求。这里，我想特别强调一下理想信念、敢于担当这两个问题，这是当前干部队伍中比较突出的问题。

理想信念坚定，是好干部第一位的标准，是不是好干部首先看这一条。如果理想信念不坚定，不相信马克思主义，不相信中国特色社会主义，政治上不合格，经不起风浪，这样的干部能耐再大也不是我们党需要的好干部。只有理想信念坚定，用坚定理想信念炼就了"金刚不坏之身"，干部才能在大是大非面前旗帜鲜明，在风浪考验面前无所畏惧，在各种诱惑面前立场坚定，在关键时刻靠得住、信得过、能放心。

理想信念就是人的志向。古人说："志之所趋，无远勿届，穷山距海，不能限也。志之所向，无坚不入，锐兵精甲，不能御也。"[3] 意思是说，志存高远的人，再遥远的地方也能达到，再坚固的东西也能突破。在革命、建设、改革各个历史时期，有无数共产党员为了党和人民事业英勇牺牲了，支撑他们的就是"革命理想高于天"的精神力量。

应该充分肯定，我们大多数干部理想信念是坚定的，政治上是可靠的。同时，在我们的干部队伍中，也有的对共产主义心存怀疑，认为那是虚无缥缈、难以企及的幻想；有的不信马列信鬼神，从封建迷信中寻找精神寄托，热衷于算命看相、烧香拜佛，遇事"问计于神"；有的是非观念淡薄、原则性不强、正义感退化，糊里糊涂当官，浑浑噩噩过日子；有的甚至向往西方社会制度和价值观念，对社会主义前途命运丧失信心；有的在涉及党的领导和中国特色社会主义道路等原则性问题的政治挑衅面前态度暧昧、消极躲避、不敢亮剑，甚至故意模糊立场、耍滑头，等等。党的领导干部特别是高级干部，在大是大非面前没有态度，出了政治性事件、遇到敏感性问题没有立场、无动于衷，岂非咄咄怪事！

有人说要"爱惜羽毛"，也就是所谓"声誉"，那也要看看你爱惜的是哪家的"声誉"，究竟是个人主义的、一些别有用心的人会喝彩的"声誉"，还是站在党和人民立场上的声誉？作为共产党人只能要后一种声誉。一心想着要前一种"声誉"，那将是十分危险的！

现在，形式主义、官僚主义、享乐主义和奢靡之风为什么盛行？为什么不断有人沦为腐败分子，走向犯罪的深渊？说到底，还是理想信念不坚定。我常说，理想信念是共产党人精神上的"钙"，理想信念坚定，骨头就硬；没有理想信念，或理想信念不坚定，精神上就会"缺钙"，就会得"软骨病"。

事实一再表明，理想信念动摇是最危险的动摇，理想信念滑坡是最危险的滑坡。我一直在想，如果哪天在我们眼前发生"颜色革命"那样的复杂局面，我们的干部是不是都能毅然决然站出来捍卫党的领导、捍卫社会主义制度？我相信，绝大多数党员、干部是能够做到的。

革命战争年代，检验一个干部理想信念坚定不坚定，就看他能不能为党和人民事业舍生忘死，能不能冲锋号一响立即冲上去，这样的检验很直接。和平建设时期，生死考验有，但毕竟不多，检验一个干部理想信念是否坚定确实比较难，X 光、CT、核磁共振成像也没有办法。

当然，也不是不能检验。那就主要看干部是否能在重大政治考验面前有政治定力，是否能树立牢固的宗旨意识，是否能对工作极端负责，是否能做到吃苦在前、享受在后，是否能在急难险重任务面前勇挑重担，是否能经得起权力、金钱、美色的诱惑。这样的检验需要一个过程，不是一下子、经历一两件事、听几句口号就能解决的，要看长期表现，甚至看一辈子。

坚持原则、敢于担当是党的干部必须具备的基本素质。"为官避事平生耻。"担当大小，体现着干部的胸怀、勇气、格调，有多大担当才能干多大事业。

现在，一些干部中好人主义盛行，不敢批评、不愿批评，不敢负责、不愿负责的现象相当普遍。有的怕得罪人，怕丢选票，搞无原则的一团和气，信奉多栽花、少栽刺的庸俗哲学，各人自扫门前雪、不管他人瓦上霜，事不关己高高挂起，满足于做得过且过的太平官；有的身居其位不谋其政，遇到矛盾绕道走，遇到群众诉求躲着行，推诿扯皮、敷衍塞责，致使小事拖大、大事拖成大祸；有的为人圆滑世故，处事精明透顶，工作拈轻怕重，岗位挑肥拣瘦，遇事明哲保身，有功劳抢得快，出了问题上推下卸。更可怕的是，这样的人有些还混得左右逢源甚至如鱼得水，付出的比别人少，得到的比别人多。这种不求有功、但求无过的"圆滑官"、"老好人"、"推拉门"、"墙头草"多了，党和人民事业还怎么向前发展啊？这些问题危害极大，必须下大气力解决。

说到底，无私才能无畏，无私才敢担当，心底无私天地宽。担当就是责任，好干部必须有责任重于泰山的意识，坚持党的原则第一、党的事业第一、人民利益第一，敢于旗帜鲜明，敢于较真碰硬，对工作任劳任怨、尽心竭力、善始善终、善作善成。"疾风识劲草，烈火见真金。"为了党和人民事业，我们的干部要敢想、敢做、敢当，做我们时代的劲草、真金。

当然，敢于担当，是为了党和人民事业，而不是个人风头主义，飞扬跋扈、唯我独尊并不是敢于担当。春秋时期宋国大夫正考父是几朝元老，但他对自己要求很严，他在家庙的鼎上铸下铭训："一命而偻，再命而伛，三命而俯。循墙而走，亦莫余敢侮。饘于是，鬻于是，以糊余口。"〔4〕意思是说，每逢有任命提拔时都越来越谨慎，一次提拔要低着头，再次提拔要曲背，三次提拔要弯腰，连走路都靠墙走。生活中只要有这只鼎煮粥糊口就可以了。我看了这个故事之后，很有感触。我们的干部都是党的干部，权力都是党和人民赋予的，更应该在工作中敢作敢为、锐意进取，在做人上谦虚谨慎、戒骄戒躁。

第二个问题，怎样成长为好干部？好干部不会自然而然产生。成长为一个好干部，一靠自身努力，二靠组织培养。从干部自身来讲，个人必须努力，这是干部成长的内因，也是决定性因素。

干部的党性修养、思想觉悟、道德水平不会随着党龄的增加而自然提高，也不会随着职务的升迁而自然提高，而需要终生努力。成为好干部，就要不断改造主观世界、加强党性修养、加强品格陶冶。要时刻用党章、用共产党员标准要求自己，要有"与人不求备，检身若不及"[5]的精神，时刻自重自省自警自励，努力做到"心不动于微利之诱，目不眩于五色之惑"，老老实实做人，踏踏实实干事，清清白白为官。

学习是进步的阶梯。干部要勤于学、敏于思，认真学习马克思主义理论特别是中国特色社会主义理论体系，掌握贯穿其中的立场、观点、方法，提高战略思维、创新思维、辩证思维、底线思维能力，正确判断形势，始终保持政治上的清醒和坚定。还要认真学习各方面知识，丰富知识储备，完善知识结构，打牢履职尽责的知识基础。

好干部除了要加强学习，还要加强实践。"耳闻之不如目见之，目见之不如足践之。"[6]知识和经验犹如雄鹰之双翼，只有经风雨、见世面，才能飞得更高、飞得更远。越是条件艰苦、困难大、矛盾多的地方，越能锤炼人。干部要深入基层、深入实际、深入群众，在改革发展的主战场、维护稳定的第一线、服务群众的最前沿砥砺品质、提高本领。

好干部还要靠组织培养。形势越变化、党和人民事业越发展，越要重视干部培养。培养干部，要抓好党性教育这个核心，抓好道德建设这个基础，加强宗旨意识、公仆意识教育。要强化干部实践锻炼，积极为干部锻炼成长搭建平台。实践锻炼不是去"镀金"，更不是去走过场等着提拔，如果那样，必然会身子去了心没去，还是与群众格格不入，那就是弄虚作假了。要加强对干部经常性的管理监督，形成对干部的严格约束。没有监督的权力必然导致腐败，这是一条铁律。组织上培养干部不容易，要管理好、监督好，让他们始终有如履薄冰、如临深渊的警觉。对干部经常开展同志式的谈心谈话，既指出缺点不足，又给予鞭策鼓励，这是个好传统，要注意保持和发扬。

第三个问题，怎样把好干部用起来？好干部成长起来了，培养出来了，关键还是要用。不用，或者用不好，最终等于还是没有好干部。用一贤人则群贤毕至，见贤思齐就蔚然成风。选什么人就是风向标，就有什么样的干部作风，乃至就有什么样的党风。

必须看到，在有的地方和部门，正确用人导向并没有得到很好体现，一些德才平平、投机取巧的人屡屡得到提拔重用，一些踏实干事、不跑不要的干部却没有进步机会，干部群众对此意见很大。各级党委及组织部门要坚持党管干部原则，坚持正确用人导向，坚持德才兼备、以德为先，努力做到选贤任能、用当其时，知人善任、人尽其才，把好干部及时发现出来、合理使用起来。

用人得当，首先要知人。知人不深、识人不准，往往会出现用人不当、用人失误。"不知人之短，不知人之长，不知人长中之短，不知人短中之长，则不可以用人，不可以教人。"[7] 对干部的认识不能停留在感觉和印象上，必须健全考察机制和办法，多渠道、多层次、多侧面深入了解。

要近距离接触干部，观察干部对重大问题的思考，看其见识见解；观察干部对群众的感情，看其品质情怀；观察干部对待名利的态度，看其境界格局；观察干部处理复杂问题的过程和结果，看其能力水平。考察识别干部，功夫要下在平时，并注意重要关头、关键时刻。"操千曲而后晓声，观千剑而后识器。"[8] 干部业绩在实践，干部声名在民间。要多到基层干部群众中、多在乡语口碑中了解干部，既要在"大事"上看德，又要在"小节"中察德。

用人得当，就要坚持全面、历史、辩证看干部，注重一贯表现和全部工作。对那些勇担当、有本事、坚持原则、不怕得罪人、个性鲜明的干部，往往会出现认识不尽一致的情况，组织上一定要为他们说公道话。如何考准考实干部政绩，也是一个难点。要改进考核方法手段，既看发展又看基础，既看显绩又看潜绩，把民生改善、社会进步、生态效益等指标和实绩作为重要考核内容，再也不能简单以国内生产总值增长率来论英雄了。一些干部惯于拍脑袋决策、拍胸脯蛮干，然后拍屁股走人，留下一屁股烂账，最后官照当照升，不负任何责任。这是不行的。我说过了，对这种问题要实行责任制，而且要终身追究。请中央组织部抓紧研究落实。

用人得当，就要科学合理使用干部，也就是说要用当其时、用其所长。现在，有的地方用干部，涉及具体人时，往往只看资历、看轮到谁了，论资排辈、平衡照顾，而不是看谁更优秀、更合适，用非所长，结果干部干得很吃力，问题堆了一大堆，工作也难以打开局面。用什么人、用在什么岗位，一定要从工作需要出发，以事择人，不能简单把职位作为奖励干部的手段。"骏马能历险，力田不如牛。坚车能载重，渡河不如舟。"我们要树立强烈的人才意识，寻觅人才求贤若渴，发现人才如获至宝，举荐人才不拘一格，使用人才各尽其能。只有这样，才能使大批好干部源源不断涌现出来，才能使大家的聪明才智充分释放出来。

有一种现象很值得注意，就是在一个地方、一个单位，一个干部好不好，群众有公论，实践有比较，领导心里也明白，但在具体用人时，结果却与事业需要和群众期盼大相径庭。这其中作祟的，是一些领导干部的私心杂念，是人们议论的"关系网"、"潜规则"。正是这些不健康的因素起作用，任人唯贤被丢在一边了，任人唯亲、任人唯利等问题发生了。干部群众对这些问题深恶痛绝。必须下决心加以整治，使用人之风真正纯洁起来。

注　释

〔1〕见本卷《创新正当其时，圆梦适得其势》注〔8〕。

〔2〕参见司马光《资治通鉴·魏纪五》。原文是："为治之要，莫先于用人，而知人之道，圣贤所难也。"司马光（1019—1086），陕西夏县（今属山西）人。北宋大臣、史学家。《资治通鉴》是中国古代第一部编年体通史巨著，记载了周威烈王二十三年（前403）到后周世宗显德六年（959）共1362年的历史。

〔3〕见金缨《格言联璧·学问》。

〔4〕见《左传·昭公七年》。

〔5〕见《尚书·伊训》。

〔6〕见刘向《说苑·政理》。

〔7〕见魏源《默觚·治篇七》。

〔8〕见刘勰《文心雕龙·知音》。刘勰（约465—约532），祖籍东莞郡莒县（今属山东）。南朝梁国文学理论批评家。《文心雕龙》是中国古代文学理论著作。

附　录

"人民群众是我们力量的源泉"
——记中共中央总书记习近平

2012 年 12 月 7 日，当选中共中央总书记 23 天的习近平首次离京赴外地考察，来到中国改革开放的前沿广东省，第一站选择了深圳。此行一路，他轻车简从，与群众直接接触、亲切交流。

12 月 8 日，他来到深圳莲花山，在众多游客注视下，向邓小平雕像敬献花篮。随后，习近平走到人群中，与群众握手，向大家挥手致意。

他在广东考察时强调指出，全党全国各族人民要坚定不移走改革开放的强国之路，更加注重改革的系统性、整体性、协同性，做到改革不停顿、开放不止步。

习近平此次在广东考察走的路线，20 年前邓小平视察南方时走过，颇具深刻寓意。有媒体评论：这是一位带来执政清新风气、坚定不移推进改革开放、引领中华民族实现中国梦的领导人。

59 岁的习近平 2012 年 11 月 15 日在中共十八届一中全会上当选为中共中央总书记，成为首位在新中国成立后出生的中共最高领导人。经历了以毛泽东、邓小平、江泽民为核心的三代中央领导集体和以胡锦涛为总书记的党中央领导集体后，走过 91 年历程的中国共产党迎来新的领航人。

在中国进入全面建成小康社会的决定性阶段，习近平走到了中国政治舞台中央，接过了历史接力棒。同时，作为世界第二大经济体的领导人，他也站到了世界舞台的前沿。

全中国、全世界都把目光投向习近平：

——如何领导拥有8200多万党员的世界最大政党更好为人民服务？

——如何带领13亿中国人民为实现"在中国共产党成立100年时全面建成小康社会、在新中国成立100年时建成富强民主文明和谐的社会主义现代化国家"这两大目标而奋斗？

——如何引领中国为世界和平与发展作出应有贡献？

……

中共十八届一中全会结束后的当天中午，习近平同500多名中外记者见面，他坦陈肩负着沉沉的担子，把新的中央领导集体的使命概括为三个责任：对民族的责任、对人民的责任、对党的责任。

这一郑重承诺表明，习近平将担当对中华民族的历史责任作为自己治国理政的信念与追求。

"人民对美好生活的向往，就是我们的奋斗目标"

"人民对美好生活的向往，就是我们的奋斗目标。"习近平当选总书记后的首次公开讲话，鲜明宣示了他带领中国共产党执政为民的坚定决心。

履新后，他在和其他中共中央政治局常委一起参观《复兴之路》展览时说:"现在,大家都在讨论中国梦,我以为,实现中华民族伟大复兴,就是中华民族近代以来最伟大的梦想。"

习近平始终把人民的梦想作为自己的梦想。43年前,他曾作为知青到陕北农村插队,一干就是7年,他的第一个"官衔",是构成中共组织体系"细胞"的大队(行政村)党支部书记。2007年,经过多年基层和地方工作历练的习近平,当选中共中央政治局常委,担任中央书记处书记,兼任中央党校校长。他随后担任了中华人民共和国副主席和中央军委副主席。5年来,他直接参与党和国家大政方针的研究制定,参与中央重大决策部署的组织实施。

从陕西到北京,从河北到福建,从浙江到上海,从西部贫困地区到国家政治文化中心,从东部欠发达地方到沿海发达地区,习近平从政经历遍及村、县、市(地)、省(直辖市)和中央党政军主要岗位。他常说,为"官"一任,就要造福一方,要"常怀忧患之思,常念人民之托"。为了实现国强民富的梦想,他在长期政治生涯中深入思考、反复实践,围绕中国特色社会主义事业五位一体总体布局,提出了一系列论述和主张:

——在经济建设上,要坚持发展是硬道理,但不鼓励盲目的、蛮干式的发展;要坚持科学发展,而不能搞拼资源的发展、竭泽而渔的发展、砖头搬来搬去的空头发展;

——在政治建设上,要坚持国家一切权力属于人民的理念,积极稳妥推进政治体制改革,坚定不移走中国特色社会主义政治发展道路;要恪守宪法原则、弘扬宪法精神、履行宪法使命,坚持依法治国、依宪执政;

——在文化建设上,要重视人才培养,注重培养民族精神,特别是弘扬"用我们的血肉筑起我们新的长城"的国歌精神；

——在社会建设上，要立足社会主义初级阶段这个基本国情，在经济发展的基础上不断保障和改善民生，树立正确的幸福观，强化通过辛勤劳动来创造幸福生活的观念，齐心协力建设和谐社会；

——在生态文明建设上，要坚持节约资源和保护环境的基本国策，走可持续发展之路，为人类永续发展作出应有的贡献。

中国共产党是带领中国人民实现中国梦的领导核心。在成为党的最高领导人之前，习近平长期担任地方党政负责人，到中央工作后又主持中央书记处日常工作，主管党务，深知党的建设的重要性。他重视加强党内法规建设，指导制定了很多有针对性的党内法规文件。

他反复强调要坚持党要管党、从严治党。11月17日，他在中共十八届中央政治局第一次集体学习时深刻指出，"物必先腐，而后虫生"[1]，"大量事实告诉我们，腐败问题越演越烈，最终必然会亡党亡国！我们要警醒啊！"

他大力倡导把调查研究"贯彻于决策全过程"，强调必须坚持从群众中来、到群众中去，广泛听取群众意见，尤其对群众"最盼、最急、最忧、最怨"的问题更要抓住不放，主动调研。

2008年起，中共在全党开展了深入学习实践科学发展观活动，习近平担任中央领导小组组长。他多次专程到地方和中央部门检查工作，并经常选择一些典型事例，提出明确意见进行具体指导。历时近两年的活动，使科学发展观进一步成为全党全国的共识，成为推动经济社会发展的强大力量。

习近平是中共十八大报告起草组和中共党章修改小组的负

责人。这两份具有深远影响的文件提交中共十八大通过后，成为指导中国今后发展的纲领性文件。

习近平和军队有着不解之缘。早年他曾在中央军委办公厅工作过3年，与军队结下了深厚感情；在地方任职时，他先后担任过县人民武装部第一政委、市（地）军分区党委第一书记、省高炮预备役师第一政委、省军区党委第一书记和大军区国防动员委员会领导等军队职务，十分熟悉军队情况。他拥军、爱军，积极帮助军队解决了许多实际困难。出任中央军委副主席后，他积极参与国防和军队建设的领导工作。在中共十八届一中全会上，他接任中共中央军委主席。

习近平心系台港澳。17年的福建工作经历，使他深入了解了台湾及两岸关系。在他任上，厦门设立了内地首家台商会馆，福州建立了第一个以台资企业为主的工业村。他为台湾同胞做了大量排忧解难的事情，许多台湾同胞都把他视为好朋友。

习近平在中央分管港澳工作期间，多次会见港澳各界人士，深入了解港澳社情民意，积极推动内地与港澳经济合作，制定实施了许多有利于港澳长期繁荣稳定发展的重要举措。在港澳遭受国际金融危机严重冲击时，他先后来到香港、澳门，广泛接触社会各界，指出"只要精神不滑坡，办法总比困难多"，为港澳各界人士加油鼓劲。2012年，在全国两会[2]期间与香港、澳门全国人大代表和政协委员座谈时，他以"兄弟同心、其利断金"[3]寄语港澳同胞团结协作、共创美好未来，在港澳社会引起积极反响。

2008年初，习近平受命担任北京奥运会、残奥会筹备工作领导小组组长，为办成一届"有特色、高水平"的盛会，倾注了大量心血，发挥了重要作用。

"像爱自己的父母那样爱老百姓"

"千万要记住政府前面的'人民'两字"、"群众在干部的心里有多重，干部在群众心中就有多重"、"要始终与人民心心相印、与人民同甘共苦、与人民团结奋斗"……习近平在不同时期、不同场合，用朴素的语言表达着他对人民的挚爱。

心里装着人民、时刻想着人民、讲话贴近人民、奋斗为了人民——习近平的人民情怀，来源于他饱尝艰辛的特殊成长经历。

1962年起，年幼的习近平由于受作为中共元老的父亲习仲勋冤案的牵连，遭到歧视。在"文革"中，他受过批斗，挨过饥饿，流浪过，甚至被关押过。

1969年初，不满16岁的习近平主动申请到陕北农村插队，来到了延川县文安驿公社梁家河大队。由于窑洞里跳蚤特别多，他被咬得浑身都是水泡，只得在炕席下洒农药粉来灭蚤。

那些年，习近平几乎没有歇过，种地、拉煤、打坝、挑粪……什么活儿都干过，什么苦都吃过。在乡亲们眼中，能挑一二百斤麦子走10里山路长时间不换肩的习近平，是个"吃苦耐劳的好后生"。"干活不惜力"、"有知识、点子多"的他，逐渐赢得乡亲们的信任，不但入团入党，还担任了大队党支部书记。

黄土地的生活虽然异常艰苦，但也成为他锻炼成长、施展才干的第一个舞台。为增加农田面积，寒冬农闲时节，他带领乡亲们修筑淤地坝，每次都带头赤脚站在冰中凿冰清理坝基。他组织村里铁匠成立铁业社，打造的农具既能自给自足，又能卖到附近村庄增加集体收入。他在报纸上看到四川在搞沼气，就跑去取经，回村修建了陕北第一口沼气池，带领村民建成了全省第一个沼气化村，解决了村民做饭、照明困难。他把村里分配给知青的白面馒头分给乡亲们吃，自己吃糠窝窝。北京曾奖励给知青先进人物一辆带斗的三轮摩托车，那时在当地是十分稀罕的，他却设法换成手扶拖拉机和磨面机、扬场机、抽水机等农用工具给乡亲们用。

尽管学业中断了，但习近平对知识的渴望始终如一，读书自学不辍。下乡来梁家河时，他随身带了沉甸甸的一箱书。白天干活，劳动休息时在看书，放羊时也在黄土高坡上看书……到了晚上就在煤油灯下苦读到深夜。在村民的记忆中，习近平经常边吃饭边看"砖头一样厚的书"。

1975年，习近平被推荐到清华大学读书。离开的那天，全村人排起长队为他送行，很多人不舍地哭了，不少村民送他走了一程又一程。老乡们还送给他一个镶着"贫下中农的好书记"的镜框，表达对他的由衷赞誉。

离开陕北后，习近平始终牵挂着那里的乡亲们。他先后帮村里通了电、修了桥、翻建了小学。任福州市委书记时，他专程回到梁家河挨家挨户看望，为贫穷老人带去了慰问金，给孩子们带去了新书包、文具和用来提醒上学时间的闹钟。他任福建省领导时，还把身患重病的农民朋友接到福建治病，自己掏钱支付全部费用。

7年的农村生活、7年的甘苦与共，这段与黄土高原纯朴乡亲摸爬滚打在一起、同吃同住同劳动的岁月，不仅让习近平和当地老百姓结下了深厚情谊，也使他深切了解到什么是中国的农村、什么是老百姓的喜怒哀乐、什么是中国的基本国情。他对人民的深情和对脚下这片土地的担当，深深融入到他的人生追求之中。

他曾坦诚地说，在他的一生中，对他帮助最大的"一是革命老前辈，一是我那陕北的老乡们"。不到16岁来到黄土地时，他曾一度迷惘、彷徨；22岁离开黄土地时，他已经有了坚定的人生目标——"要为人民做实事"。

1979年从清华大学毕业后，习近平到国务院办公厅、中央军委办公厅工作。1982年，当一些年轻人开始下海经商、出国留学的时候，他却主动放弃北京的优越条件，来到河北正定县任职。这个县1981年人均收入不到150元。刚开始，不少人对这个初出茅庐的年轻县委副书记将信将疑。低调务实的他，住在办公室，吃在大食堂，和大家一起排队打饭，一起蹲在树下吃饭聊天，并总是骑着自行车往乡下跑，深入到老百姓当中拉家常、问寒暖，很快就和大家打成一片。

群众，在习近平心中有着最重的份量。基层，是他去的最多的地方。

1988年，习近平到福建宁德担任地委书记。宁德是当时中国18个连片贫困地区之一。为跑遍这里的乡村，他经常一连数日坐着吉普车在崎岖的山路上颠簸，常常颠得连腰都直不起来，有时腰疼得一时下不了车。在不通公路的偏远山区，他就踩着泥泞湿滑的危险山路步行进去，其中有个乡叫下党，他从早上7点半走到中午12点多才进到乡里，受到最为热情隆重的欢迎，乡里百姓说他是"到过这里最大的官"。他推动改造了几千村民世代居住的茅草房，为祖祖辈辈漂泊海上的船民在岸上修建了住房，使他们可以下海打渔、上岸居住，安居乐业。

在宁德时，他提出信访接待下基层、现场办公下基层、调查研究下基层、政策宣传下基层的"四下基层"要求。到福州后，他建立了领导干部下访接待群众制度，走遍福州五区八县。他曾经带领福州市区领导，两天接待逾 700 位来访群众，当场拍板、限期解决近 200 件问题。后来他又在浙江大力推行这项制度。他说，"下访接待群众是考验领导干部能力和水平的大考场，来访群众是考官，信访案件是考题，群众满意是答案"。2003 年 9 月，他带着浙江省三级主要领导，到问题多、矛盾集中、群众意见比较大的浦江县接待来访群众，并明确要求预先告示、广而告之。以浦江下访为序幕，浙江全面开展了领导干部下访活动，全省各级普遍建立了领导下访的长效机制。

2005 年春节前夕，习近平来到长广煤矿浙江矿区，乘罐笼下到近千米的井底，弯腰弓身沿着低矮狭窄的斜井走了 1500 多米，来到采矿点看望慰问在井下采煤的工人。

习近平很重视通过新闻媒体同群众进行交流。他曾以"哲欣"为笔名在《浙江日报》专栏上发表了 232 篇短论，以平等交流的语气，及时回答现实生活中群众最关心的一些问题，浅显易懂地讲道理，很受欢迎。群众说这是"用大白话，谈大问题"。

习近平待人宽容厚道，但在涉及群众利益的大是大非面前，又非常坚持原则。他常说，要拎着乌纱帽为民干事，不要捂着乌纱帽为己做官。在宁德清查干部违规私建住宅时，针对干部存在的一些为难情绪，他严厉批评，拍案而起：我们是得罪几千名干部，还是得罪几百万群众？！主政浙江时，他大力推进干部作风建设，一年时间里，有许多干部就因为不作为而受到处分。

习近平又是一位很有人情味的领导。他不忘师恩，每逢过年都会给老师送上问候和祝福；他尊老爱幼，在正定时把县里第一辆小卧车让给老干部用，还特地设立了老干部病房和活动室；在福州时他长期资助家庭困难的孩子读书，直到他们走上工作岗位。

多年不变的深耕基层、踏实亲民的作风，使习近平在广大老百姓中赢得"平民书记"的赞誉。他说，"对于我们共产党人来说，老百姓是我们的衣食父母。要像爱自己的父母那样爱老百姓，为老百姓谋利益，带老百姓奔好日子。"

"功成不必在我"

就任中共中央总书记后，习近平在多个场合宣示改革决心，积极倡导解放思想、开拓创新。在广大干部群众眼中，习近平是一位思想解放、眼界宽广、目光长远的富有改革精神的领导者。

在中国经济特区之一的厦门工作时，他领导制定了《1985年—2000年厦门经济社会发展战略》，成为厦门此后发展规划、实施计划及经济政策制定的重要依据。他担任市金融体制改革、经济特区管理建设等领导机构负责人，研究制定了推动经济特区改革开放的一系列政策措施，积极推动厦门实现计划单列，主导协调解决了计划单列涉及的一些重大政策问题，为厦门长远发展争取了许多有利条件。

习近平认为，作为领导者，既要立足当前，更要着眼长远，甘做铺垫工作，甘抓未成之事。要树立正确政绩观，要有"功成不必在我"的境界，"不贪一时之功，不图一时之名"，"一张蓝图绘到底"，"一茬接着一茬干"。

在河北正定时，得知《红楼梦》电视剧组在寻找外景基地，习近平看到潜在的商机，主动上门洽谈，力排众议，说服有关部门和县里投入大笔资金在正定建设拍摄基地"荣国府"，并修建荣国府旅游景区。荣国府在建成当年的旅游及门票收入就达 1000 多万元，不仅收回投资还有盈利。而此时，他已离开正定到了厦门。他创立的"正定旅游模式"让正定后来受益很多。在《红楼梦》拍完之后，又有 170 多部影视剧在这里拍摄，高峰时每年有 130 多万人次参观游览。

他在 1992 年提议并主持制定的"福州 3820 工程"，分 3 年、8 年、20 年提出了不同阶段的经济社会发展战略目标、步骤与措施等。当年确定的主要目标早在几年前就已全部实现，洽谈引进和开工建设的一批特大项目如冠捷电子、中华映管、东南汽车、南方铝业等，带动和培育了一批富有特色的产业群，为福州近 20 年的发展打下坚实基础，至今仍是福州的领军企业。

担任福建省省长时，习近平在 2001 年率先开展了治理"餐桌污染"、建设"食品放心工程"的专项工作，得到老百姓广泛称赞。

习近平在 1999 年率先提出要建设"数字福建"，2000 年省人民代表大会正式作出相关决定。他担任了"数字福建"建设领导小组组长。10 多年来，这张看不见的"网"逐步四通八达，覆盖了居民生产生活、公共行政服务、城市管理等方方面面，悄然改变了人们的生活方式。到 2010 年，福建是全国唯一一个实现全省医院就诊"一卡通"的省份。

2002 年，他对武平县的林改工作给予肯定和支持，福建由此在全国率先开展了以"明晰产权、放活经营权、落实处置权、确保收益权"为主要内容的集体林权制度改革，后来成为全国林改的标杆。

"既要金山银山，又要绿水青山。"习近平十分重视生态保护，提出要把生态优势变成经济优势，让生态自然造福子孙后代。针对福建长汀水土流失严重问题，他于 2002 年率先提出建设生态省的战略构想，随后福建成为全国第一批生态建设试点省。经过 10 多年持之以恒的努力，长汀百万亩荒山重披绿衣，福建也成为全国唯一的水、空气、生态环境全优的省份。

2002 年到中国经济最发达省份之一的浙江工作后，经过大量广泛深入的调查研究，习近平 2003 年提出并组织实施"发挥八个方面优势，推进八个重要举措"的"八八战略"[4]，为浙江长远发展打下了坚实基础。

针对推进经济增长方式根本性转变、经济结构战略性调整，他形象地提出"两只鸟"论，要求浙江在"腾笼换鸟"中实现"凤凰涅槃"。"腾笼换鸟"，就是把"走出去"与"引进来"结合起来，积极参与全国的区域合作和交流，腾出发展空间，培育和引进吃得少、产蛋多、飞得高的"俊鸟"。"凤凰涅槃"，就是拿出"壮士断腕"的勇气，摆脱对粗放型增长的依赖，实现产业和企业的浴火重生、脱胎换骨。

2004 年，他在浙江推广武义县在村支部、村委会之外设立"村务监督委员会"的经验，建立了村级权力的制衡机制，实现了看得见摸得着的村务监督。村民自治在共建共享中推进，基层民主不再是抽象的概念，而成为农村生活常态，融入农民日常生活，对基层民主建设的实现形式进行了积极探索和成功实践。按照老百姓的话说，"这个机制简单得很，就是能让我们看着村干部，不让他们乱来。"2010年，全国人大常委会修改了村民委员会组织法，明确规定"村应当建立村务监督委员会或者其他形式的村务监督机构"。

他还提出要立足浙江发展浙江，并形象地用"三老"经济来比喻，即：浙江经济是传下来的"老祖宗"经济，因为自古以来浙江就有工商皆本、义利并举的文化传统；是逼出来的"老天爷"经济，因为老天爷给你的自然资源紧缺，就逼迫你必须学会"无中生有"，走出去"闯世界"；是创出来的"老百姓"经济，因为浙江广大民众有着强烈的自我创业欲望和浓厚的商品经济意识。同时又强调要跳出浙江发展浙江，借船出海、借梯登高，主动接轨上海，与江苏等邻近省市加强合作，优势互补，共同发展。这些举措的实施，不仅直接推动了浙江经济社会发展，而且促进了整个长三角[5]一体化进程。

2007年，习近平主政国际化大都市上海。到上海后，他继续倡导力推长三角一体化。在谋划上海未来发展时，他提出，上海的发展绝不可能独善其身，也绝不可以独惠其身，必须放在国家对长三角区域发展的总体部署中来思考和谋划，上海要当仁不让地做好长三角的"龙头"。

他在"海纳百川，追求卓越"的"上海城市精神"中，增加了"开明睿智，大气谦和"八个字。上海媒体评论说，这不仅切中了上海舒筋活血之穴，为"上海城市精神"扩了容，更是一次上海向"外面的世界"深思熟虑、更高层次的姿态表达。许多外地的干部群众也纷纷感叹道，"上海变了"。

"干在实处，走在前列"

"空谈误国，实干兴邦。"上任中共中央总书记仅 15 天，习近平就在参观《复兴之路》展览时表达了以实干托举中国梦的决心。

为更好落实实干精神，他主持中共中央政治局会议，议定改进工作作风、密切联系群众的"约法八章"，承诺多到群众中去、轻车简从、开短会、讲短话、减少交通管制和厉行勤俭节约等等，获得海内外广泛好评。

"只有干在实处，才能走在前列。"习近平一贯强调真抓实干，要求抓住群众最关心的问题，扎扎实实办几件实事。他始终认为，不抓落实，再美好的蓝图也是空中楼阁。

在河北正定时，习近平提出，要改变贫穷落后面貌，很重要一条就是要实实在在念好"人才经"。他为此多次亲自出面寻访"千里马"，亲自拟写制定面向全国的"招贤榜"。

1983 年初，寒冬腊月，习近平和时任县长的程宝怀专程到石家庄市寻访一位研发医用化妆品的科研工作者。因不知道对方具体住址，他们就挨家挨户询问，到了晚上十点多还没找着，习近平就扯起嗓门沿着大街小巷高喊对方的名字，才找到人。他们一直谈到凌晨，对方当场答应，很快携带科研项目落户正定，一年就为正定带来 30 多万元的利润。

同年，习近平主持制定发布了打破传统观念、招贤纳士的"九条规定"并广而告之，《河北日报》以"正定县为有志之士敞开大门"为主题在头版头条作了报道，一时引起全省轰动。他还向全国知名专家学者和部分大专院校、科研院所发出 100 多封"求贤信"，并亲访面邀了几十名专家。不到两年，正定就引进各类人才 683 人，并聘请到著名数学家华罗庚等 53 名全国知名专家担任县经济顾问。

要实干，就要坚持实事求是。在正定时，习近平曾与时任县委副书记的吕玉兰顶着压力，如实向上级反映征购粮食负担过重的问题，争取到粮食年征购量减免 2800 万斤，使正定得以减轻负担，卸下包袱，轻装前进。

到福建宁德后，习近平坚持一切从实际出发，因地制宜解决了许多实际问题。针对"大黄鱼之乡"的独特优势（大黄鱼在宁德产卵），他提出要充分利用，集中资源进行科研攻关，解决大黄鱼不能人工养殖的问题。在他大力推动下，大黄鱼人工养殖成功，大大增加了当地农民收入。

习近平强调党政机关办事要"以便民为本"。在福州，他推行"特事特办、马上就办"，通过转变政府职能吸引了大批台资企业，带动了福州经济发展。1992 年，他在全国率先选择 12 家国有大中型企业移植三资企业经营管理模式。他还推动编辑出版《福州办事指南》和《福州市民办事指南》，方便了外商投资经商和市民生活出行，提高了办事效能。

2000 年，习近平在福建率先倡导和推动机关效能建设，并担任省机关效能建设领导小组组长。他提出，要加快转变政府职能，减少审批事项和环节，不去管那些不该管的事，腾出手来把该管的事管好，建立有限政府和服务型政府。截至 2001 年底，福建共减少行政审批事项 606 项，占审批事项的 40.4%。2001 年，福建在全国第一个以省政府令的形式颁布了政务公开实施办法，全省所有的县（市、区）都推行了县级政务公开；还实施了效能告诫，严格机关管理，营造"敬业有功，怠业必惩"的氛围；设立了效能投诉中心，给老百姓一个说话的地方，被称为党政机关与人民群众的"连心桥"。

2002年8月，习近平通过中央媒体向全国总结推广"以市场为导向、以诚信促发展，立足本地优势、强化政府服务、发扬拼搏精神，通过激活民营经济、促进县域经济发展"的"晋江经验"。同年，他又结合对南平市向农村选派干部的调查与思考，提炼出"高位嫁接、重心下移、夯实农村工作基础"的思路，以及选派科技特派员、村党支部书记和乡镇流通助理下乡的工作机制。"南平机制"在福建的推广，进一步密切了农村干群关系，在干部队伍中形成了"不跑上层下基层、不看关系看政绩"的导向。

主政浙江期间，习近平推动了"平安浙江"、"绿色浙江"、"文化浙江"、"法治浙江"和海洋强省建设。

要建设"四个浙江"，唯有实干。习近平一方面从全局着眼抓部署，一方面从基层入手抓典型。他选择了浙西南欠发达地区的淳安县枫树岭镇下姜村作为自己的联系点，并在不到两年时间五到下姜村，他将其称为自己"了解省委决策在基层效果的窗口"。下姜村地处深山，交通不便，离县城还有60多公里的山路。习近平每次去调研，都要进农户、到田头、听民声。2005年3月22日，他在下姜村现场察看建设中的沼气池时，对村民和村干部风趣地说：30多年前，我在农村插队时曾经是建沼气的"专业户"。现在条件好了，你们要加强管理，把下姜村建成全县的沼气示范村。

浙江人多地少，地处沿海。习近平一到浙江，就把目光投向相当于全省陆地面积 2.6 倍的蓝色海域，并多次深入舟山群岛调研。他指出，"新世纪新阶段浙江经济进一步发展的天地在哪里？在海上！"他 2002 年 12 月提出，浙江要"争取发展成为海洋经济强省"。经过大量调研论证，《关于建设海洋经济强省的若干意见》、《浙江海洋经济强省建设规划纲要》等文件先后出台。此后，全省海洋经济以年均 19.3% 的增长率快速发展。2005 年，海洋经济总产值占全省 GDP 的比重上升到 8%。

习近平力主推进宁波、舟山港一体化，建设舟山连岛工程，加快全省港口整合，为"大出""大进"创造条件。国务院于 2011 年批准成立了舟山群岛新区。他推动建成了当时世界上最长的跨海大桥——杭州湾大桥，这是中国跨海大桥建设史上的里程碑，更被老百姓称为连通长三角的"经济桥"、"腾飞桥"。2006 年宁波—舟山港全年货物吞吐量达 4.2 亿吨，居全国第 2 位、世界前 3 位。

2003 年，习近平提出要"用城市社区建设的理念指导农村新社区建设，抓好一批全面建设小康示范村镇"，"使农村与城市的生活质量差距逐步缩小，使所有人都能共享现代文明"。浙江由此全面启动了"千村示范、万村整治"工作，城市公共服务向农村延伸，统筹城乡发展的具体工程配套推进，初步形成以工促农、以城带乡的机制。到 2007 年底，工程 5 年建设任务提前完成，全省三分之一村庄得到全面整治，三分之二村庄的垃圾实行了统一收集处理。许多农民表示，这是继土地改革、家庭承包、税费改革后，党和政府为农民办的一件最大好事。

在他主政期间，建设"四个浙江"的目标逐步实现。2005

年浙江生态环境状况指数位居全国省区市第 1 位。2006 年，群众安全感满意率达 94.77％，浙江被认为是全国最具安全感的省份之一。2006 年浙江可持续发展能力列上海、北京、天津之后居全国第 4 位。浙江在全国率先实现贫困县和贫困乡镇全部脱贫目标。浙江经济总量在 2004 年跃上万亿元大关，2005 年人均 GDP 突破 3000 美元，2006 年人均 GDP 接近 4000 美元。

2007 年，习近平临危受命调任上海。履新一个月，他围绕民生、发展、上海世博会、反腐等工作，马不停蹄地开展调研。他与广大干部谈心、向广大群众问计，成功组织召开了上海第九次党代会，稳定了上海局面，振奋了干部群众精神，重塑了上海形象，为上海今后 5 年发展描绘了新的发展蓝图。

"当县委书记一定要跑遍所有的村，当地（市）委书记一定要跑遍所有的乡镇，当省委书记一定要跑遍所有的县市区。"在正定，他跑遍了所有村；在宁德，他到任 3 个月就走遍了 9 个县，后来又跑遍了绝大部分乡镇；到任浙江后，用一年多时间跑遍了全省 90 个县市区；在上海仅 7 个月，他就跑遍了全市 19 个区县；到中央工作后，他的足迹已遍及 31 个省区市。

"谋求自己过得好，必须也让别人过得好"

习近平前不久在会见在华工作的外国专家代表时说，中国是个负责任的国家，我们要努力把自己的事情办好，同时也要处理好中国和外部世界的关系，既争取更加有利的外部环境发展自己，也努力为世界和平与发展作出更大贡献。

"中国需要更多地了解世界，世界也需要更多地了解中国。"

无论是在地方还是在中央，习近平都十分重视对外交往工作，广交国际朋友。在地方工作期间，他已访问过五大洲 60 多个国家和地区，接待过许多外国来宾。到中央工作后，他也总是尽可能多地会见来访的外国客人，并在不到 5 年的时间里，访问了五大洲 40 多个国家和地区，同世界各国各界人士进行了广泛接触和友好交流。

他真诚坦率地向外国各界人士介绍中国人民怎样看待自己的国家，怎样看待当今世界，同时非常乐于听取对方意见，了解对方想法。许多和习近平接触过的外国政要认为，他是一位自信、务实、睿智、友善的领导人。

习近平经常对外国各界人士说，国际社会日益成为一个你中有我、我中有你的命运共同体，中国持续快速发展得益于世界和平与发展，同时也为世界各国提供了共同发展的宝贵机遇和广阔空间，彼此要在相互尊重、务实合作中实现互利共赢、共同发展。

2012 年 7 月，在清华大学举行的"世界和平论坛"上，他进一步指出，一个国家要谋求自身发展，必须也让别人发展；要谋求自身安全，必须也让别人安全；要谋求自己过得好，必须也让别人过得好。他在访问新加坡会见李光耀[6]时指出，国强未必称霸，中国会把和平发展道路、互利共赢开放战略、永远不称霸的宣示和承诺一代一代传承下去。

我们要同舟共济、和衷共济、共同发展，建立更加平等均衡的新型全球发展伙伴关系，增进人类共同利益，共同建设一个更加美好的地球家园——这是习近平在历次出访中反复传递的信息。

2012 年 5 天的美国之行，习近平出席了 27 场活动，同奥巴马等政界人士和经济界、民间等各方人士进行了全方位交流互动。只要中美双方始终抓住共同利益这一主线，就一定能走出一条大国之间相互尊重、合作共赢的新型伙伴关系道路——他对中美关系的殷殷期许，引起了美国各界积极反响。他在近日会见美国前总统卡特时强调，中美之间要积累正能量。

习近平访问俄罗斯时，传递了中国对发展两国关系的高度重视：中俄战略协作伙伴关系已成为当今世界最为重要、最具活力、最富内涵的一对大国关系，中俄关系始终是中国外交的优先方向。他出席中俄执政党对话机制第二次会议开幕式，并同俄各党派领导人进行了广泛深入的交流，进一步充实了中俄关系内涵。

习近平认为，巩固和发展同发展中国家的关系是中国对外政策的出发点和落脚点。在南非，习近平出席中南双边委员会第四次全会，同南方共同描绘双边合作的美好前景。他在纪念中非合作论坛成立 10 周年研讨会上强调，"要讲感情，讲危难之中见真情"。他在访问沙特演讲时指出，一个更加繁荣开放的中国，必将为中东、海湾地区国家带来巨大发展机遇。他在访问智利演讲中倡议，中国和拉美地区要努力在政治、经济、人文、国际事务 4 个方面成为好伙伴，并描绘了中拉关系下一个 10 年的发展蓝图。

在国际舞台上，习近平向世人展示了他一贯的作风——务实高效。在出席意大利统一 150 周年庆典活动的短短一天时间里，他同 20 多个国家及国际组织领导人进行了友好交流互动。在访问德国等欧洲 5 国期间，他出席了 5 场经贸协议签字仪式，参加了 6 场经贸论坛，推动与各国签订了 93 项各种合作协议，总金额达 74 亿美元。

文化是人类共同创造的精神财富，习近平重视通过加强世界文化交流来推动建设和谐世界。他在 2009 年同默克尔一起出席法兰克福书展开幕式致辞时提出：正是不同文化的彼此交流，才让不同国度的人们知道了中国的孔子、德国的歌德、英国的莎士比亚。推动世界文化进一步交流，是推动人类进步与世界和平发展的重要动力。他在 2010 年访问俄罗斯时，同普京一起步入克里姆林宫大礼堂，共同为俄罗斯"汉语年"拉开帷幕。他在致辞时说，"文化因交流而丰富、心灵因交流而沟通、友谊因交流而加深"。

习近平善于运用中国文化智慧，用真诚坦率、生动风趣的语言来讲清道理，化解疑虑。访美期间，在谈到"没有先例可循"的中美关系时，他以"敢问路在何方，路在脚下"来展示中国领导人的信心和魄力。面对针对中国人权状况的质疑，他直率地说，世界各国在人权方面，"没有最好，只有更好"。他还形象地说，各国情况不同，道路不同，"鞋子合不合脚，只有穿鞋的人自己才知道"。

国之交，在于民相亲。习近平常说，国与国友好的基础是否扎实，关键在于人民友谊是否深厚。他曾对随行的外交部官员风趣地说，生命在于运动，外交在于活动，中国外交官要多走出去，广交朋友，深交朋友。

访问老挝时，他专门安排时间会见了老挝前领导人贵宁·奔舍那的后人。贵宁有好几个孩子都曾经在北京居住和学习过。习近平跟他们一起，愉快回忆起少年时在北京八一学校共同学习的情景，还能说出其中的萨马诺当年的绰号叫"小胖子"。大家开怀大笑，萨马诺也很感动："没想到您还记得。"

访问美国时，他专程前往艾奥瓦州的马斯卡廷，到 27 年前结交的美国老朋友家里，与当年的十几位当地老朋友团聚茶叙，坐在跳动的炉火旁促膝长谈，共忆 1985 年他率考察团到此访问的情景，并就各自经历、加强地方合作、增进人民友谊等话题聊了很久。

访问俄罗斯时，他特地前往曾经接待中国汶川地震灾区的中小学生去疗养的"海洋"全俄儿童中心，向那里的工作人员表达诚挚谢意。

访问爱尔兰时，喜爱足球的习近平在球场上展示了"令人钦佩"的"一脚远射"，连同他访问美国时观看美职业篮球比赛，都被媒体形容为"极好地传达了亲和的形象"。

……

"他成功展示给世界的，不仅是其个人的风范与气度，更是中国的形象与魅力。"国外一家媒体如此评价习近平的外交风采。

"清清白白做人"

习近平的父亲习仲勋曾是中国党和国家领导人之一，不满 21 岁就担任陕甘边区政府主席，被毛泽东称为"从群众中走出来的群众领袖"。他从 1962 年起受到冤屈，长达 16 年之久，但始终不向逆境低头，还勇于坚持真理，为受株连的同志仗义执言、澄清事实。在"文革"结束后百业待兴的初期，他受命到改革开放的前沿广东担任省委第一书记，以开明开放、求真务实的作风，为广东"杀出一条血路"、"先走一步"建立经济特区以及后来的大发展作出了奠基性重要贡献。

习近平的母亲齐心也是一位老干部、老党员，已近90岁高龄。习近平非常孝敬母亲。每当有时间陪她在一起吃饭后，他都会拉着母亲的手散步，陪她聊天。

习家有着从严教子、勤俭持家的家风。习仲勋认为，作为党的高级干部，端正党风，首先要从自己做起，从自己的家属做起。在父母严格要求下，习近平生活俭朴，在小时候常常和他弟弟一起穿姐姐们穿过的衣服、鞋子。在习近平走上领导岗位后，齐心专门开家庭会，要求其他子女不得在他工作的领域从事经商活动。受父母耳濡目染影响，习近平秉承家风，对家人要求也非常严格。他担任领导干部后，每到一处工作，都会告诫亲朋好友："不能在我工作的地方从事任何商业活动，不能打我的旗号办任何事，否则别怪我六亲不认"。无论是福建、浙江还是在上海工作，他都在干部大会上公开郑重表态：不允许任何人打他的旗号谋私利，并欢迎大家监督。

习近平的妻子彭丽媛是中国家喻户晓的著名歌唱家和歌剧表演艺术家。1980年，她代表山东代表团到北京参加全国文艺汇演，以歌曲《包楞调》、《我的家乡沂蒙山》震动京城音乐界。她是中国第一位民族声乐硕士，中国当代民族声乐代表人物，也是中国民族声乐学派创建者之一。她演唱的代表作品《在希望的田野上》、《父老乡亲》、《我们是黄河泰山》、《江山》等歌曲，深受广大人民群众喜爱。

她参加了多次国家级声乐比赛，多次获得"第一名"和"金奖"，还获得首届"中国金唱片奖"、"国家音像大奖"等。

她先后主演了大型民族歌剧《白毛女》、《悲怆的黎明》、《党的女儿》、《木兰诗篇》等，曾荣获戏剧界最高奖——第三届"梅花奖"和由文化部颁发的第二届"文华奖"。

她从事歌唱事业以来，始终将自己的艺术创作深深植根于人民之中、深情奉献给人民大众。作为获得全国"德艺双馨"荣誉称号的人民艺术家，她常常用"树高千尺不能忘了根"来形容艺术家与人民群众的亲密关系。她说过："人民将我培养，我只有将所有的才华奉献给广大群众，才能报答'养育之恩'。"

30多年来，她数百次深入基层为广大群众慰问演出。从贫困山区到边疆海防，从油田矿山到营房哨所，从边陲大漠到雪域高原——中国的大江南北都留有她的足迹、回荡着她的歌声。在汶川特大地震灾区、在北京小汤山抗击"非典"一线、在江西九江抗洪前线……也都留下了她慰问演出的身影。

为把中国民族声乐和民族歌剧推向世界，她在1993年率先走出国门到新加坡举办个人演唱会，并多次代表国家到世界各地访问演出，足迹遍布50多个国家和地区，作为中国"文化大使"享誉海外。她参与推广并领衔主演的歌剧《木兰诗篇》登上了美国纽约林肯艺术中心和奥地利维也纳国家歌剧院两大艺术殿堂，获得林肯艺术中心委员会颁发的"最杰出的艺术家"奖、奥地利联邦剧院委员会与维也纳国家歌剧院颁发的"艺术杰出贡献奖"。

她现在逐步由歌坛表演转向艺术教育，着力培养年轻优秀人才和指导打造艺术精品。

她长期致力于公益事业，是世界卫生组织聘请的抗击结核病和艾滋病亲善大使，中国"预防艾滋病宣传员"、"控烟形象大使"、预防青少年犯罪的"为了明天爱心大使"。前不久，她刚刚在北京参加了2012年世界艾滋病日宣传活动，艾滋孤儿们亲切地称她为"彭妈妈"。

习近平与彭丽媛1986年一见钟情，结下良缘。婚后，他们各有事业，经常不能在一起，但都一直相互理解、相互支持，尽最大努力去关心照顾好对方。彭丽媛作为军旅歌唱家，经常要接受任务奔赴外地慰问演出，很多都是边远艰苦地区，有时一走就是二三个月，习近平总是十分牵挂。只要条件允许，无论多晚，习近平每天都要跟妻子至少通一次电话，互致平安后才放心休息，几十年来一直如此。每逢除夕，彭丽媛总要参加中央电视台的春节联欢晚会演出，在外地工作的习近平只要回北京过年，就总是边看节目边包饺子，等她演出结束回家后才煮饺子一起吃。彭丽媛说习近平是"称职的丈夫"、"称职的父亲"，对他也非常关心体贴。一有机会与丈夫团聚，她就要操持柴米油盐，想法子变花样给他做可口的饭菜。

在彭丽媛眼中，丈夫既是一个与众不同的人，也是一个普通的人。他喜欢吃陕西、山东家常菜，朋友聚会时还会喝酒助兴。他喜欢游泳、登山，爱看篮球、足球、拳击等比赛，有时也会在深夜看电视转播的体育节目。

他们夫妇俩为女儿取名明泽。"清清白白做人，做个对社会有用的人"，是他们对女儿的期许，也是他们质朴家风的写照。

（新华社北京2012年12月23日电）

注　　释

〔1〕见本卷《紧紧围绕坚持和发展中国特色社会主义学习宣传贯彻党的十八大精神》注〔25〕。

〔2〕全国两会，是中华人民共和国全国人民代表大会全体会议和中国人民政治协商会议全国委员会全体会议的统称。

〔3〕见本卷《共圆中华民族伟大复兴的中国梦》注〔5〕。

〔4〕八八战略，指 2003 年 7 月中共浙江省委第十一届四次全体（扩大）会议提出的利用浙江省发展的八个优势、面向未来发展的八项举措。主要内容是：进一步发挥浙江的体制机制优势，大力推动以公有制为主体的多种所有制经济共同发展，不断完善社会主义市场经济体制；进一步发挥浙江的区位优势，主动接轨上海、积极参与长江三角洲地区交流与合作，不断提高对内对外开放水平；进一步发挥浙江的块状特色产业优势，加快先进制造业基地建设，走新型工业化道路；进一步发挥浙江的城乡协调发展优势，统筹城乡经济社会发展，加快推进城乡一体化；进一步发挥浙江的生态优势，创建生态省，打造"绿色浙江"；进一步发挥浙江的山海资源优势，大力发展海洋经济，推动欠发达地区跨越式发展，努力使海洋经济和欠发达地区的发展成为浙江经济新的增长点；进一步发挥浙江的环境优势，积极推进基础设施建设，切实加强法治建设、信用建设和机关效能建设；进一步发挥浙江的人文优势，积极推进科教兴省、人才强省，加快建设文化大省。

〔5〕长三角，即长江三角洲地区，是中国重要的经济区域之一。主要包括上海市、江苏省和浙江省。

〔6〕李光耀（1923—2015），祖籍中国广东大埔。新加坡政治家、共和国缔造者，政府总理（1965—1990）。

索　引

图书在版编目 (CIP) 数据

习近平谈治国理政. 第一卷 / 习近平著. – 2版.
– 北京：外文出版社, 2018.1

ISBN 978-7-119-11393-7

I. ①习… II. ①习… III. ①习近平–讲话–学习参考资料
②中国特色社会主义–社会主义建设模式–学习参考资料
IV. ① D2-0 ② D616

中国版本图书馆 CIP 数据核字 (2018) 第 016683 号

习近平谈治国理政

第一卷

© 2018 外文出版社有限责任公司

出版发行：外文出版社有限责任公司

地　　址：中国北京百万庄大街 24 号　　　邮政编码：100037

网　　址：http://www.flp.com.cn　　　电子邮箱：flp@cipg.org.cn

电　　话：86-10-68998085
　　　　　86-10-68995852

印　　刷：北京盛通印刷股份有限公司

开　　本：787mm × 1092mm　1/16

印　　张：34

装　　别：精装

版　　次：2014 年 10 月第 1 版　　　2018 年 1 月第 2 版
　　　　　2018 年 1 月第 2 版第 1 次印刷

书　　号：ISBN 978-7-119-11393-7

定　　价：120.00 元